广东耕地保护管理发展研究

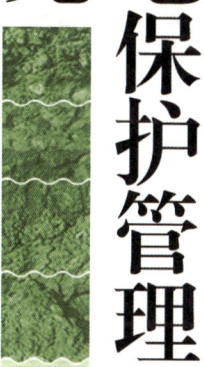

谢建春 孙伟杰 主编

湖南地图出版社
·长沙·

图书在版编目（CIP）数据

广东耕地保护管理发展研究 / 谢建春，孙伟杰主编. -- 长沙：湖南地图出版社，2024.6. -- ISBN 978-7-5530-1571-2

Ⅰ．F323.211

中国国家版本馆CIP数据核字第2024YL7575号

广东耕地保护管理发展研究
GUANGDONG GENGDI BAOHU GUANLI FAZHAN YANJIU

主　　编：	谢建春　孙伟杰
责任编辑：	徐传习
装帧设计：	秦丽
出版发行：	湖南地图出版社
地　　址：	长沙市芙蓉南路四段158号
邮　　编：	410118
印　　刷：	湖南地图出版社
开　　本：	889mm×1194mm　1/16
印　　张：	16.75
字　　数：	500千
版　　次：	2024年6月第1版
印　　次：	2024年6月第1次印刷
印　　数：	1—2000
书　　号：	ISBN 978-7-5530-1571-2
定　　价：	48.00元

版权所有　翻印必究

编委会

总顾问

罗少峰

顾问委员会

刘宝钦　吴大放　郑荣宝　王建军　陈旭飞　李建华　朱高龙

总策划

钟玉燕

策　划

庄国华　钟海利　陈海素　项斌强

主　编

谢建春　孙伟杰

副主编

孙　辉　谭春婵　马晓茗　向栋良　肖　捷　陈　凯　张　芳

参　编（排名不分先后）

马晓敏　王浩亮　邓　跃　付　磊　宁　婷　朱志宁　刘训东
刘芳荣　刘罗军　孙秋荣　李广明　李开扬　李　帅　李沐柳
李景刚　肖招娣　肖斯仪　吴　娜　何　欢　何鲁旭东　宋榕潮
黄　柱　陆丽结　陈小涵　陈松虎　陈诗茵　陈哲华　陈海素
林文坚　周真波　项斌强　赵双飞　胡紫荣　梁绮雯　程　轩
曾礼洲　曾桂香　曾繁浩　谢巧巧　谢隽毅

支持单位：

> 广东省土地调查规划院

> 广东中地土地房地产评估与规划设计有限公司

> 广东中地土地房地产评估与规划设计有限公司湖南分公司

> 湖南省兴湘产业经济发展中心

> 中地大数据（广东）有限公司

> 中地研究院

> 华南农业大学

> 广东工业大学

> 广州大学

> 中南林业科技大学

> 闽江学院

目录
CONTENTS

001   **1. 耕地保护的重要意义**

    1.1 耕地保护的内涵 ·· 001

    1.2 耕地保护的安全意义 ···································· 003

    1.3 广东省加强耕地保护的重要性和紧迫性 ·········· 006

009   **2. 耕地保护政策演变**

    2.1 耕地保护的发展历程 ···································· 009

    2.2 耕地保护政策要求要点 ································ 018

    2.3 耕地保护管理链条体系 ································ 035

042   **3. 耕地现状调查监测**

    3.1 国土变更调查 ·· 042

    3.2 耕地质量分类监测与更新 ····························· 052

    3.3 耕地后备资源评价 ······································· 064

    3.4 小结 ·· 086

089   **4. 耕地保护规划管理**

    4.1 空间总体类规划 ·· 089

    4.2 整治建设类规划 ·· 096

    4.3 生产利用类规划 ·· 103

    4.4 小结 ·· 104

5. 耕地保护用途管制 — 109
- 5.1 占补平衡 — 109
- 5.2 进出平衡 — 118
- 5.3 耕地用途管制总体成效及问题 — 128

6. 土地整治与农田建设 — 138
- 6.1 土地综合整治 — 138
- 6.2 高标准农田建设 — 146
- 6.3 补充耕地 — 152
- 6.4 耕地整治建设成效与问题 — 158

7. 耕地生态管护 — 163
- 7.1 耕地生态管护概述 — 163
- 7.2 耕地生态管护政策与实践 — 167
- 7.3 广东省实施耕地生态管护典型条例 — 176
- 7.4 小结 — 183

8. 耕地保护监督考核 — 190
- 8.1 耕地卫片监督 — 190
- 8.2 耕地田长制 — 196
- 8.3 耕地保护与粮食安全年度考核 — 203
- 8.4 耕地保护补偿机制 — 208

9. 耕地保护信息化管理 — 217
- 9.1 耕保信息化管理形势 — 217

9.2 广东省耕地保护信息化管理现状 219
9.3 耕地数字一体化管理设计研究 222

10. 国内外经验借鉴

10.1 国外耕地保护经验 237
10.2 国内耕地保护经验 242
10.3 经验启示 250

11. 总结思考

11.1 耕地保护的战略地位越来越高 252
11.2 耕地保护内涵愈加丰富 253
11.3 耕地保护管理体系日益完善 254
11.4 耕地保护手段更加多元 258

1. 耕地保护的重要意义

1.1 耕地保护的内涵

党中央、国务院始终高度重视耕地保护工作。习近平总书记多次作出重要指示批示，强调"保障国家粮食安全的根本在耕地""坚持最严格的耕地保护制度"。2021年12月，习近平总书记在中央农村工作会议上提出"耕地保护要求要非常明确，18亿亩耕地必须实至名归，农田就是农田，而且必须是良田"。当前，受俄乌冲突等因素影响，国际环境不稳定性不确定性明显增强，新形势下耕地保护的内涵不断拓展，耕地保护的极端重要性进一步凸显。

1.1.1 耕地保护的概念界定

耕地保护是运用法律、行政、经济、技术等手段和措施，对耕地的数量、质量和生态进行保护，它既关系我国经济和社会可持续发展的全局性战略，也事关国计民生[1]。2022年9月，自然资源部发布的《耕地保护法（草案）》（征求意见稿）明确，耕地是指利用地表耕作层种植粮、棉、油、糖、蔬菜等农作物，每年可以种植一季及一季以上的土地。

受耕地资源权属关系、行政管理体制、耕地保护主体、耕地保护制度的伦理等多种因素影响，耕地保护制度已经从单纯的数量保护，发展到数量、质量并重保护，再到数量、质量、生态等的整体保护[2]。

---

[1] 赵凯. 耕地保护经济补偿模式研究 [M]. 西北农林科技大学出版社 : 2016.
[2] 张维宸，韩阳，李泉金，等. 我国耕地保护制度回顾与思考 [J]. 中国国土资源经济，2023，36(12):25–34.

1.1.2 耕地数量保护的内涵

耕地数量保护的核心内涵是优先保护优质耕地，尽可能不占用、少占用优质耕地。具体路径为，分解耕地保护数量目标，将耕地保护任务落实到地块、图斑，并通过严格的耕地占补平衡、进出平衡等用途管制制度，以及考核耕地保护目标实现情况，保证既有耕地面积和空间相对稳定，坚决遏制耕地"非农化"、防止耕地"非粮化"。严控农用地特别是耕地转为建设用地，严控永久基本农田转为非农建设用地和其他农用地，牢牢守住18亿亩耕地红线。

1.1.3 耕地质量保护的内涵

耕地质量保护的核心内涵是，防止耕地退化，提高耕地的地力。具体路径为，改造中低产田，建设高标准农田，以及对早期高标准农田的再建设，如丘陵山地区的宜机化改造、坡改梯、条件适宜地区的旱改水等，以科技为支撑加强耕地保护和产能提升，消除障碍因素，提高农田的灌溉保证率，提升耕地的产能及稳定性，真正把耕地特别是永久基本农田建成适宜耕作、旱涝保收、高产的优质耕地。

1.1.4 耕地生态保护的内涵

耕地生态保护的核心内涵是，确保耕地系统能为人类提供绿色健康的农产品，以及农田系统的扩张建设不损害周边生态环境的平衡与稳定。具体路径为，建设绿色生产的农田系统，尽可能减少化学品的投入，避免农田环境遭受破坏，强化农业面源污染防治，打好"净土保卫战"，使"山水林田湖草沙"生命共同体中的"田"处于健康的大环境中。大力发展生态农业、循环农业和有机农业，促进化肥、农药、除草剂等投入品减量增效。推进测土配方施肥、侧深施肥和水肥一体化，逐步以有机肥替代化肥。切实加强耕地保护利用，完善耕地地力补贴、耕地保护补偿机制，健全套作、轮作和休耕制度。完善秸秆、农膜、农药包装和畜禽粪污等农业废弃物收集利用处理体系，加快农田修复，促进生产与生态相协调，实现耕地的永续利用。

1.2 耕地保护的安全意义

粮食安全是"国之大者",耕地是粮食生产的命根子,保障国家粮食安全的根本在耕地。保护好耕地,端牢饭碗,在党和国家事业全局中具有基础性、战略性意义。耕地保护已成为中国国家战略的一项重点任务。首先,耕地保护关系到国家粮食安全。国以民为本,民以食为天,土为粮之母,耕地是粮食安全的载体。[1] 14亿人口的吃饭问题,始终是我国一件头等重要的大事,保证国家粮食安全,最根本的是保护耕地。其次,耕地保护事关经济社会可持续发展。经济社会的可持续发展,农业是基础,粮食是关键。土地作为一种自然资源,具有不可移动性、地域性、整体性、有限性特征,耕地遭污染和破坏,具有一定的不可逆性。通过严格耕地保护,保证对耕地的永续利用,有利于促进社会经济的可持续发展。再次,耕地保护事关社会和谐稳定。实践证明,耕地得到有效保护,稳固粮食生产,在保障人民生活、保持社会和谐稳定方面发挥了重要作用。粮食安全如果出现问题,就是全局性的问题,会影响经济平稳健康发展和社会和谐稳定。最后,耕地保护对生态环境保护具有重要作用。"人、山、水、林、田、湖"是一个生命共同体,作为耕地的"田"本身也是一个生态系统,耕地保护必须以保护和改善生态环境、防止水土流失等为前提,保护耕地就是保护生态环境。

1.2.1 严格保护耕地是筑牢国家粮食安全防线的关键一环

粮食安全,主要指食物安全,其核心是保证任何人在任何时候能买得到又能买得起为维持生存和健康所必需的足够食品。这一概念的由来经历了较长时间的演变。1974年联合国粮农组织首先将粮食安全定义为:应该保证任何人在任何地方都能够得到未来生存和健康所需要的足够食品,从根本上讲,它强调获取足够的粮食是人类的一种基本生活权利。1983年又重新将之定义为:确保所有的人在任何时候既能买得到又能买得起所需要的基本食品[2],它既是政治安全和经济安全的重要基础,也是最重要的民生问题,重点由强调数量保障转变为数量与质量并重。总体而言,粮食安全的内涵包括数量安全、质量安

---

[1] 丁微.加强耕地资源保护促进经济可持续发展 [J].中国资源综合利用,2016,34(02):47-48.
[2] 张小丹.县域尺度耕地安全评价研究 [D].中国地质大学(北京),2020.

全和结构安全等方面，粮食的数量安全以充足的耕地面积为基础。要强化耕地保护意识，全面压实地方责任。加强耕地用途管控，坚决遏制耕地"非农化"、防止耕地"非粮化"。应优先保护好优质耕地，严控建设项目占用耕地，从严约束城乡建设无序蔓延对耕地的侵蚀。加强土地流转监管，对非法占用耕地或破坏耕地的行为依法追究责任。

耕地保护与粮食安全密不可分，耕地作为粮食种植的载体，其数量多少和质量高低直接关系粮食生产。粮食是生命安全的基础、经济发展的基石、社会稳定的保障，也是国家外交的工具。虽然中国"吃饱"问题已解决，但吃好、吃安全、吃科学依然是难题。目前，我国人均粮食占有量约 480 公斤，高于人均 400 公斤的国际粮食安全标准线[①]，但一方面粮食持续增产的难度较大，粮食生产投入成本高，粮食总产在突破 6.5 亿吨后，连续几年保持在高位水平，受自然资源、生产效益等多种因素制约，粮食总产持续上升的难度较大。另一方面，粮食供需仍然处于紧平衡状态，2019 年我国进口食物相当于 9 亿亩耕地产量，没有进口就难以保持粮食供求平衡。此外，中国粮食价格比国际市场高出 35%~50%，粮食生产长期在高成本、高价格、低效益状态下运行，存在不安全因素，特别是在国际粮食供应链面临短期甚至长期断裂的情况下，粮食安全可能变为不安全，中国人面临只能吃饱、不能吃好的风险。今后一段时期中国粮食安全基本处于"低水平、高难度、紧平衡、弱安全"状态。为落实"确保谷物基本自给、口粮绝对安全"的新粮食安全观，保障粮食生产稳定发展，维系口粮自给率在 100% 以上，谷物自给率在 95% 以上的水平，必须贯彻落实"藏粮于地、藏粮于技"战略，坚决守住 18 亿亩耕地红线、严格落实耕地保护，强化补充耕地建设管理，是筑牢国家粮食安全防线的关键一环。

1.2.2 耕地保护、粮食安全是维护国家安全的重要物质基础

2014 年 4 月 15 日，习近平总书记在中央国家安全委员会第一次会议上首次提出了"总体国家安全观"的概念，指出"当前我国国家安全内涵和外延比历史上任何时候都要丰富，时空领域比历史上任何时候都要宽广，内外因素比历史上任何时候都要复杂，必须坚持国家总体安全观，以人民安全为宗旨，以政治安全为基础，以军事、文化、社会安全为保证，以促进国际安全为依托，

---

① 姜鹏. 从城乡融合发展看新时代粮食安全格局构建——兼论我国粮食生产的三大约束和挑战应对 [J]. 北京规划建设，2021(01):164-169.

走出一条中国特色国家安全道路"。粮食是广大人民群众所需的最基础的生活物资，粮食安全是资源安全的重要内容，也是总体国家安全观的重要内容，国家粮食安全对经济发展、社会稳定和国家安全至关重要。[①] 保障粮食安全是维护国家安全的题中应有之义。粮食安全的保障能够为党和国家事业的发展提供必要的物质资源，保证人民群众在口粮上不受制于人，为维护国家安全提供重要的物质基础。

党的十八大以来，我国确立了"以我为主、立足国内、确保产能、适度进口、科技支撑"的粮食安全战略，不断提高粮食综合生产能力[②]，实现了谷物基本自给、口粮绝对安全。但面对新的国际国内形势，考虑到我国粮食供求仍长期处于紧平衡状态的基本现实，粮食安全仍面临许多潜在风险。党的十九届五中全会审议通过的《中共中央关于制定国民经济和社会发展第十四个五年规划和二〇三五年远景目标的建议》明确指出，要保障国家粮食安全，并突出了农业发展和粮食安全的底线要求；"十四五"规划则进一步强调了实施粮食安全战略对强化国家经济安全保障的重要作用，把粮食安全视为国家安全的重要组成部分。作为一个动态变化的概念，粮食安全在任何时候都不能轻言过关。党的二十大报告对国家安全各项事业作出重要部署，并将"确保粮食安全"作为增强维护国家安全能力的重要内容。地缘政治冲突的加剧，引发了国际社会的普遍恐慌，出于对未来发展前景的担忧，部分国家开始限制粮食出口，这导致全球粮食供应出现紧张，粮食安全问题凸显。

耕地是我国最为宝贵的资源，人多地少的基本国情，决定了我们必须把关系十几亿人吃饭大事的耕地保护好，绝不能有任何闪失。要从国家安全和民族永续发展的高度深刻认识这个问题，以良田沃土夯实国家粮食安全根基，把中国人的饭碗牢牢端在自己手中。

1.2.3 耕地保护是关乎乡村振兴战略实施的重要保障

习近平总书记强调："实施乡村振兴战略，必须把确保重要农产品特别是粮食供给作为首要任务。"切实加强耕地保护对于实施乡村振兴战略具有重大

---

① 景怡宁. 习近平关于粮食安全重要论述研究 [D]. 河南工业大学，2023.
② 张新平, 代家玮. 总体国家安全观视域下我国粮食安全问题研究 [J]. 甘肃理论学刊, 2022(04):14-20+2.

意义。只有稳住农业基本盘,保障粮食供应,才能为乡村振兴[①]战略的实施、为国民经济的发展奠定坚实的物质基础。习近平总书记强调将保障粮食供应作为实施乡村振兴战略的首要任务,也进一步证实了耕地保护在推动农村各项事业发展中的重要作用。只有切实加强耕地保护、保障粮食供应,乡村振兴战略才能很好地实施,农村经济才能稳步发展,进而推动工业化、信息化、城市化和农业农村现代化同步发展,为我国经济的稳步发展奠定坚实的物质基础。切实加强耕地保护关乎人民所需的最基础的、最重要的生存物资能否供应充足,是一项极为重要的战略任务,需要长期坚持,永不动摇。在中国这样一个人口大国,严格耕地保护、保障粮食生产和供应问题是极其重要的一件大事,如果耕地保护出了问题,粮食安全将缺少物质载体,党和国家各项事业的发展将会遭受重大影响,广大人民群众的口粮安全将会受到严重威胁。只有确保耕地保护不出差错,确保人民的口粮绝对安全,才会使十几亿人口的粮食供应得到保障。

1.3 广东省加强耕地保护的重要性和紧迫性

当前,广东省处于推动城乡区域协调发展向着更高水平、更高质量迈进的新格局战略支点和深入推进实施"百县千镇万村"高质量发展工程的关键期,对自然资源要素保障的需求仍将保持高位运行,在未来一段时期内,保护耕地和保障发展的矛盾仍比较突出。作为我国最大的粮食主销区,广东省粮食自给率仅为23%,粮食产需缺口4000×10^4 t 以上,粮食安全保障任务十分繁重,切实加强耕地保护十分重要且紧迫。

1.3.1 广东省耕地资源不足,"非粮化"趋势明显,耕地保护压力大

受地形地貌等自然因素影响,人多地少,广东省耕地资源不足。一是耕地总量少。根据国土"三调"公报数据,广东省耕地为 190.19×10^4 hm^2,占全国耕地 12786.19×10^4 hm^2 总面积的 1.49%,耕地总面积不足全国平均水平(6179万亩)的一半,耕地总量排名全国第二十位,耕地总量先天不足。二是人均耕地少。广东省人均耕地仅为 0.23 亩,不足全国平均水平(1.40 亩)的五分之

---

① 罗军.谱写农信金融服务乡村振兴新篇章 [J]. 中国农村金融,2021(12):14-15.

一，人均耕地最多的湛江市（0.89亩）也仅为全国平均水平的64%。三是区域差异大。从地市尺度看，耕地资源较为集中，湛江、清远、茂名、韶关及江门5市耕地占全省耕地总量的54%。从县域尺度看，集中度更为明显，前十名的县区耕地总量940万亩，占全省耕地总量的33%。四是"非粮化"趋势明显。第二次全国土地调查主要数据显示，2009年全省耕地为$253.22×10^4hm^2$，2019年与之对比，除建设占用之外，主要原因是农业结构调整，主要变化类型是在耕地上种植苗木、果、茶，以及挖塘养鱼。五是耕地碎片化程度高，规模化生产较弱。全省3亩以下的耕地图斑个数占80%，面积仅占耕地总面积的7%。2016年广东省耕地规模化耕种面积占全部实际耕地耕种面积的比例为20.1%，低于全国水平的28.6%。①

1.3.2 经济社会转型发展重大时期下广东省耕地保护面临诸多挑战

广东省经济总量、人口总量居全国首位，不断增加的人口对耕地数量和质量的需求也在不断提高。"十三五"期间，广东省GDP占全国比例一直稳居在11%左右，2022年GDP12.91万亿元，连续34年位居全国第一。广东省10年来人口增长超2000万，年均增加217.09万人，人口总量继续稳居全国首位，占全国人口的8.93%；2021年广东常住人口12864万人，比江苏、浙江和山东分别多4179万人、6144万人、2514万人。"十四五"时期，广东省经济社会处于竞争优势重塑期、新旧动能加速转换期、工业化城镇化深化期、社会转型加速期、全面深化改革攻坚期、生态环境提升期，经济社会发展呈现新的阶段性特征，同时也是建设"双区"（粤港澳大湾区、深圳先行示范区）和三大平台（横琴、前海、南沙）、支持制造业当家②、推进"百县千镇万村"高质量发展工程的重要时期。为以高质量发展实现广东现代化建设新跨越，经济社会发展难免挤压耕地空间。随着新型工业化、信息化、城镇化、农业现代化同步发展，平衡发展与保护，确保稳定耕地总量不减、质量不降，面临较大压力。

广东省地处岭南，虽然光热水资源丰富，耕地质量相对较好，但受地形地貌、比较效益、土地流转成本攀升等因素影响，基层利用耕地种粮的积极性不

---

① 郑华健，文薪荞，宋兆璞，等.以"制度+科技"开创耕地保护新局面[J].中国土地，2023(10):31-33.
② 陈哲华，谭春婵，李沐柳，等.新时期广东省耕地保护形势分析与政策体系优化建议[J].自然资源情报，2023(08):36-43.

高,普遍选择更高经营效益的"非粮化"耕种方式以获取更高的投资收益。此外,随着城镇化发展,农村劳动力进城导致耕地闲置、抛荒等现象发生。《广东省农村统计年鉴(2022)》数据显示全省粮食作物播种面积在2010—2018年呈持续下降趋势;2019年以来,落实国家严格管控"非粮化"的决策部署,粮食作物播种面积连续三年实现增长。[①]

[①] 陈哲华,谭春婵,李沐柳,等.新时期广东省耕地保护形势分析与政策体系优化建议[J].自然资源情报,2023,(08):36-43.

2. 耕地保护政策演变

2.1 耕地保护的发展历程

自中华人民共和国成立以来，便将土地作为国家根本，"切实保护耕地，确保国家粮食安全"始终是我国土地法治建设的主旋律。回顾我国耕地保护法律政策制度的发展历程，总体上完成了政策规范（点）到制度体系（面）的更迭升级。大部分学者通常以1949年中华人民共和国成立初期，1978年改革开放、1986年《土地管理法》的通过、1997年提出实行耕地总量动态平衡、2004年1号文提出耕地质量建设需求以及2017年构建"三位一体"新格局为节点，将耕地保护制度发展分为耕地保护意识孕育期（1949—1977）、耕地保护制度初步萌芽期（1978—1985）、制度建立初探期（1986—1996）、体系构建期（1997—2003）、体系完善期（2004—2016）、体系优化期（2017至今）六个阶段。通过再现我国耕地保护制度的历史嬗变过程，进而明确各历史发展阶段耕地保护政策导向、措施调整、阶段性目标转变情况。

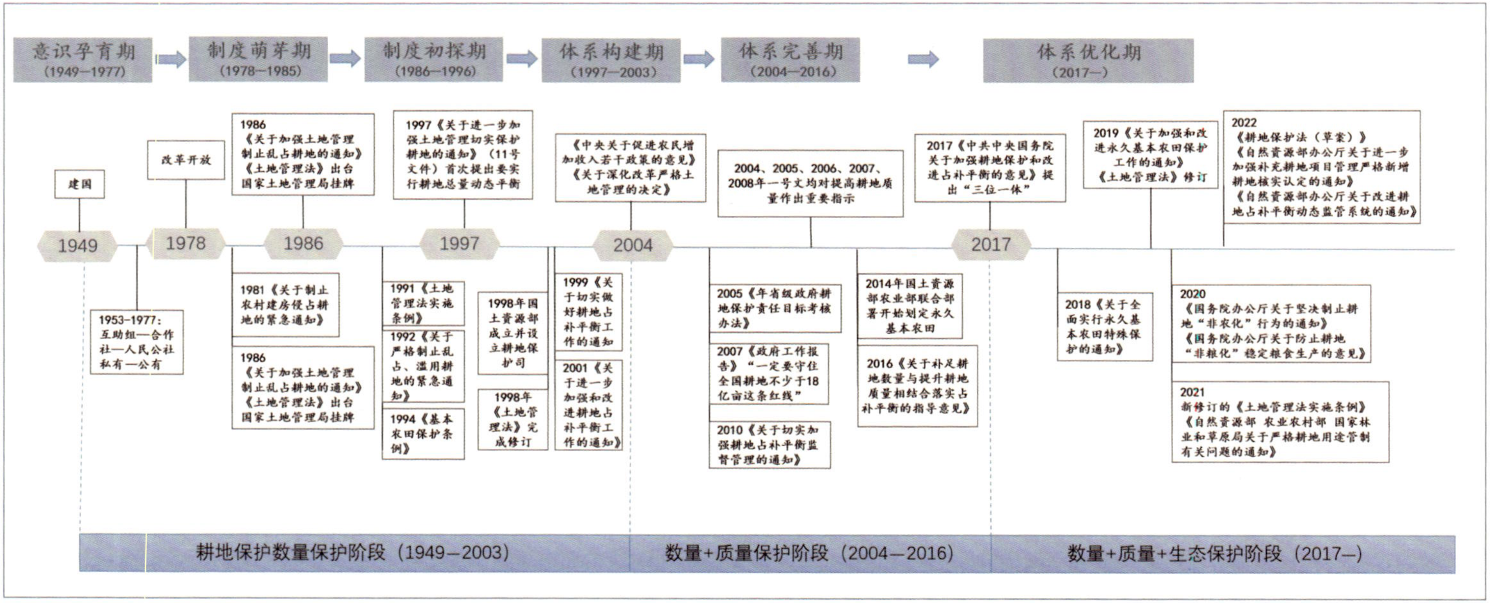

图 2-1 耕地保护政策时间演变历程

2.1.1 意识孕育期（1949—1977）

——农民收入以农业产出为主，结合政策支持，全国大量开荒、围湖造田等，使得耕地逐渐增加，耕地保护的思想处于孕育阶段。

中华人民共和国成立初期百废待兴，为尽快发展农业生产，提高粮食产量，我国初步提出了耕地相关的政策。从中华人民共和国成立至土地改革前后（1949—1952），《中国土地法大纲》《土地改革法》颁布，从法制层面明确农村土地产权归属，使"耕者有其田"，极大地提升了农民生产积极性，农地得以充分利用[①]，但由于生产工具的匮乏、生产技术的落后与基础设施的缺少等因素导致农地利用效率较低，粮食产量不高；因此，为进一步满足新中国巨大的粮食缺口和农田水利建设等需要，开始推行互助组—合作社（1953—1956）和人民公社（1958—1977），农地权属完成从私有制到社会主义公有制的转变。这一阶段中农业收入占比高，1978年农民人均纯收入中84.93%为农业收入，农民具有开垦荒地的较高积极性，这一阶段中耕地数量约增加1.8亿亩，达14.8亿亩左右，保证了中华人民共和国成立初期的稳定发展，但中国人口在这一阶段从5.4亿增长至9.4亿，传统农业生产难以支撑人口快速增长，开发更多耕地用以粮食生产成为首要需求。此阶段农业收入是农民收入主要部分，形成了大量开荒、围湖造田等景象，使得耕地逐渐增加，耕地保护的思想暂时处于孕育阶段。

2.1.2 制度初步萌芽期（1978—1985）

——经济飞速发展，乡镇企业大量建设厂房、农民改善居住条件等因素导致耕地不断被占用，耕地保护制度开始萌芽。

随着1978年十一届三中全会的召开，掀开了我国改革开放的序幕，对外开放成了中国的一项基本国策，中国经济增长从此驶入了快车道，经济实力不断增强。这期间，部分地区乡镇企业建设了大量厂房，农民为改善居住条件也开始建造房屋，建设占用耕地的行为大量增加，导致全国耕地面积呈急剧下降趋势，根据国家统计局数据显示，仅1978—1985年7年期间[②]，我国耕地数

---

① 刘蒙罢, 张安录. 建党百年来中国耕地利用政策变迁的历史逻辑及优化路径 [J]. 中国土地科学，2021, 35(12):19-28.
② 卢艳霞, 王柏源. 耕地保护制度与政策的演进及其逻辑 [J]. 中国土地，2022(02):4-8.

量就减少了 3814.9 万亩，平均每年净减少耕地达 545 万亩。为缓解耕地数量减少过快趋势，1981 年《政府工作报告》就提出"十分珍惜每寸土地，合理利用每寸土地"是我们的基本国策，并且要求"基本建设即使非占用耕地不可，用地也要严加限制；农村建房要有规划，绝不能乱占滥用耕地"。1982 年的 1 号文件《全国农村工作会议纪要》将保护耕地视为与控制人口一样重要的国策，并且要求"要严格控制机关、企业、团体、部队、学校、社队占用耕地，特别是城市附近的菜地更不应占用"。1983 年的 1 号文件《当前农村经济政策的若干问题》更是明确提出，要"严格控制占用耕地建房"和"爱惜每一寸耕地"。

在此期间，为了缓解因经济发展导致耕地减少的问题，国家陆续出台了《关于制止农村建房侵占耕地的紧急通知》《国家建设征用土地条例》[①]等政策文件。在这一阶段耕地保护尚处于萌芽阶段，耕地保护意识逐渐觉醒，开始零星发布耕地保护政策，但耕地保护仍存在难以协调粮食安全与结构调整之间的关系、总体上服从于保证建设需要、政策散布于相关文件和报告、实施措施稍有提及但不具体等诸多问题。

2.1.3 制度建立初探期（1986—1996）

——为解决土地管理中的耕地保护问题，我国颁布了《中华人民共和国土地管理法》，成立国家土地管理局，统筹全国土地管理工作，初步建立耕地保护制度。

1986 年 3 月，中共中央、国务院印发了《关于加强土地管理制止乱占耕地的通知》（中发〔1986〕7 号，简称中发 7 号文），第一次正式提出"切实保护耕地，是我国必须长期坚持的一项基本国策"。同年 6 月，第六届全国人民代表大会常务委员会审议通过了《中华人民共和国土地管理法》，提出各级人民政府必须贯彻执行十分珍惜和合理利用土地的方针，制止乱占耕地和滥用土地的行为，对建设用地审批和毁坏耕地处罚等都做了相应规定，成为我国土地管理史上第一个里程碑式的文件，也是首次以法律的形式对于耕地乱占滥用行为进行[②]约束；8 月国家土地管理局正式挂牌办公，负责全国土地、城乡地政的统一管理工作，并发布了《关于在农业结构调整中严格控制占用耕地的联

---

① 李文灏. 杭州市耕地时空演变与耕地保护分区研究 [D]. 浙江大学, 2021.

② 刘蒙罢, 张安录. 建党百年来中国耕地利用政策变迁的历史逻辑及优化路径 [J]. 中国土地科学, 2021, 35(12):19-28.

合通知》，要求严格控制农业内部结构调整占用耕地行为；同年《耕地占用税暂行条例》的出台，预示我国正式开始尝试采用经济手段抑制耕地乱占。

1990年由于"多占多用、占而不用、闲置摞荒"等滥用耕地现象的重新抬头，为更好推进《土地管理法》实施，1991年1月国务院发布了《土地管理法实施条例》，1992年出台《关于严格制止乱占、滥用耕地的紧急通知》《关于严禁开发区和城镇建设占用耕地摞荒的通知》[①]等，1993年出台《关于严格审批和认真清理各类开发区的通知》等，进一步强调对城市开发建设中耕地保护的强制性要求。同期，为了突出对"基本农田"的特殊性保护，1994年发布了《基本农田保护条例》，逐渐形成了以基本农田保护制度为核心的农用地保护机制；此后为维护耕地保护已取得的成果，1996年颁布了《土地违法案件查处办法》，进一步强化对耕地违法行为查处与惩罚的法律法规建设，同年，全国土地管理厅局长会议首次正式提出"耕地总量动态平衡"理念，为耕地占补平衡的思想奠定了基础。

这一时期，对于严控耕地占用、减少耕地滥用做了大量探索，重心在于耕地数量保护，一系列有关严格耕地保护的法律政策和行政措施相继出台，为平衡经济建设和耕地保护关系提供重要指导。但同时也存在耕地保护政策缺乏系统性，政策实施期较短，且由于经济调控手段严重匮乏，弱化了相关措施的执行力度，难以应对经济社会快速发展对耕地占用的需求。至此，耕地保护制度体系的核心思想"土地用途管制""耕地占补平衡""基本农田保护制度"[②]已经全部呈现，我国的耕地保护政策体系即将出现。

2.1.4 制度体系构建期（1997—2003）

——1997年11号文件明确提出实行耕地总量动态平衡、耕地占补平衡和土地"用途管制"，以保证耕地数量为核心思想的现行土地管理制度体系基本形成。

随着我国工业化再次呈"重型"增长趋势，城镇化高速增长，全国固定资产投资增长迅猛以及退耕还林全面铺开，大量用地需求给耕地保护带来巨大压力。1997年国务院发布《关于进一步加强土地管理切实保护耕地的通知》（11号文件），明确了"保护耕地就是保护我们的生命线"，首次提出要实

---

① 任旭峰，侯风云. 中国耕地保护制度演进及存在问题研究 [J]. 理论学刊,2011(09):31-35+127.
② 张艳琳. 我国耕地保护制度的变迁 [J]. 资源导刊,2019(11):20-21.

行耕地总量动态平衡、耕地占补平衡和土地"用途管制";同年,将"破坏耕地罪""非法批地罪""非法转让土地罪"条款增设入《刑法》。1998年《土地管理法》完成修订,专设"耕地保护"一章共12条,第一次以立法形式确认了"十分珍惜、合理利用土地和切实保护耕地"为基本国策,以专门章节规定对耕地实行特殊保护,如实行基本农田保护制度、占用耕地补偿制度,禁止闲置、荒芜耕地,以及增加耕地数量等,同时确立了耕地总量动态平衡和以耕地保护为核心的土地用途管制制度,我国耕地保护政策体系初步建立,同年,国土资源部成立并设立了专门的耕地保护部门(耕地保护司)。1999年原国土资源部出台了《关于切实做好耕地占补平衡工作的通知》,从责任、措施、管理和监测对接《土地管理法》耕地补偿制度;2001年又出台《关于进一步加强和改进耕地占补平衡工作的通知》,提出通过土地用途管制和耕地补偿落实耕地"占一补一"原则。2003年国务院出台《关于清理整顿各类开发区加强建设用地管理的通知》和《关于暂停审批各类开发区的紧急通知》,提出追责"突击审批"与"突击设立开发区"行为。同年,为保障耕地占补平衡出台实施《全国土地开发整理规划(2001—2010年)》,重点通过开发整理补充耕地,以保持耕地数量稳定。

表2-1 1997—2003年耕地保护相关政策汇总表

政策目的	文件名称
实施占用耕地补偿 严格基本农田保护	《关于切实做好耕地占补平衡工作的通知》《关于进一步加强和改进耕地占补平衡工作的通知》
农用地分等定级 耕地调查评价	《农用地分等规程》《农用地估价规程》《农用地定级规程》《耕地后备资源调查与评价技术规程》
查处土地违法行为 清理整顿各类开发区	《关于加强土地违法案件查处工作的通知》《审理破坏土地资源刑事案件具体应用法律若干问题的解释》《关于清理整顿各类开发区加强建设用地管理的通知》《关于暂停审批各类开发区的紧急通知》
管理土地利用规划 落实土地开发整理[①]	《土地利用规划实施管理工作若干意见》《土地利用年度计划管理办法》《建设项目用地预审管理办法》《闲置土地处置办法》《关于土地开发整理工作有关问题的通知》

[①] 刘丹,巩前文,杨文杰.改革开放40年来中国耕地保护政策演变及优化路径[J].中国农村经济,2018(12):37—51.

这一时期，首次提出要实行耕地总量动态平衡、耕地占补平衡和土地"用途管制"，以《关于进一步加强土地管理切实保护耕地的通知》为标志，明确"基本农田保护制度""占用耕地补偿制度""耕地总量动态平衡"的核心内容，初步建立耕地保护政策，耕地保护制度开始有体系化构建，耕地保护政策的内涵得到进一步的补充，政策连贯与法律地位均有所强化，更加细化、专门化、更具针对性。耕地保护措施也更趋于全面化，保护手段也日益多样化，原则性、实操性、自查性与处罚性的政策不断地扩充，涉及经济、法律、政策和技术等多个领域，以及土地管理、占补平衡、土地监管和农用地估价定级等诸多方面。[1] 这一时期较为系统地构建了耕地保护政策体系框架，以耕地总量动态平衡和土地用途管制制度为核心的现行土地管理制度体系基本形成，但仍有待完善。

2.1.5 制度体系完善期（2004—2016）

——明确了对耕地"数量+质量"双重保护的耕地利用政策，进一步完善了耕地保护制度体系。

随着地方政府"土地财政"与城镇化的继续推进，非农建设的用地需求长期居于高位，盲目投资、低水平重复建设，圈占土地、乱占滥用耕地等问题尚未根本解决，耕地占优补劣现象持续发生，更为严峻的是，从2004年之后我国房地产行业开始飞速发展，促使城市建设用地无序蔓延，耕地保护面临着日益剧增的压力。如何正确处理保障经济社会发展与保护土地资源的关系，健全耕地法制保护获得全社会特别是中央政府高度关注。

2004年，中央1号文件《中央关于促进农民增加收入若干政策的意见》首次从国家层面上提出要"不断提高耕地质量"，防止耕地质量退化，此后连续五年的中央一号文件均对提高耕地质量做出了相应指示，对耕地保护制度体系进一步完善。2005年《省级政府耕地保护责任目标考核办法》颁布，要求省级人民政府对规划确定的本行政区耕地保有量和基本农田保护面积负责。同年国务院31号文《关于加强土地调控有关问题的通知》，将加强耕地保护作为土地调控的重中之重。2008年党的十七届三中全会审议通过《关于推进农村改革发展若干重大问题的决定》，提出"坚持最严格的耕地保护制度，层层

---

[1] 刘苏敬. 改革开放以来中国耕地保护政策实施效果研究 [D]. 吉林财经大学, 2020.

落实责任,坚决守住18亿亩耕地红线";明确提出"永久基本农田概念",要划定永久基本农田,建立保护机制,确保基本农田总量不减少,用途不改变,质量有提高;同年《土地调查条例》出台。2009年国土资源部发布《关于全面实行耕地先补后占有关问题的通知》,提出耕地全面实行先补后占,形成耕地占补平衡倒逼机制,同年发布《关于划定基本农田实行永久保护的通知》要求建立基本农田数据库和"五级"报备制度;为保障落实耕地质量保护目标,2012年《国土资源部关于提升耕地保护水平全面加强耕地质量建设与管理的通知》,以文件的形式明确了耕地质量建设与管理是各级国土资源部门的重要职责和任务,明确了保护、建设、管控、监测、落实责任等六大方面十六条措施,构建了我国耕地质量管理的整体政策体系框架,通过"最严格守,高标准建,上手段管",将耕地数量管控、质量管护有机融合。2014年中共中央、国务院《关于全面深化农村改革加快推进农业现代化的若干意见》指出"实施全国高标准农田建设总体规划"。[①]2016年原国土资源部发布《关于补足耕地数量与提升耕地质量相结合落实占补平衡的指导意见》。

该时期以2004年中央1号文提出耕地质量建设为标志,明确了耕地保护重心从数量管控转变为数质并重,随后连续五年的中央1号文件均对耕地质量建设作出重要指示,2012年则以文件的形式明确了耕地质量建设与管理的职责主题,随后几年文件完善优化了用途管制政策,至此,中国已基本形成了以国土资源部为统筹,《土地管理法》《农业法》及《刑法》为法律基础,以耕地占补平衡、土地用途管制、基本农田保护等政策为核心,以耕地保护政绩考核及耕地分等定级技术为保障的耕地"数量+质量"的双重保护制度体系。

2.1.6 制度体系优化期（2017至今）

——通过完善补充后备资源、土地整治、高标准农田建设、耕地轮作休耕等手段,形成质量与数量的协调保护、质量与生态的统一保护即耕地资源"三位一体"保护新格局。

这一时期耕地减少速度有所减缓,耕地数量保持在安全状态,但耕地保护仍面临一些新情况、新问题：如生态环境质量下降、供给侧结构性改革、退耕还林还草还湿、污染耕地治理、调减一部分不稳定耕地、耕地后备资源减少、

[①] 张晏维,卢新海.差异化政策工具对耕地保护效果的影响[J].资源科学,2022,44(04):660-673.

耕地占补平衡"占优补优"的难度日趋加大等，为解决上述问题，2017年党中央、国务院下发了《中共中央国务院关于加强耕地保护和改进占补平衡的意见》（中发〔2017〕4号，简称中发4号文），围绕实现耕地数量、质量、生态"三位一体"保护，系统指出了加强耕地管控、建设和激励多措并举的保护政策；进一步改进耕地占补平衡政策，建立健全永久基本农田"划、建、管、补、护"长效机制，全面落实特殊保护制度，促进形成保护更加有力、执行更加顺畅、管理更加高效的耕地保护新格局。至2018年，国务院机构改革，组建了自然资源部，对自然资源开发利用和保护进行统一监管，为耕地资源"三位一体"保护奠定了体制保障；并于同年发布了《关于全面实行永久基本农田特殊保护的通知》。2020年新《土地管理法》印发，围绕耕地保护管理一系列重点任务，提出指向更加明确的规定，要求在耕地保护方面只做加法不做减法，并将"基本农田"上升为"永久基本农田"，实现耕地保护的重心从数量平衡到数量、质量、生态"三位一体"并重的转变，体现了党和国家对耕地保护着眼长远的战略安排。自2020年后，国家颁布《国务院办公厅关于坚决制止耕地"非农化"行为的通知》《国务院办公厅关于防止耕地"非粮化"稳定粮食生产的意见》《土地管理法实施条例》《自然资源部农业农村部国家林业和草原局关于严格耕地用途管制有关问题的通知》。2022年9月，自然资源部起草《耕地保护法（草案）（征求意见稿）》，对永久基本农田[①]、耕地转用的管控要求、耕地质量、耕地生态、监督管理等内容进行细化规定。该阶段，陆续颁布实施《全国土地整治规划（2011—2015年）》、《全国土地整治规划（2016—2020年）》、《全国高标准农田建设总体规划》（2013年批复）、《全国高标准农田建设规划（2021—2030年）》，开展国土空间总体规划编制等对耕地保护加强管护。

这一时期，耕地保护战略思维逐步发生转变，形成质量与数量的协调保护、质量与生态的统一保护即耕地资源"三位一体"保护，成为全面统筹"山水林田湖草"科学治理的重要抓手[②]；该时期随着耕地保护法律政策逐步完善，耕地保护要求日趋严格，形成了新时期耕地保护工作任务，政策体系的管控与建设并进、激励与约束并重，坚持差别化管理与全面统筹协调，耕地保护过程中的权责利逐渐统一，耕地保护全面进入法治轨道。

---

① 李凤章. 耕地保护：从管制到补偿 [J]. 江西社会科学, 2023,43(05):125-135.
② 赵谦，田皓婕. 耕地保护四十年：条款价值目标变迁论 [J]. 中国不动产法研究, 2021,24(02):105-134.

2.1.7 小结

——耕地保护体系优化始终在路上，以不断优化、精益求精的态度严格要求耕地保护政策推行，牢牢守住十八亿亩耕地红线。

耕地保护政策在我国经历了初步提出到不断发展完善的过程，从中华人民共和国成立至 1997 年提出耕地占补平衡政策，再从耕地数量保护到 2017 年提出三位一体，"十分珍惜、合理利用土地和切实保护耕地"的基本国策贯穿了整个耕地保护的历史进程，良好地推进了我国的耕地保护事业，但耕地保护作为一项不断优化与探索的重大工程，需要我们始终走在正确的道路上，需要紧跟时代步伐，不断改进，以精益求精的态度对待耕地，用一亩不少的目标维护耕地，牢牢守住十八亿亩耕地红线，确保中国人的饭碗牢牢端在自己手中。

2.2 耕地保护政策要求要点

我国历来重视对耕地的保护，实行最严格的耕地保护制度[1]，形成了以用途管制为核心，以永久基本农田特殊保护、土地整治和高标准农田建设、农用地转用和土地征收为主要内容的耕地保护制度体系。同时对我国现有的耕地保护法规政策进行系统化、结构化梳理，将现有耕地保护法规政策体系分为管控性保护、建设性保护、激励性保护三个方向，一是以各项指标与管控底线为基本，以数量不少，质量不降为目的，以经济引导、法律规范为手段，切实落实最严格的耕地保护制度，确保耕地保护的强制性；二是以土地开发整理复垦拓展耕地增量，以高标准农田建设、垦造水田提升耕地质量，以轮作休耕保障耕地产量，联合多项手段保障现有耕地数量与质量，严格落实耕地保护"双平衡"；三是建立耕地保护责任机制，落实耕地保护责任主体，明确保护的补偿机制，提高耕地保护积极性，确保耕地保护的可实施性。管控、建设、激励多方共进，严控耕地数量、提高耕地质量、激发耕地保护理念，保障耕地保护政策的严格落实。

2.2.1 "管控类"耕地保护政策

（1）国土空间用途管制制度

国土空间用途管制源于土地用途管制[2]，本质是对国土空间开发利用的规

---

[1] 单善. 土地批租中的地方政府行为研究 [D]. 山东大学, 2010.
[2] 翟墨. 高陵区国土空间利用及管制研究 [D]. 长安大学, 2020.

制，是政府干预国土空间开发利用的重要政策工具。国土空间用途管制内容体系，兼顾了刚性和弹性的管控要求，主要采用指标管控、控制线管控、分区管控等管制手段，也是耕地保护谋求系统性管制、综合性治理的重要依据。

①指标管控

指标管控主要体现在国土空间规划的约束指标传导。耕地保有量、永久基本农田保护面积、生态保护红线面积、建设用地总面积和城乡建设用地面积等约束性指标的层层传导，自上而下地对各类自然资源保护、开发、利用保驾护航[①]，传导路线包括"一纵、一横、一环"三个维度。

纵向上，由全国国土空间规划确定目标和指标，对永久基本农田、城镇开发边界、耕地保有量、建设用地等核心管控的约束性指标进行总量控制和分解下达，层层传导至省、市县和乡镇，指导约束下级国土空间规划编制，建立分层分级的指标体系，并开展实施监督。

横向上，通过国土空间规划制定的目标指标规模，对相关部门及各类专项规划的编制与实施起到指导约束作用。

环向上，从规划编制制定、分解指标，规划审查核查上下位规划目标指标一致性与分解落实情况，到监督、评估并反馈指标实施落实和预警情况，最终，将指标监测评估预警的结果作为规划的修编、计划的制定、指标的修订调整的重要决策依据，形成指标传导管控的业务闭环。

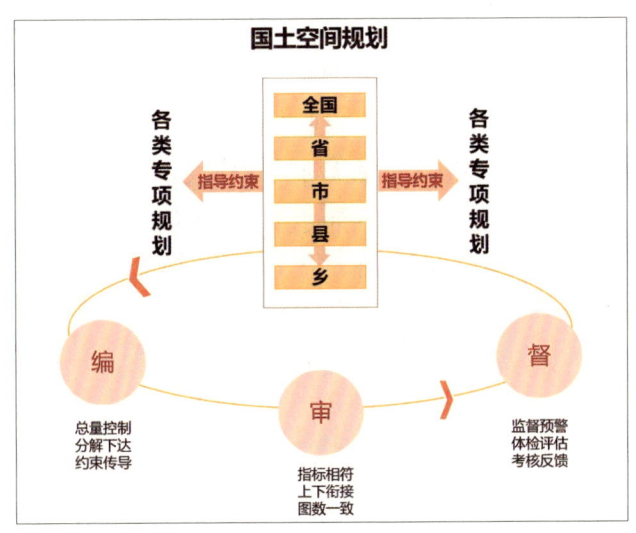

图 2-2 国土空间规划指标传导与管控关系图

---

① 王君. 浅谈国土空间规划背景下用途管制制度的转变 [J]. 华北自然资源,2021(06):122-123+126.

②分区管控与控制线

分区管控是体现用途管制空间性的基础，从目前出台的政策看，国土空间规划从宏观上已明确划分生态、农业和城镇3类功能区，以及生态保护红线、永久基本农田和城镇开发边界3条控制线[①]；从微观上对三类空间进行了细化分解，针对农业空间，进一步划分为永久基本农田集中保护区、一般农业区和村庄建设区，按要求分别建立"用途准入+指标控制"和"详细规划+规划许可"的管制方式。此外，落实差异化分区管制实施，要做好与管控规则的衔接，明确各层级政府用途管制的重点[②]、不同分区中用途转换规则、不合理用途退出机制等。[③]

指标控制和分区管控作为顶层政策设计的载体，具有较强的政策引导作用，政府可以划定相应的主体功能区和分解指标来实现政策制度的落实，并对控制线的划定、管控提供政策法规依据，进一步保障了上级政策意图执行到位。[④]

总而言之，落实耕地保护为核心的国土空间用途管制制度，应从整体上、系统的构建起以"指标控制、控制线约束、分区管制"等为主的国土空间用途管制体系，立足于耕地保护开发利用的要求，制定管制规则，绘制分区管制图则，编制用途管理清单，最后提出用途管制实施保障建议。

2023年12月《广东省国土空间规划（2021—2035年）》经国务院批复同意并印发至地级市。一方面文件对国家下达任务目标进行分解，按照应划尽划、应保尽保的原则，优先确定耕地保护目标，将可以长期稳定利用的耕地优先划入永久基本农田实行特殊保护。全省划定2755.31万亩的耕地和2524.15万亩的永久基本农田。另一方面制定耕地与永久基本农田管控要求，严格控制耕地向其他地类转变，同时指出部分情况下占用耕地的同时必须依法依规及时补充到位，确保耕地数量不减、质量不降。

（2）永久基本农田保护制度

永久基本农田是按照一定时期人口和经济社会发展对农产品的需求，依据

---

① 李妍,任皓雯.非集中建设区规划编制管理体系研究——以《长春市空间规划(2016—2035年)》为例[J].规划师,2019,35(17):79-83.

② 黄征学,吴九兴.国土空间用途管制政策实施的难点及建议[J].规划师,2020,36(11):16-20+32.

③ 刘海丽,方勇,吴永胜.统一行使国土空间用途管制的思考[J].中国土地,2021(10):20-23.

④ 张小东,韩昊英,陈宇.国土空间规划编制视角下的国土空间用途管制体系研究[J].上海国土资源,2021,42(01):68-73.

土地利用总体规划确定不得占用的耕地，从法律上对其实行永久性、特殊性的保护。《土地管理法》第三十三条规定，下列耕地应当根据土地利用总体规划划为永久基本农田，实行严格保护：①经国务院农业农村主管部门或者县级以上地方人民政府批准确定的粮、棉、油、糖等重要农产品生产基地内的耕地；②有良好的水利与水土保持设施的耕地，正在实施改造计划以及可以改造的中、低产田和已建成的高标准农田；③蔬菜生产基地；④农业科研、教学试验田；⑤国务院规定应当划为永久基本农田的其他耕地。同时明确："各省、自治区、直辖市划定的永久基本农田一般应当占本行政区域内耕地的百分之八十以上，具体比例由国务院根据各省、自治区、直辖市耕地实际情况规定"。

永久基本农田一经划定，在规划期内必须得到严格保护，除法律规定的情形外，不得擅自占用和改变。《土地管理法》第三十五条规定，只有国家能源、交通、水利、军事设施等重点建设项目选址确实难以避让永久基本农田，才可以占用永久基本农田，涉及农用地转用或土地征收均应经国务院批准。自然资源部、农业农村部、国家林业和草原局《关于严格耕地用途管制有关问题的通知》（自然资发〔2021〕166号）明确了永久基本农田的土地利用方式，仅可用于种植粮食作物和非粮食作物，不得转为林地、草地、园地等其他农用地及农业设施建设用地。①

广东省作为"三区三线"划定试点省，在国家工作组指导下，以2020年国土变更调查数据为基础，先后开展三轮次试划，并最终在全省2832万亩稳定耕地中划定永久基本农田2549万亩，切实落实了永久基本农田保护制度，为保护永久基本农田数量不减、质量不降提供了强有力的支撑。

（3）耕地总量动态平衡制度

耕地总量动态平衡，是指在满足人口及国民经济发展对耕地数量和质量需求不断增长的条件下，耕地数量和质量供给与需求的动态平衡。耕地总量动态平衡制度是我国耕地保护的一项重要制度，是集约利用土地，提高土地利用率的重要抓手。具体来说，实现耕地总量总体平衡的措施主要有四个方面：一是在全国和省级土地利用总体规划中必须保证耕地总量不减少；二是实行耕地总量不减少的省级政府负责制；三是加强土地开发、复垦和整理，增加有效耕地面积；四是加强土地利用动态监测。

---

① 荀文会，邵军师. 耕地"进出平衡"总体方案编制技术方法研究[J]. 中国国土资源经济，2023,36(09):56-62+69.

①耕地占补平衡制度

耕地占补平衡制度的提出，是保证耕地总量不减少的重要手段，是落实耕地数量和质量保护的重要途径，是土地用途管制的具体体现，是针对"非农化"的有力管控。其核心在于运用政策管制、市场机制和经济手段，对地方政府耕地保护行为进行共性限制，以红线思维最大程度限制地区土地粗放利用的情况，主要是为了兼顾建设占用和耕地保护双重任务的实现，针对建设占用大量农用地导致耕地面积急剧减少的问题、对农用地转为建设用地进行严格管控，是农用地与建设用地之间的转化，管控的是建设占用。

耕地占补平衡制度自设立以来，经过逐步完善，从规划、计划上严控建设占用耕地规模，最大限度减少建设占用耕地特别是优质耕地，提高了建设占用耕地成本。

②耕地进出平衡制度

耕地"进出平衡"是针对耕地"非粮化"管控，是对耕地尤其是永久基本农田转化为其他农用地或者农业设施建设用地等"非粮化"行为实行严格控制，是管控农业用地之间转化的有力手段，管控的是农用地①内部变化。其作为耕地"占补平衡"的拓展与补充，对植树造绿、挖湖造景、农业结构调整占用耕地的行为进行补充管制，也是防止耕地减少的创新之举，是对土地用途管制制度的进一步深化和细化。

耕地"进出平衡"包含"一进""一出"两方面的工作内容。"一进"是指将林地、草地、园地等其他农用地及农业设施建设用地，通过土地综合整治手段整治为耕地；耕地转进应优先考虑自身规模较大的地块，或与周边现状耕地布局集中连片、农田水利设施配套较好的地块。"一出"是指将耕地转为林地、草地、园地等其他农用地及农业设施建设用地，耕地转出应优先选择不稳定利用、质量较低、零星分散、不宜集中连片耕作管护的耕地。

耕地占补平衡与"进出平衡"都是土地用途管制的具体形式，是落实耕地总量动态平衡的重要手段。耕地"进出平衡"作为占补平衡的补充，将林地、草地、园地等其他农用地及农业设施建设用地转为耕地，拓宽了补充耕地的渠道和方式，缓解了因后备资源不足导致的补充耕地压力，能够切实保障国家粮食生产安全，在拓展耕地补充来源，优化农业内部结构布局方面发挥了重要作用。

---

① 李中伟, 张艳琳. 严格用途管制端牢中国饭碗 [J]. 资源导刊, 2022(06):18.

表 2-2 耕地占补平衡与进出平衡区别

类型	占补平衡	进出平衡
概念界定	针对的是"非农化"。即非农建设占用耕地的，要占多少补多少，主要通过开发未利用地或实施土地综合整治等方式，增加有效耕地面积	针对的是"非粮化"。对耕地转为其他农用地及农业设施建设用地实行年度"进出平衡"
核心要义	占一补一	转一补一
管控角度	针对建设占用大量农用地导致耕地面积急剧减少的问题、对农用地转为建设用地进行严格管控，是农用地与建设用地之间的转化，控制的是建设占用	重点是对耕地尤其是永久基本农田转化为其他农用地或者农业设施建设用地等"非粮化"行为实行严格控制，是农业用地之间的转化，管控的是农用地内部

广东省耕地总体呈现质量较好、数量较少、破碎化程度较高的现状，同时广东省在全国处于人口经济双重的领先，导致广东省面临较大的耕地占补平衡压力，针对"双平衡"的压力，广东探索、推出"全链条"遏制违法用地，建立耕地保护动态监测监管体系，组织开展耕地卫片监督，等一系列措施，此外，广东自2017年起大规模实施垦造水田，截至2022年，累计已完成垦造36.6万亩，形成水田指标25万亩，确保广东连续22年实现耕地占补平衡。[①]

广东省在耕地"进出平衡"方面积极贯彻耕地保护的精神，2022年制定了《关于严格耕地用途管制有关问题的通知》（粤自然资源函〔2022〕434号），文件结合现行有关法规和政策规定以及广东省耕地保护实际经验，制定了"进出平衡"工作指引，细化了"进出平衡"总体方案编制要点，并从"实施范围""程序和要求""职责分工"三个方面明确了耕地"进出平衡"的实施路径，为地方严格耕地用途管制和实行年度耕地"进出平衡"制度提供工作指引。

（4）耕地保护法律责任制度

与耕地保护相配套的法律责任体系，是从法条层面对耕地资源保护利用行为进行规定，明确相关主体的法律责任，主要见之于《中华人民共和国刑法》《土地管理法》《土地管理法实施条例》及《基本农田保护条例》等法律、法规中。如《中华人民共和国刑法》第三百四十二条明确规定了对"非法占用耕地、林地等农用地，改变被占用土地用途"等行为，处五年以下有期徒刑或者

[①] 陈伟杰，周琳静. 以垦造水田解耕地占补平衡难题的广东实践 [J]. 中国土地，2023(02):27-29.

拘役，并处或者单处罚金；第四百一十条进一步规定"国家机关工作人员徇私舞弊，违反土地管理法规，滥用职权，非法批准征用、占用土地，或者非法低价出让国有土地使用权"的，处三年以下有期徒刑或者拘役等。《土地管理法》第七章第七十四至第七十六条，对违反相关法律规定，非法占用耕地，不履行复垦义务等行为，提出了相应整改及惩罚措施。《土地管理法实施条例》第六章，对标"土地管理法"相关条文，细化制定了违反规定的处罚措施。《基本农田保护条例》专门规定了基本农田保护违法行为应承担的行政法律责任，对不按要求将耕地划入基本农田保护区、破坏基本农田、毁坏种植条件、侵占、挪用基本农田的耕地开垦费等行为，提出了相应的处罚办法。

广东省2019年发布《关于印发广东省地级以上市人民政府耕地保护责任目标考核办法的通知》（粤府办〔2019〕20号），文件一方面规定了耕地保护、节约集约用地、"三旧"改造和土地执法监察等多项考核指标，并压实耕地考核责任，要求各地级以上市人民政府对自评考评中相关数据的真实性、准确性和合法性负责。另一方面制定耕地考核期限与考核流程，指导各地开展耕地考核制度，同时明确考核奖励，提升考核主体耕地保护积极性，严格落实耕地保护制度。

（5）土地税费制度

法律规定的税费制度是以经济手段保护耕地的重要措施，从现有的政策来看，在耕地保护方面，主要提出了对非农建设占用耕地的税费补偿条件。如《耕地占用税暂行条例》规定，非农业建设占用耕地，要缴纳耕地占用税[①]，《土地管理法》第三十条、三十八条则对进一步细化非农建设占用税费规定，明确"非农业建设经批准占用耕地，若没有条件开垦与所占用耕地的数量和质量相当的耕地，或者开垦的耕地不符合要求的，应当依照规定缴纳耕地开垦费，专款用于开垦新的耕地。""已经办理审批手续的非农业建设占用耕地但一年以上未动工建设的，应当按照规定缴纳闲置费。"第四十八条规定："征收土地应当依法及时足额支付土地补偿费、安置补助费以及农村村民住宅、其他地上附着物和青苗等的补偿费用[②]，并安排被征地农民的社会保障费用。"第五十五条提出："以出让等有偿使用方式取得国有土地使用权的，缴纳土地使用权出让金等土地有偿使用费和其他费用后方可使用土地。"

[①] 周建国. 浅议我国农村土地发展权的制度缺失与建构 [J]. 广西政法管理干部学院学报, 2010,25(03):60-63+97.
[②] 朱菲. 论农村土地征收补偿制度的问题及完善 [D]. 吉林大学, 2020.

广东省依据《中华人民共和国耕地占用税法》明确耕地占用税税额标准，同时依据政策确定省内各地区耕地占用税适用税额表，从经济角度减少耕地占用。总的来说，税收相对于其他公共干预手段，具有强制性、无偿性和固定性的特征和更大的透明度。它是政府矫正土地利用外部性的最有效的手段。土地税费制度的提出，利用税法的执行可以实现更有效保护耕地、优化耕地资源配置、提高耕地资源节约、集约利用程度的目的。

2.2.2 "建设类"耕地保护政策

（1）土地开发整理复垦制度

土地的开发、整理与复垦是增加耕地面积的有效手段，也是我国实行耕地保护制度、落实耕地占补平衡制度的主要措施。土地开发主要是指对未利用土地的开发利用。《土地管理法》第三十九条、第四十条、第四十一条对未利用土地开发做了详细规定：一是国家鼓励单位和个人按照土地利用总体规划进行未利用地开发；二是未利用土地的开发，必须以保护和改善生态环境，防止水土流失、土地荒漠化、土壤污染等为前提条件，要根据土地利用总体规划制定未利用土地开发规划，合理确定开发未利用土地的区域；三是对适宜开发成农用地的，应当优先开发成农用地，其中适合开发成耕地的首先应当开发成耕地。

土地整理是指对土地利用不充分的土地进行综合整治，通过采取各种措施，对田、水、路、林、村综合整治，提高耕地质量，增加有效耕地面积，改善农业生态条件和生态环境的行为。国家鼓励土地整理，并对土地整理作出专门规划，明确了各阶段国家土地整治的战略部署，确定土地整治的指导思想、基本原则、目标任务和方针政策，有效统筹安排起各项土地整治活动和高标准农田建设任务，明确土地整治重点区域和重大工程。

土地复垦是指对生产建设活动和自然灾害损毁的土地，采取整治措施，使其达到可供利用状态的活动。《土地管理法》第四十三条规定："因挖损、塌陷、压占等造成土地破坏，用地单位和个人应当按照国家有关规定负责复垦；没有条件复垦或者复垦不符合要求的，应当缴纳土地复垦费，专项用于土地复垦。复垦的土地应当优先用于农业。"此后，为加强土地复垦工作，颁布并修订了《土地复垦条例》，规定土地复垦的责任主体及法律义务，提出以"谁损毁、谁复垦"为原则，主要由生产建设单位或者个人负责复垦，同时对土地复垦方案编制与审查、实施监督管理、验收要求等进行了明确。

通过规范开发、拆旧、复垦项目管理，落实耕地占补平衡和总量动态平衡，切实提高补充耕地数量质量，有效协调发展建设与耕地保护的关系，然而当前土地开发整理复垦工作仍存在群众认识不足、后续管理困难等问题，影响了土地开发整理复垦工作的正面效果。

（2）高标准农田建设制度

2021年农业农村部印发出台了《高标准农田建设质量管理办法（试行）》，从规章制度层面专门对高标准农田建设质量管理作出规定。重点提出"用制度管事"的总体要求，进一步明确了高标准农田建设"四制"管理要求，即项目法人责任制、招标投标制、合同管理制和工程监理制。同时，对项目储备、立项、实施和建后管护全程质量控制也做了明确规定，特别是提出了一些关键环节质量管理措施和要求，使高标准农田建设质量管理有章可循。

项目法人责任制	招标投标制
项目法人对高标准农田建设质量负总责，承担项目测绘、勘察、设计、施工、监理、材料（设备或构配件）供应、评估评审等任务的单位依照法律法规和合同约定对各自承担的技术服务、工程和产品质量负责	招标人（招标代理机构）应严格审查投标单位和人员的违法违规失信行为记录，严禁有围标、串标、违法分包和转让等不良行为记录，以及有违规出借资质的单位参与投标。科学合理制定招标文件，招标文件中应明确高标准农田建设质量具体要求
合同管理制	工程监理制
高标准农田建设项目测绘等业务均应签订合同，合同文件应当有相应质量条款，将质量指标分解到每个阶段、相关工序，确保质量可控。项目测绘、勘察、设计、监理等相应承担单位不得转包（让）或分包任务，施工单位不得转包或违法分包任务	项目监理单位应按规定采取多种形式开展全过程监理，加强施工材料质量、隐蔽工程施工、单项工程验收等关键环节监理，对施工现场存在的质量、进度、安全等问题及时督促整改并复查。监理单位还应做好监理资料管理，按约定期限如实向项目法人及其级农业农村部门报告工程施工进度、工程质量、安全生产和相关控制措施

图 2-3 高标准农田建设质量管理

2022年农业农村部牵头完成了《高标准农田建设通则》（GB/T30600-2022）修订，致力于以统一标准科学规范指导高标准农田建设工作。通则主要提出了四个方面的要点：其一是突出因地制宜，明确了不同建设区域的建设标准。其二是突出目标导向，明确了分省粮食产能指标。其三是统筹设施建设与地力提升，修订建设指标的同时完善地力提升相关指标。其四是突出科学适用，提升了标准可操作性。除此之外，基于生态保护的战略要求，通则也进一步强调要践行农业绿色发展理念，明确了"绿色生态"的基本原则，鼓励绿色工艺的运用，强调农业科技配套与应用①，致力于促进农田生产和生态的和谐发展、实现农业生产与生态保护相协调。

广东省农业农村厅于2022年6月印发《广东省高标准农田建设规划（2021—2030年）》，文件明确广东省到2030年累计建成高标准农田面积不低于2720万亩、改造提升高标准农田面积不低于575万亩，确保高质量完成国家下达的高标准农田建设任务，同时文件在全国规划的基础上重点统筹推进高标准农田建设，突出产能保障、质量要求、投入保障、信息化支撑优势等六项重点，推动粮食产能与耕地质量共同发展。

建设高标准农田是提高农业综合生产能力、保障粮食安全的现实需求；可以有效改善农业生产条件，促进农业生态环境的良性循环和可持续发展，但高标准农田建设制度发展至今，也存在农户积极性不足、项目监管制度不健全、部分地区分布过于零散等问题，急需进行研究解决。

（3）垦造水田制度

垦造水田即对符合条件的旱地、水浇地、可调整地类或未利用地、可复垦为水田的建设用地等开垦成水田，同时建设灌溉引水等配套设施，进一步改善农田耕作条件，让地力贫瘠、用水不便的旱地向现代化高效农业生产区转变，进而实现项目区的机械化生产。是提高农业综合生产能力和促进农业可持续发展，避免土地撂荒和抛荒，牢牢守住耕地保护红线的有效手段。

2017年，广东省人民政府印发《广东省垦造水田工作方案》通过省属国企和地方自行垦造相结合模式、省市县三级指标分成和"三补偿一补贴"利益分配机制②，开展大规模垦造水田工作。为贯彻落实党中央、国务院关于加强耕地保护和改进占补平衡的决策部署，坚决遏制耕地"非农化"、防止耕地"非粮化"，广东省出台了垦造水田三年行动计划（2021—2023），明确"以补定占，以需定垦"等工作原则，提出了市县/省级两种垦造模式、利益分配模式。具体来说：市县垦造是市县级政府自行组织实施垦造水田，承担垦造水田所需费用及后期管护责任；省级垦造是省政府委托省建工集团作为省级实施主体，在省农垦区集中实施垦造水田。

垦造水田可以使土壤得到改良、完善耕地路、沟、渠建设，提高耕地质量、

---

① 郭鹏. 高标准农田建设再提质 [J]. 民生周刊,2022(09):72-73.
② 宗禾. 构建"长牙齿"的目标责任审计用最严密的制度来实施最严格的耕地保护 [J]. 农村·农业·农民 (A版),2021(04):8-10.

有利于引进现代农业,可以说,垦造水田工作成为落实耕地双平衡任务的重要工作手段。

(4) 耕地耕作层剥离再利用制度

耕作层土壤是不可再生的宝贵资源,开展建设占用耕地耕作层土壤剥离利用,对于有效补充耕地,大力推进中低产田改造,提高耕地质量[1],保障国家粮食安全和生物多样性等具有重大意义。

2014年原国土资源部下发的《关于强化管控落实最严格耕地保护制度的通知》(简称18号文)中强调,建设占用耕地特别是基本农田的耕作层应当予以剥离,用于补充耕地的质量建设。2017年又印发《中共中央 国务院关于加强耕地保护和改进占补平衡的意见》(中发〔2017〕4号),提出全面推进建设占用耕地耕作层剥离再利用。《土地管理法》第三十一条规定:县级以上地方人民政府可以要求占用耕地的单位将所占用耕地耕作层的土壤用于新开垦耕地、劣质地或者其他耕地的土壤改良。[2]《土地复垦条例》第十六条规定:土地复垦义务人应当首先对拟损毁的耕地、林地、牧草地进行表土剥离,剥离的表土用于被损毁土地的复垦。

广东省国土资源厅关于印发《非农建设占用水田耕作层剥离再利用工作指引的通知》(粤国土资耕保发〔2018〕37号),进一步对耕作层剥离的实施范围、耕作层用途、责任主体、实施模式、实施步骤、保障措施等制定了具有较强操作性的规定。

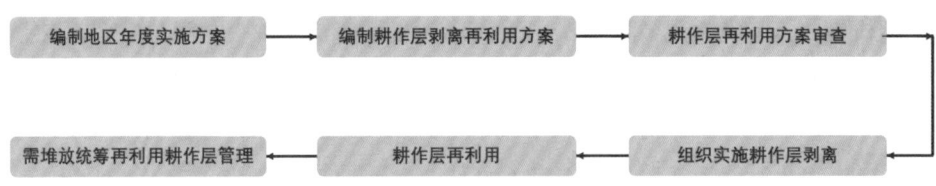

图2-4 广东省非农建设占用水田耕作层剥离再利用实施步骤

耕作层土壤作为不可再生的宝贵资源,对其实施剥离再利用是非常有必要的,具备着落实保障农业可持续发展、推动实施耕地"占优补优"政策等诸多优点,但同时也存在着资金来源难以保障、行政责任主体不明确等问题,如何

---

[1] 林依标. 耕地占补平衡相关问题思考及建议 [J]. 中国土地,2020(04):18-19.
[2] 钟京涛. 新《土地管理法》知识百问(五) [J]. 资源导刊,2020(09):50-53.

建立资金保障机制与资金投入标准,确定各级部门责任与权力将成为耕作层剥离再利用的工作重点。

(5)耕地质量调查评价与监测制度

耕地质量事关粮食和农业的产出能力耕地质量好坏已经成为能否实现农业保供给、保收入、保生态目标的决定性因素。基于此,为加强耕地质量调查监测与评价工作,落实耕地保护目标要求,摸清耕地质量家底,掌握变化动态情况,2016年国家印发了《耕地质量调查监测与评价办法》。该办法明确提出了要通过建立健全耕地质量调查监测体系、建设完善耕地质量监测网络、制定耕地质量调查监测评价规程、建立耕地质量数据库等四个方面的工作要求。对促进耕地质量调查监测与评价数据的管理,推进耕地质量研究,提出耕地质量保护与提升的对策与措施具有重大意义。

2017年广东省印发《广东省农业厅耕地质量调查监测与评价办法实施细则》,文件明确调查、监测与评价工作细则,一方面明确耕地质量调查监测与评价工作含义,梳理工作流程,指导省内各地开展工作,另一方面明确工作开展标准,制定工作参考依据。文件将耕地质量调查监测与评价工作标准化,加快耕地质量控制,对耕地质量建设有较大的意义。

表2-3 耕地质量调查评价与监测内容表

主要内容		内涵
耕地质量调查制度	耕地质量普查	以摸清耕地质量状况为目的,按照统一的技术规范,对全国耕地自下而上逐级实施现状调查、采样测试、数据统计、资料汇总、图件编制和成果验收的全面调查
	耕地质量专项调查	包括耕地质量等级调查、特定区域耕地质量调查、耕地质量特定指标调查和新增耕地质量调查
	耕地质量应急调查	因重大事故或突发事件,发生可能污染或破坏耕地质量的情况时实施的调查
耕地质量监测制度		以农业部耕地质量监测机构和地方耕地质量监测机构为主体,以相关科研教学单位的耕地质量监测站(点)为补充,构建覆盖面广、代表性强、功能完备的国家耕地质量监测网络,对耕地土壤理化性状、养分状况等质量变化情况开展动态监测。
耕地质量评价制度		包括耕地质量等级评价、耕地质量监测评价、特定区域耕地质量评价、耕地质量特定指标评价、新增耕地质量评价和耕地质量应急调查评价等6类
耕地质量信息发布制度		农业部和省级人民政府农业主管部门每5年发布一次全国耕地质量等级信息和省级行政区域耕地质量等级信息,定期发布年度耕地质量监测报告

（6）耕地轮作休耕制度

开展耕地轮作休耕，就是在一定时期内采取的以保护、养育、恢复地力为目的的更换作物（轮作）或不耕种（休耕）措施，主动给耕地减轻压力，让其休养生息。2016年5月，中央全面深化改革领导小组第二十四次会议审议通过《探索实行耕地轮作休耕制度试点方案》，我国自此正式拉开耕地轮作休耕制度的序幕。开展耕地轮作休耕制度试点，是主动给耕地减轻压力，休养生息。其意义体现在三个方面：一是巩固提升粮食产能。党的二十大报告中，健全耕地休耕轮作制度[①]再次被提及，其重要性显而易见，如何构建轮作休耕的长效机制，创新治理模式成为接下来工作研究的重点。

通过轮作种植，可以调节土壤理化性状、改良土壤生态，实现用地养地相结合，保护和提升地力，增强粮食和农业发展后劲。二是促进农业可持续发展。通过减轻开发利用强度、减少化肥农药投入，缓解生态环境压力，利于土壤修复，增强耕地生产能力，促进农业可持续发展。三是提高农业质量效益竞争力。通过节约高效利用资源，调整优化种植结构，增加紧缺农产品供给，满足多元化消费需求，全面提升农业供给体系的质量和效率。

近年来，广东省立足于"藏粮于地"的耕地保护思想，统筹推进耕地休耕轮作试点工作，有效带动了农业绿色发展，使得作物布局日趋合理，产业结构不断优化。但仍存在如一些地区对休耕生态补偿工作的重要性认识不足、政策的出台与执行缺乏弹性（不应休耕农户利益受损、应该休耕土地却未及时休耕）、休耕行为不规范、不科学、"轮作"和"休耕"的补贴混在一起等问题，进一步完善健全耕地休耕轮作制度迫在眉睫。

2.2.3 "激励类"耕地保护政策

（1）耕地保护责任制度

①耕地保护目标责任制。如何管好用好耕地，始终是一个基础性、全局性、战略性的问题。为构建最严格的耕地保护制度体系，落实新时代构建耕地数量、质量、生态"三位一体"保护新格局的政策要求，2018年新修订《省级政府耕地保护责任目标考核办法》（国办发〔2018〕2号），明确通过整合自查、

---

① 周容容.牢牢把住粮食安全主动权——学习习近平总书记关于粮食安全工作的重要论述[J].河南农业,2023(27):38–40.

检查、考核形式，简化对规划期内一般年度的检查，突出了对规划期中、规划期末的检查考核。细化完善了考核指标和标准，强化对永久基本农田划定与保护的考核内容，实行省域内耕地保护总量、耕地质量变化的全面考核，将高标准农田建设任务纳入考核的核心指标，同时明确了在节约集约用地、耕地休养生息等方面的考核。

2021年习近平总书记主持召开的中央政治局会议强调，要压实地方各级党委和政府责任，实行党政同责，从严查处各类违法违规占用耕地或改变耕地用途行为，遏制耕地"非农化"、严格管控"非粮化"。2022年中央一号文件更是明确提出"由中央和地方签订耕地保护目标责任书，作为刚性指标实行严格考核、一票否决、终身追责"。耕地保护目标责任制的关键是运用目标化、定量化、制度化管理方法，规范各级人民政府、部门以及各级领导的耕地保护工作行为。从考核指标上看，第三轮土地利用规划明确了6项约束性指标中有4项涉及耕地保护。包括耕地保有量、基本农田保护面积、新增建设占用耕地规模、整理复垦开发补充耕地义务量。其中耕地保有量和基本农田保护面积两项总量指标作为耕地保护目标责任制的重要考核指标，明确在目标年必须保有的耕地规模和在任何时点都必须保持的基本农田保护面积；新增建设占用耕地规模和整理复垦开发补充耕地义务量是相互关联的指标，体现耕地占补平衡法人责任制的政策要求。

②耕地保护田长制。田长制是为落实永久基本农田保护而建立的以村（社区）为单位的网格化管理机制，通过将耕地保有量和永久基本农田保护任务足额落实到责任人、责任地块和责任网格，并逐级签订耕地保护目标责任书，形成的一级抓一级、层层抓落实的永久基本农田保护机制。

近年来，全国多地推行建立田长制探索，以分级联动全覆盖的耕地保护网格化监管模式，压实耕地保护责任。2022年广东省印发关于全面推行耕地保护"田长制"的实施意见，也确定了以"分级负责＋科技支撑"为核心的管理方案。设立省级田长；市、县、乡级田长；村级田长和网格田长。同时依托广东智慧自然资源平台，建立全省统一耕地保护田长制信息管理平台、田长制APP和铁塔视频、遥感卫星、动态巡查"三位一体"的监测体系，实现全省耕地"一图统管、一键反馈、一网共治"管理，精准、动态监测耕地变化。

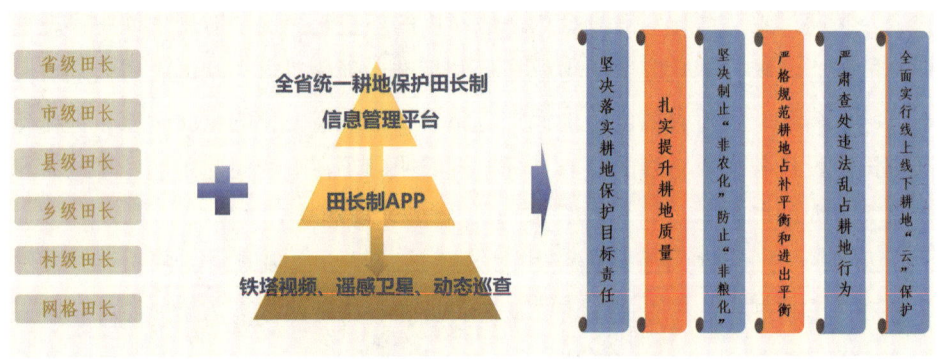

图 2-5 耕地保护"田长制"示意图(广东)

耕地保护田长制一方面创新耕地保护共同责任机制,积极整合现有队伍,将耕地管理与村庄治理相融合,基本确立党政同责、分级负责耕地保护工作格局。另一方面是充分采用大数据技术,启用数字网格化系统,有效弥补人力巡查监测不够充分的短板,解决谁保护、谁种植、如何种植的问题。

(2)耕地保护和粮食安全责任制考核制度

根据党中央、国务院关于地方党政粮食安全责任制的规定,以及耕地保护和粮食安全责任制考核要求,广东省 2022 年制定耕地保护和粮食安全责任制考核制度并印发《关于认真开展 2022 年度广东省耕地保护和粮食安全责任制考核工作的通知》,文件指出 2022 年度考核设置耕地保有量、永久基本农田保护、高标准农田建设、稳定粮食播种面积和产量、种业振兴等 16 项考核指标,围绕耕地数量、质量、生态三位一体制定考核内容,有效遏制耕地"非农化"与"非粮化",切实保障了国家粮食安全。

耕地保护和粮食安全责任制考核中与耕地密切相关的内容主要包含耕地保有量、永久基本农田保护、耕地占补平衡与进出平衡、违法占用耕地情况四项指标,一方面耕地保有量与永久基本农田保护针对耕地现有存量提出要求,对耕地面积与永农面积提出耕地保护指标要求,以指标任务要求耕地保护。另一方面,耕地占补平衡与进出平衡、违法占用耕地情况等依据则对耕地占用情况提出考核要求,严控建设用地增加,避免耕地被城市发展而无序占用。

(3)耕地保护补偿激励机制

2005 年原国土资源部、原农业部与国家发改委等七部委联合印发《关于进一步做好基本农田保护有关工作的意见》,提出探索建立永久基本农田保护的经济补偿激励机制。2017年的《中共中央国务院关于加强耕地保护和改进占补平衡的意见》（中发〔2017〕4号）中，积极推进中央和地方各级涉农资金整合，综合考虑耕地保护面积、耕地质量状况、粮食播种面积、粮食产量和粮食商品率，以及耕地保护任务量等因素，统筹安排资金，按照"谁保护、谁受益"的原则，加大耕地保护补偿力度。同时积极鼓励地方统筹安排财政资金，对承担耕地保护任务的农村集体经济组织和农户给予奖补。由此，在实施耕地保护补偿工作中，各地通过不断积极探索，加强制度建设，创新方式方法，因地制宜建立耕地保护补偿激励机制。

耕地保护补偿激励是运用经济手段开展耕地保护的有效措施。耕地保护补偿主要方式有以下几种：一是普惠式补偿，即对辖区范围内永久基本农田面积按照一定亩均标准进行核算，统一发放给村集体经济组织和农户。二是奖金激励，即依据耕地保护责任目标考核结果，对耕地保护成效突出的地区给予资金奖励。三是新增建设用地计划指标奖励，即依据耕地保护责任目标考结果，对耕地保护成效突出的地区予以一定规模的建设用地指标奖励。四是农田生态补偿，即将具有生态价值功能的永久基本农田纳入生态补偿范围，对负责保护利用的集体经济组织进行补偿。此外，也有部分省份还采用绩效评价方式，对耕地保护成效突出的地区给予通报表扬等来进行激励。

2023年10月，《关于建立健全耕地保护补偿激励机制的意见（征求意见稿）》在广东省自然资源厅网站上进行公示，针对以上多项耕地保护补偿方式提出明确政策，一是优化耕地保护普惠性补偿机制，自2024年起，对原有永久基本农田保护经济补偿制度进行优化，建立耕地保护普惠性补偿机制，对承担耕地和永久基本农田保护任务的主体给予经济补偿。二是健全耕地保护考核激励机制，明确奖励对象、奖励标准，并规定奖励资金与新增建设用地指标使用范畴。三是建立耕地和永久基本农田保护跨县域补偿机制，制定补偿条件、补偿方式以及资金使用细则。文件完善了耕地保护补偿激励，确保落实最严格的耕地保护制度，推动耕地保护。

（4）耕地保护易地调节机制

①易地代保制度。指在省域内，协调解决区域经济发展及耕地保护矛盾的一种创新性制度，是提高耕地保护积极性，实现耕地易地代保从"要我保"向"我要保"的根本性转变的重要手段。工业化、城市化的快速推进，必然导致大量耕地被占用，如何统筹城乡发展与严格耕地保护之间的关系成为重中之重。既

要实现本区域耕地总量动态平衡，又要保障经济社会快速发展用地需求，部分发达省份由此率先引入市场机制，开展探索耕地易地有偿代保形式，将一县（市、区）域内因建设占用耕地产生的耕地保护任务有偿转让给本省其他县（市、区）。通常情况下，易地代保的一方为经济发达而耕地资源欠缺的地区，另一方为经济欠发达而耕地资源相对丰富的地区[①]，这种方式优化了土地资源配置，缓解了中央与地方在耕地保护问题上的对抗关系，既有效完成了耕地保护任务，也在一定程度上有利于促进区域经济的发展、提高土地资源综合利用效益。

广东省根据耕地保护新形势新要求，结合国家部署的"三区三线"划定工作，探索将耕地保护的义务量和任务量予以分开，从自然资源资产有偿流动的角度，探索开展耕地（含永久基本农田）易地代保创新机制研究，对耕地保护作出贡献的地方给予一定补贴，让多保护的地方不吃亏，支撑保障粮食安全。

②跨省补充耕地利益调节制度。由于我国耕地后备资源区域分布不均，随着补充耕地的持续开展，一些地方特别是直辖市和东部等省份，在本省域内落实耕地占补平衡难以为继。因此，为统筹谋划耕地保护、妥善解决保护与保障的用地矛盾、发挥经济发达地区和资源丰富地区资金源互补优势[②]，根据《土地管理法》关于"个别省、直辖市确因土地后备资源匮乏，新增建设用地后，新开垦耕地的数量不足以补偿所占用耕地的数量的，必须报经国务院批准减免本行政区域内开垦耕地的数量，进行易地开垦"的规定，中共中央、国务院相继印发了《关于加强耕地保护和改进占补平衡的意见》《跨省域补充耕地国家统筹管理办法》和《城乡建设用地增减挂钩节余指标跨省域调剂管理办法》等，明确实施"以县域自行平衡为主、省域内调剂为辅、国家适度统筹为补充"的耕地占补平衡措施等。

2.2.4 小结

以政策效果分析耕地保护制度体系，梳理各项耕地保护政策要求，将政策分为管控类、建设类与激励类三类。在管控类耕地保护政策内容中，多项政策共同组成耕地保护法律法规体系，多项规划构建耕地保护指标体系，以法律的强制性执行耕地刚性管控，确保耕地不减少。在建设类耕地保护政策内容中，

---

① 黄寿海. 我国耕地占补制度中的质量不平衡问题研究 [D]. 西南财经大学, 2020.
② 马翰博. 内蒙古自治区巴彦淖尔市耕地占补平衡项目的效益分析 [D]. 内蒙古农业大学, 2022.

2. 耕地保护政策演变

制定土地开发整理复垦、高标准农田建设、垦造水田等项目建设制度，指导开展耕地建设项目，增加耕地数量、提高耕地质量。在激励类耕地保护政策内容中，通过耕地保护责任制度与耕地保护补偿激励制度激发各级主体耕地保护积极性，通过易地调节机制平衡各地耕地资源不平衡问题，推动耕地保护由被动接受到主动保护。以上多方面举措共同作用加快耕地保护理念落实，充分发挥各级主体功能，确保耕地安全。

2.3 耕地保护管理链条体系

近年来，为深入贯彻落实习近平总书记关于严格耕地保护工作的重要指示批示精神，党中央、国务院坚决制止耕地"非农化"、防止耕地"非粮化"的决策部署，自然资源部在耕地保护方面制定国土变更调查、永久基本农田、国土空间规划等多项耕地保护制度，在保护耕地质量、数量、生态方面有了一定的效用，以制度目标为基础对目前耕地保护政策进行分析梳理，将高标准农田建设、粮食生产功能区建设、耕地占补平衡等耕地保护制度总体分为调查评价、规划管控、用途管制、整治修复、监督考核与激励补偿六个方面，并从以上方面对耕地保护制度进行介绍。

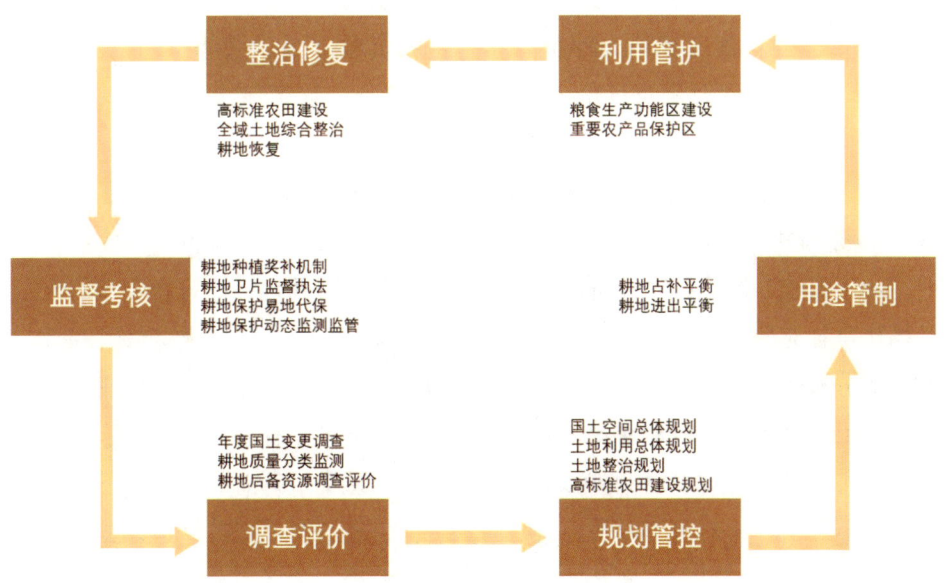

图 2-6 耕地保护流程图

2.3.1 调查评价

调查评价工作主要是为了掌握行政区范围内耕地保护现状而指定的各项手段，包含年度国土变更调查、耕地资源质量分类年度更新与监测、耕地后备资源调查评价、耕地恢复潜力调查评价等多项制度。

一是年度国土变更调查制度，县级自然资源部门根据上级下发的土地利用现状数据库和遥感影像数据，对土地利用现状、土地权属及行政区划变化进行外业实地调查，掌握年度土地利用的变化情况，更新国土调查数据库。国土变更调查数据能够实时反映耕地图斑变化，自然资源部门或农业农村部门在处理耕地问题时，需要以国土调查数据库作为底图进行叠加分析，结合遥感影像数据库和遥感影像，将耕地变化图斑提取出来，严格禁止违法占地和破坏耕地的行为。

二是耕地质量调查监测与评价制度，2016年国家印发了《耕地质量调查监测与评价办法》，明确提出了调查、监测、评价工作内容与责任主体，细化工作标准，提出通过建立健全耕地质量调查监测体系、建设完善耕地质量监测网络、制定耕地质量调查监测评价规程、建立耕地质量数据库等四个方面的工作要求。对促进耕地质量调查监测与评价数据的管理，推进耕地质量研究，提出耕地质量保护与提升的对策与措施具有重大意义。

三是耕地后备资源调查评价工作，自然资源部2021年印发了《关于开展全国耕地后备资源调查评价工作的通知》，指出以第三次全国国土调查和2020年度国土变更调查成果[①]为基础，以其他草地、盐碱地、沙地、裸土地为评价对象，从生态、气候、土壤、区位等方面设定地形坡度、年积温、年降水量、灌溉条件、土壤质地等十项条件构建耕地后备资源分类评价指标体系，同时提出国家统一制作调查评价底图、逐地块开展调查评价、对符合要求的地图外图斑可补充调查以及征求多部门意见综合评价分析等多项要求，形成集面积、类型和分布于一体的全国耕地后备资源潜力数据，并与国土调查数据库实现集成，为科学合理开发耕地后备资源、规范耕地占补平衡管理提供支撑。

一方面通过年度变更调查数据对区域范围内地类进行总体把控，以耕地质量调查监测与评价对范围内耕地进行质量管控，能够有效把握耕地地类现状，预防耕地被占用，另一方面开展耕地后备资源调查，为区域范围内补充、恢复

---

① 陈哲华,夏剑琴,孙伟杰,等."双平衡"背景下广东省耕地战略储备制度构建初探[J].中国土地,2023(04):25-28.

耕地提供数据支撑，有效推动耕地"双平衡"。

2.3.2 规划管控

规划管控是以各项耕地保护相关规划为基础，制定耕地各项指标，以政策法规的刚性要求推动耕地保护，主要包含国土空间总体规划、土地利用总体规划、土地整治规划、高标准农田规划等耕地相关规划内容。

国土空间规划是指一个国家或地区政府部门对所辖国土空间资源和布局进行的长远谋划和统筹安排，旨在实现对国土空间有效管控及科学治理，促进发展与保护的平衡。目前，"五级三类"国土空间规划体系基本形成，构建了法定化的国土空间开发保护蓝图，其中总体规划是各级规划统领性规划。在耕地方面，国土空间总体规划通过划定耕地和永久基本农田保护线，带位置下发，确定了耕地保护数量目标和空间布局，并以刚性的控制力度确保布局不变化，确保耕地数量不减少、布局有连片。

土地利用总体规划通过制定指标任务对耕地进行数量管控，指标主要包括总量指标和增量指标，其中总量指标主要为耕地保有量、永久基本农田保护面积；增量指标主要包括新增建设占用耕地规模、整理复垦开发补充耕地义务量、土地整治补充耕地规模。以上数量管控指标均为约束性指标，并通过规划体系传导对约束性指标进行层级分解，在规划期内对管控指标进行考核，促进各地方贯彻落实耕地保护。

土地整治规划主要内容包含规划目标任务、落实整治任务、分区整治等内容，耕地有关内容中具体在耕地数量保护和质量建设提出要求，一是科学合理补充耕地，通过农用地整理增加有效耕地面积，并结合后备耕地资源调查评价成果合理开发耕地后备资源补充耕地，在农用地整理补充耕地上制定具体指标任务。二是要求加强中低产田改造和农田基础设施建设提高耕地质量，推进农田防护与生态防护建设，制定耕地提质增效指标任务，同时明确高标准农田建设指标任务。三是提出加强耕地全方位管护，实行耕地实施动态监测，加强建后管护，强化新增耕地监测防止撂荒抛荒。

高标准农田建设作为我国实现"藏粮于地、藏粮于技"战略的重要举措，2021年9月发布的《全国高标准农田建设规划（2021—2030年）》中明确建设目标，对未来十年内各阶段高标准农田建设总量提出任务目标，同时对高标准农田的田、土、水、路、林、电、技、管 8 个方面提出详细建设标准，加快构建科学统一、层次分明、结构合理的高标准农田建设标准体系。

2.3.3 用途管制

土地用途管制是指国家为保证土地资源的合理利用及经济、社会和环境的协调发展，通过编制土地利用总体规划，划定土地用途区，确定土地使用条件，土地所有者和使用者必须严格按照国家确定的用途利用土地，实行用途变更许可的一项强制性的管理制度，其核心是依据土地利用总体规划对土地用途转变实行严格控制，即按照用途管制要求，对土地利用特别是各类非农建设占耕，要严格按土地利用总体规划和年度计划供地，严格把好农用地转用、土地征收审批关，严格执行耕地"占一补一"的补偿制度，严格依法征地和执行征地补偿安置制度。因此，土地利用总体规划是实施用途管制的依据，而用途管制是落实土地利用总体规划的手段和措施。目前土地用途管制主要以耕地占补平衡与进出平衡的双平衡作为核心内容，以耕地利用优先序作为管控手段，落实"长牙齿"的耕地保护硬措施。

占补平衡制度是保证耕地总量不减少的重要手段，是落实耕地数量和质量保护的重要途径，是土地用途管制的具体体现，是针对"非农化"的有力管控。其核心在于运用政策管制、市场机制和经济手段，对地方政府耕地保护行为进行共性限制，以红线思维最大程度限制地区土地粗放利用的动机，主要是为了兼顾建设占用和耕地保护双重任务的实现，针对建设占用大量农用地导致耕地面积急剧减少的问题、对农用地转为建设用地进行严格管控，重点着眼于建设占用的情形。

耕地进出平衡作为占补平衡的补充，将林地、草地、园地等其他农用地及农业设施建设用地转为耕地，拓宽了补充耕地的渠道和方式，缓解了因后备资源不足导致的补充耕地压力，能够切实保障国家粮食生产安全，在拓展耕地补充来源，优化农业内部结构布局方面发挥了重要作用。但是由于《土地管理法》对利用一般耕地发展林果业导致耕地"非粮化"的问题缺乏明确的限制性法规，政府工作人员在处理"非粮化"行为时缺乏有力的法律依据，处理措施乏力、解决难度较高，导致各地区对耕地"进出平衡"政策重视程度不够，缺乏积极主动性，耕地"非粮化"现象严重。

根据《自然资源部 农业农村部 国家林业和草原局关于严格耕地用途管制有关问题的通知》（自然资发〔2021〕166号）精神，要求通过严格落实耕地占补平衡、耕地进出平衡以及农用地转建设用地等措施，实现对耕地用途的严格管制，同时2022年的中央一号文件《中共中央国务院关于做好2022年全面推进乡村振兴重点工作的意见》，要求明确耕地用途，严格落实耕地利用优先序，耕地主要用于粮食和棉、油、糖、蔬菜等农产品及饲草饲料生产，永久基本农田重点用于粮食生产，高标准农田原则上全部用于粮食生产。用途管制的内涵不断丰富，形成了以耕地占补平衡为核心，耕地利用优先序为手段的耕地总量动态平衡机制。

2.3.4 利用管护

耕地保护利用管护工作主要是指采用划定区域的方式细化耕地种植引导，引导农户科学种植，提高种植效率，目前利用管护政策主要以划定粮食生产功能区和重要农产品生产保护区为主。

"粮食生产功能区和重要农产品生产保护区"是以永久基本农田为基础，划定用于确保国家粮食安全和保障棉花等重要农产品有效供给的生产区域。粮食生产功能区是指能够保障粮食供应和安全的水稻、小麦和玉米优势生产区域；重要农产品生产保护区是指能够保障重要农产品供应和安全的大豆、棉花、油菜籽、糖料蔗和天然橡胶优势生产区域。2017年国务院印发《关于建立粮食生产功能区和重要农产品生产保护区的指导意见》（国发〔2017〕24号），文件明确国内东北平原、长江流域、东南沿海优势区等各区域"两区"数量，同时制定"两区"划定标准，要求自上而下分解任务，以县为基础精准落地，另一方面也落实"两区"管护责任，推动"两区"更好发挥效果，有效的优化农业生产布局，聚焦主要品种和优势产区，实行精准化管理。

2.3.5 整治修复

整治修复工作是以现状耕地为基础，质量提升、数量扩展、布局优化为总目标，对区域范围内适宜区域进行整治，目前主要包含高标准农田建设、全域土地综合整治、耕地生态修复等工作。

高标准农田推动耕地质量建设，2021年农业农村部印发出台了《高标准农田建设质量管理办法（试行）》，从规章制度层面专门对高标准农田建设质量管理作出规定。重点提出"用制度管事"的总体要求，进一步明确了高标准农田建设"四制"管理要求，即项目法人责任制、招标投标制、合同管理制和工程监理制。同时，对项目储备、立项、实施和建后管护全程质量控制也做了明确规定，特别是提出了一些关键环节质量管理措施和要求，使高标准农田建设质量管理有章可循，但高标准农田建设制度发展至今，也存在农户积极性不足、项目监管制度不健全、部分地区过于零散等问题，急需进行研究解决。

全域土地综合整治项目主要包含农用地整治、建设用地整治与生态用地整治[①]，其中与耕地相关联的内容主要被包含于农用地整治当中，采用全面的眼光与思路对行政区范围内的耕地进行整理，将耕地保护集中整治区、高标准农田、补充耕地等相关项目进行统筹谋划，促进区域内低效建设用地复垦，推动耕地布局集中、数量提高，加快耕地保护。2019年自然资源部印发《关于开展全域土地综合整治试点工作的通知》（自然资发〔2019〕194号），明确指出将在全国范围内组织开展全域土地综合整治试点工作，初步制定项目的支持政策与工作的基本要求，并在《自然资源部关于印发全域土地综合整治试点名单的通知》（自然资办函〔2020〕2421号）中公布试点名单，正式在全国范围内开展全域土地综合整治工作。

耕地生态修复是推动耕地数量、质量、生态"三位一体"建设的重要基石，在开展耕地生态修复的过程中需要坚持系统思维，着眼于从资源利用、要素配置、空间安全的角度统筹各类空间行为，实施山水林田湖草一体化生态保护和修复，重构田、塘、梗、丘、园、林、路等生态要素，修复退化、污染的耕地生态系统，治理耕地土壤污染，推动生物多样性保护，打造种养结合、生态循环、环境优美的田园生态系统。

2.3.6 监督考核

监督考核工作是通过强化地方政府的考核内容，将耕地保护责任层层落实到乡镇、村集体。要求加强对地方政府履行耕地保护责任的检查考核，考核结果作为领导干部的实绩考核，强调耕地保护党政同责。同时整合相关资金，建

---

① 张晶晶. 乡村振兴视角下土地整治行业机遇与挑战 [J]. 粮食科技与经济,2021,46(06):63-65.

立耕地保护的奖补机制，对耕地保护工作优异的政府、单位以及承担耕地保护任务的农村集体经济组织和农民进行奖补。目前工作主要包含耕地卫片监督执法制度、耕地田长制、耕地保护与粮食安全年度考核、耕地保护补偿机制等工作。

耕地卫片监督执法是通过卫星对全国范围内土地拍摄照片影像，并与上一轮拍摄的照片影像进行比对，图片影像中发生变化的图斑进行圈注提取分季度下发，这些图斑需要基层自然资源部门通过核查软件及时到现场拍照核查、内业分析定性，核实是否有违法行为发生。发现违法行为，督促整改查处。通过卫片执法，可以发现土地利用变化，经过核查、判定，对其中日常执法中尚未发现、或虽已发现由于种种原因难以查处的违法行为，督促进行整改查处。检验日常执法监管效果，监督日常监管履职情况，推动执法方式向"发现在初始，解决在萌芽"转变。

耕地田长制是为了落实十分珍惜、合理利用土地和切实保护耕地基本国策，由党政领导、集体经济组织或者村民委员会负责人、土地承包经营权人等担任田长，协调整合各方力量，依法依规落实耕地保护责任和义务，全覆盖全过程地实施网格化、精细化管理，进而促进耕地资源严格保护和合理有序利用的责任体系与制度安排。田长制是近年来地方在耕地保护实践中取得的重要创新性制度，其重点是压实地方党委、政府在耕地保护中的主体责任，畅通耕地保护的"最后一公里"，构建网格化的耕地保护监督体系。

耕地保护与粮食安全年度考核是对各地级以上市落实耕地保护和粮食安全责任制情况进行年度考核。按照"既层层传导压力，又符合广东省省情"原则，严格落实省委、省政府"督到实处、检到要害、考到关键"的工作要求，以进一步减轻基层负担和提高考核效能为导向，2022年度考核共设置16项考核指标，主要包括：耕地保有量、永久基本农田保护、高标准农田建设、稳定粮食播种面积和产量、种业振兴、粮食收储调控能力、粮食流通基础设施建设等方面内容。

耕地保护补偿机制是以保护耕地持续利用和促进经济持续发展为目的，根据耕地系统服务价值、生态保护成本、发展机会成本，综合运用行政和市场手段，调整耕地保护主体和占用耕地主体之间利益分配的一种经济激励政策并形成的制度。

3. 耕地现状调查监测

3.1 国土变更调查

3.1.1 国土调查发展历程

（1）土地调查的早期探索（1949—1984年）

中华人民共和国成立之初，在土地改革过程中，我国为划分和分配土地开展了大量的土地丈量和以耕地为主的土地面积概略统计汇总。20世纪50年代至70年代末，我国先后进行了南京农村经济摸底调查、农牧交错地带土地利用研究等大量区域性土地利用调查。20世纪80年代，我国先后开展了两次全国性土地概查，即：1980—1984年以省为单位的国家级土地遥感概查，查清了全国主要土地资源的面积和分布；1980—1985年县级土地现状概查，以县为单位概算出全国、省、市、县的面积及耕地、园地等8种土地分类面积。此阶段主要采用传统的丈量法、图解法、抽样法等进行调查，是现代国土资源调查的启蒙和探索。

（2）第一次全国土地详查——全覆盖调查事业的起点（1984—1999年）

随着改革开放和家庭联产承包责任制的实行，土地概查成果的深度、广度和精度已不能满足国家宏观决策和农业发展的需要。1984年，国务院部署开展第一次全国土地详查（以下简称"详查"）。1986年，《土地管理法》出台，国家土地管理局随之成立，专职组织"详查"工程。

"详查"以大比例尺地形图和航片影像作为调查底图，通过全野外调查测绘，取得了以统计报表为主的全国各类土地汇总数据及图件成果，结束了长期土地资源家底不清、数据不实的局面。"详查"从无到有，首次建立了土地调查①技术体系，建立了以"平衡表"为核心的报表年度统计汇总机制，推动了土地调查学科发展和专业调查队伍建设。

（3）新一轮国土资源大调查——土地资源遥感监测数字化技术实现工程化应用（1999—2007年）

20世纪80年代至90年代中期，经济快速发展，城镇和工业大规模建设导致耕地大量流失，这使得耕地保护形势严峻。原国土资源部自1998年组建后，在次年启动了新一轮国土资源大调查（以下简称"大调查"）。

围绕国家宏观管理需求，土地管理领域率先在全国利用卫星遥感技术，开展了珠三角、特大城市耕地变化与城市扩展及50万以上人口城市和国家级开发区的遥感监测。随后，监测成果得到广泛应用，尤其是在土地卫片执法方面，通过"天眼"监控，实现了违法用地快速执法，直接催生了土地卫片执法检查制度。在"大调查"中，"数字国土"工程形成了土地利用数据库建设技术体系，其建成的数据库直接服务于国土资源管理，为新一轮土地调查奠定了信息化基础。

（4）第二次全国土地调查——数字化空间管理的里程碑（2007—2017年）

进入21世纪，经济快速发展与耕地保护的矛盾愈发加剧，"详查"建立的报表年度统计汇总机制无法保证图、数、实地一致，也难以满足国土资源管理需要。在严格保护耕地、大力推进节约集约用地等背景下，国务院决定开展新一轮全国土地调查，于2006年底发文部署第二次全国土地调查（以下简称"二调"）。2008年《土地调查条例》出台，规定"每10年进行一次全国土地调查"，"每年进行土地变更调查"，实现了土地调查由行政化向法治化的根本性转变，并赋予调查成果法定权威性。"二调"后，为保证调查成果现势性，我国自2010年起连续开展年度全国土地变更调查与遥感监测，以及时掌握全国土地利用变化情况。此外，还对国家关注的重点地区、重点工作和热点问题开展应急监测，形成了"空、天、地"一体化、全天候的监测监管体系。

得益于"3S"（遥感、地理信息系统、全球定位系统）等新技术的应用，相较于历时12年完成的"详查"，"二调"仅用时3年，工作效率和数据时效性都显著提高。"二调"建成了国家、省、市、县四级土地利用基础数据库，首次实现了调查成果管理的数字化；构建了土地变更调查新机制，实现了土地

---

① 冯文利，吴海平，曾珏，等.以"业务引领＋科技赋能"驱动自然资源调查监测发展[J].中国土地，2023(08):24-29.

利用变化常态化监测；构建了"三下两上"质量控制机制；建成了国土资源管理"一张图"和"批、供、用、补、查"综合监管平台，促进监管方式从"以数管地"到"以图管地"的重大转变。

（5）第三次全国国土调查——迈入生态文明建设的新纪元（2017年至今）

2017年10月，国务院发文部署开展第三次全国土地调查。2018年4月，自然资源部组建后，为支撑新时代自然资源管理、科学有效地推进生态文明建设，经国务院同意，将"第三次全国土地调查"调整为"第三次全国国土调查"（以下简称"三调"），旨在通过一次调查全面查清各类自然资源在国土空间上的分布状况。与以往调查相比，"三调"在调查内容、技术方法、组织模式等方面，均有较大的创新和提升。"三调"统一了陆海分界、明晰了林草分类标准、细化了城镇建设用地分类，并将"湿地"调整为一级地类。

"三调"以"3S"技术为基础，进一步整合移动互联网、云计算、无人机和人工智能等新技术，全面采用优于1米分辨率的卫星遥感影像作为调查底图，创新运用了"互联网+调查"新机制，构建了全国统一的"国土调查云"平台，实现了外业调查、内业核查、数据建库的上下联动、远程对接和实时印证，建立了从底图制作到外业调查，从内业核查到数据建库的全流程、全链条数字化调查新模式。

"三调"后，为适应新时代生态文明建设的要求、履行党中央赋予的自然资源调查监测评价职责，自然资源部出台了《自然资源调查监测体系构建总体方案》，构建了统一自然资源调查监测体系，常规开展年度全覆盖遥感监测与国土变更调查，以及日常变更调查、上半年自然资源监测、土地卫片执法日常监测、年度全国林草湿调查监测等工作。至此，我国的国土资源调查监测工作已逐步转变为自然资源统一调查监测。

国土资源调查监测从无到有，从起步到飞跃，从"土地资源""国土资源"到"自然资源"，数十年的发展脉络演进，如图所示。

3. 耕地现状调查监测

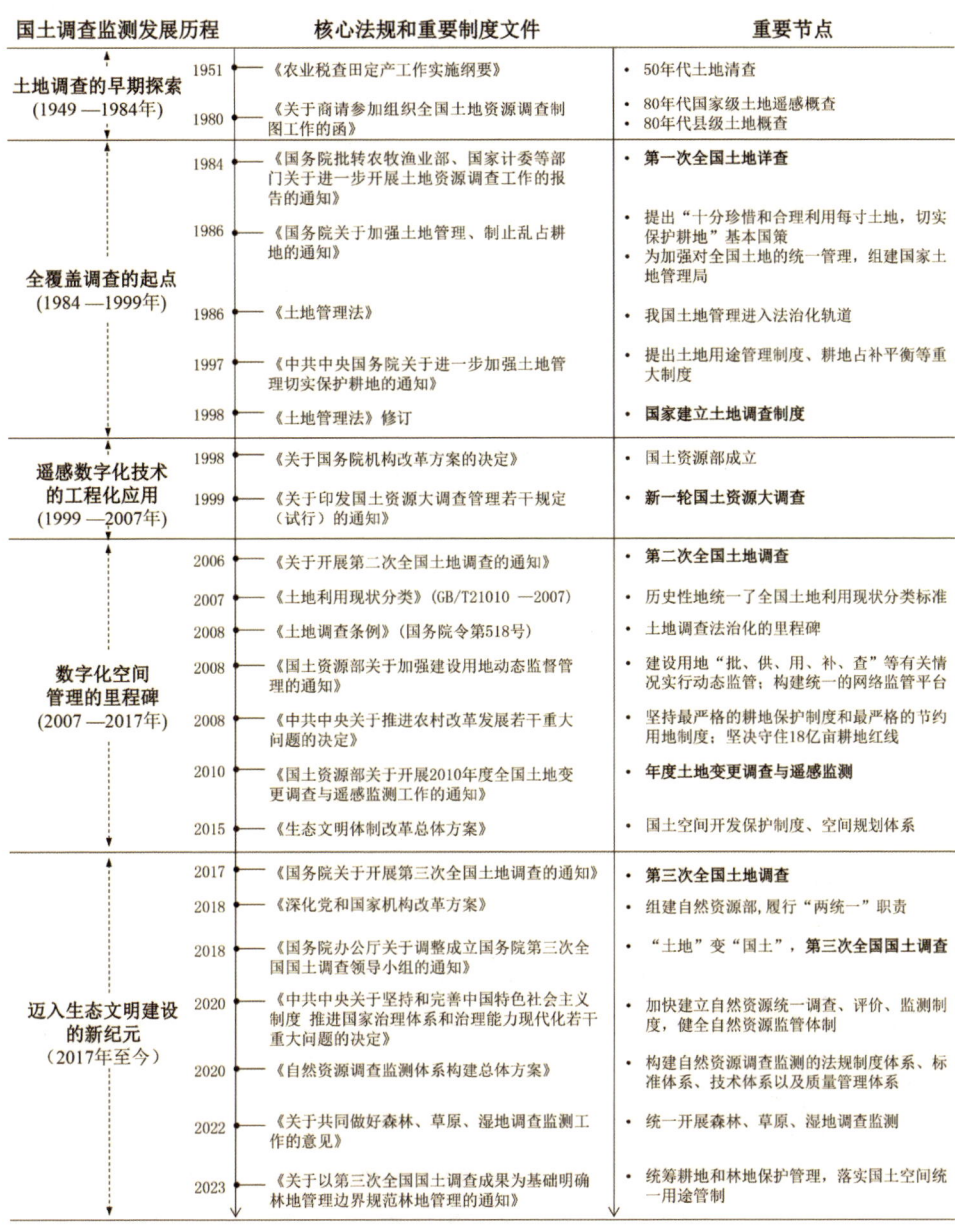

图 3-1 国土调查发展演进

3.1.2 耕地年度变更调查

从"二调"开始，我国每年实施国土变更调查。当前，自然资源部每年印发关于开展年度全国国土变更调查工作的通知，编制《年度全国国土变更调查实施方案》，并对《年度国土变更调查技术规程》进行修订，确保调查成果真实性。其中，明确了耕地变更调查技术要求，以下以2023年国土变更调查工作为例。

（1）《2023年度全国国土变更调查实施方案》关于耕地调查

对于2022年度国土调查数据库为非耕地，2023年度现状为耕地的图斑（以下简称新增耕地），达到耕地认定标准的，应全部按耕地调查。

严格新增耕地认定，新增耕地现状必须是种植粮棉油糖菜及饲料饲草等农作物，且农作物必须出土长苗。对于现状是荒草、推土、翻耕起垄等未耕种状态的地块不得认定为新增耕地，应按现状调查。禁止仅依据土地综合整治验收文件或以承诺整改复耕、计划整改复耕等方式认定新增耕地。

对于2022年度国土调查数据库中的耕地图斑（含当年日常变更已核定的新增耕地）发生新变化后，又整治拟恢复为耕地的，如实地现状已达到平整或翻耕起垄等具备耕作条件状态，但因错过种植季节暂未种植而无法提供实地出土长苗举证照片或年内更新种植状态举证信息的，仍按耕地调查，并录入推（堆）土图层持续跟踪。对于其他实地现状已达到平整或翻耕起垄等具备耕作条件状态，但因错过种植季节暂未种植而无法提供实地出土长苗举证照片或年内更新种植状态举证信息的，可采用承诺种植的方式举证，先按耕地调查。对于计划整改复耕等尚不具备耕作条件的图斑，不得采用承诺种植的举证方式调查为耕地。

以承诺种植方式调查的耕地图斑，由县级耕保部门逐图斑梳理和确认，同时提交由县级人民政府盖章的承诺说明，保证相关地块能够在规定时限前达到出土长苗的要求，并于2024年5月31日前负责提供实地举证照片，由县级调查部门汇总后提交。

对新增耕地，根据实际情况标注"林区耕地""牧区耕地""沙化荒漠化耕地""石漠化耕地""盐碱化耕地"等细化属性。"河道耕地"和"湖区耕地"由部统一标注。对于河道、湖区范围有调整的，应以县级行政区域为单位整体制作河道、湖区范围调整方案，经省级自然资源和水利主管部门共同认定报部审核后由部组织调整。已标注"林区耕地""牧区耕地""沙化荒漠化耕地""石漠化耕地"的，不得删除耕地细化调查属性。关于种植属性，县级自然资源主管部门应与农业农村主管部门及乡村基层人员沟通，了解耕地种植情况，并组织技术人员外业核实、内业上图，更新2023年度国土调查数据库的耕地种植属性。

对于采伐更新造林过程中临时耕种形成的新增耕地,标注"2023采伐更新"图斑属性。

按照《第三次全国国土调查实施方案》中"对于退耕还林工程范围内尚未达到成林标准的,调查为耕地并标注'林粮间作'属性"的要求,对照国家林业和草原局确定的第二轮退耕还林还草落地上图成果,对耕地种植属性标注情况进行梳理。对于在第二轮退耕还林还草落地上图成果范围内,实地为间种和套种果树、林木但尚未达到林地园地认定标准的图斑,按耕地调查,耕地种植属性统一标注为"林粮间作"。对于在第二轮退耕还林还草落地上图成果范围外,原标注为"林粮间作",且实地为间种和套种果树、林木但尚未达到林地园地认定标准的图斑,按耕地调查,耕地种植属性统一标注为"粮与非粮轮作"。对实地不再耕种,或实行"林粮间作""果粮间作"但已达到林地园地认定标准的图斑,按林地或园地变更地类。

不在土地综合整治项目区备案范围内的新增耕地的田坎系数必须与报备的田坎系数一致。土地综合整治项目涉及归并田块、削减田坎新增耕地的地块,须重新计算和更新田坎系数,以整理前后实测田坎净减少面积作为新增耕地面积。结合土地综合整治项目立项和有关审核资料,在项目实施前期和后期,在项目范围内开展两次耕地图斑中田坎和其他线状地物面积实地测量,计算和更新田坎系数,形成统一规范的田坎系数更新报备材料,省级对田坎系数更新实地真实性负责;项目区内其他类型的新增耕地可采用实测田坎方式或沿用报备的田坎系数计算田坎面积。

因灾毁导致耕地变为未利用地且难以复耕的,须待灾毁情形稳定后,提供相关灾毁媒体报道和实地举证照片等,并标注"2023年度灾毁"图斑属性。对于因洪水淹没导致种植的农作物受损但耕作层未损毁的,不得变更地类。

(2)耕地变更调查技术规定

第三次全国国土调查工作分类,对耕地的相关含义进行了明确:

耕地的概念,指利用地表耕作层种植农作物为主,每年种植一季及以上(含以一年一季以上的耕种方式种植多年生作物)的土地,包括熟地,新开发、复垦、整理地,休闲地(含轮歇地、休耕地);以及间有零星果树、桑树或其他树木的耕地[1];包括南方宽度< 1.0 米,北方宽度< 2.0 米固定的沟、渠、路

---

[1] 杨慧. 环渤海地区耕地资源的时空演变及优化对策研究 [D]. 山东理工大学, 2022.

和地坎（埂）；包括直接利用地表耕作层种植的温室、大棚、地膜等保温、保湿设施用地。

水田的概念，指用于种植水稻、莲藕等水生农作物的耕地。包括实行水生、旱生农作物轮种的耕地。

水浇地的概念，指有水源保证和灌溉设施，在一般年景能正常灌溉，种植旱生农作物（含蔬菜）的耕地。包括种植蔬菜的非工厂化的大棚用地。①

旱地的概念，指无灌溉设施，主要靠天然降水种植旱生农作物的耕地，包括没有灌溉设施，仅靠引洪淤灌的耕地。

耕地变化图斑按照以下规则调查：

1）对于上年度国土调查数据库为非耕地，现状为耕地的图斑（以下简称新增耕地），达到耕地认定标准的，应全部按耕地调查。新增耕地现状必须是种植粮棉油糖菜及饲料饲草等农作物，且农作物必须出土长苗（年底调查时已收割的，提供日常变更举证信息）。现状是荒草、推土、翻耕起垄等未耕种状态的地块不得认定为新增耕地，应按现状调查。禁止仅依据土地综合整治验收文件或以承诺整改复耕、计划整改复耕等方式认定新增耕地。

2）对于新增耕地图斑，需通过实地调查和询问的方式确定耕地种植属性。种植粮食作物的（即谷物、豆类、薯类作物），标注"种植粮食作物"（LS）属性；种植非粮食作物的（蔬菜、棉花、油料、糖类、烟叶）等，标注为"种植非粮作物"（FLS）属性；粮食作物与非粮作物轮种、间种和套种等情况，标注"粮与非粮轮作"（LYFL）属性。

3）对于新增耕地图斑，要根据位置和立地条件确定耕地细化调查属性。林区耕地标注"LQGD"属性；牧区耕地标注"MQGD"属性；荒漠化沙化耕地标注"SHGD"属性；石漠化耕地标注"SMGD"属性；盐碱化耕地标注"YJGD"属性。"河道耕地"（HDGD）和"湖区耕地"（HQGD），由国家统一标注。已标注的不得删除耕地细化调查属性。

4）对于采伐更新造林过程中临时耕种形成的新增耕地，标注"XX年度采伐更新"（CFGX）属性。

5）补充耕地项目范围的图斑，实地现状不是耕地的，不得按照耕地调查。

6）上年度国土调查数据库为耕地，现状为杂草的，可按耕地调查并标注"未耕种"属性，坡度为25度及以上的坡地（非梯田），以及在退耕还林还草范

---

① 何松．卫宁平原地下水环境对气候因子与土地利用/覆被模式变化的响应研究 [D]．长安大学，2022．

围内的，按其他草地调查，不标注恢复属性，实地为冲沟或沟壑的，按其他草地调查，标注"工程恢复"属性；现状为绿化草地（不含公园绿地）或种植草皮的，按其他草地调查，并标注相应的恢复属性，对耕作层未被破坏的图斑，经评估后标注"即可恢复"（JKHF）属性。

7）对实地已长出灌木的撂荒耕地图斑，灌木覆盖度 < 40% 的图斑按照耕地调查并标注"未耕种"属性，灌木覆盖度 ≥ 40% 的图斑按照灌木林地调查并标注相应的恢复属性。

8）在耕地上种植果树、林木或挖塘的图斑，按照相应园地、林地和坑塘水面调查，并标注相应的恢复属性。清理后仍可恢复耕种的，标注"即可恢复"（JKHF）属性；需要工程措施才能恢复耕种的，标注"工程恢复"（GCHF）属性。

9）对在耕地上间种和套种果树的图斑，果树覆盖度 ≤ 50% 或每亩株数 ≤ 合理株数 70% 的图斑，仍按耕地调查；果树覆盖度大于 50% 或每亩株数大于合理株数 70% 的图斑，按照相应的园地调查，并根据实际情况标注"即可恢复"（JKHF）或"工程恢复"（GCHF）属性。

10）对在耕地上间种和套种乔木的图斑，乔木郁闭度 < 0.2 的图斑，仍按耕地调查；乔木郁闭度 ≥ 0.2 的图斑，按照相应的林地调查，并根据实际情况标注"即可恢复"（JKHF）或"工程恢复"（GCHF）属性。

11）因灾毁导致耕地变为未利用地且难以复耕的，须待灾毁情形稳定后，提供省级核实情况报告、相关灾毁媒体报道和实地举证照片等，并标注"XX年度灾毁"（ZH）属性。对于因洪水淹没导致种植的农作物受损但耕作层未损毁的，不得变更地类。

12）新增耕地坡度分级。将数据库中新增耕地图斑与全国国土调查时利用DEM制作的坡度图套合，确定新增耕地坡度分级。耕地图斑坡度分级一经确定，不允许变更。对于坡度分级变更的，应予以核实。

——对因种植属性变化、耕地二级类之间变化（不涉及工程）、城镇村属性标注变化等属性信息变化导致原耕地图斑分割的情况，若分割后的图斑仍均为耕地，相应分割后的图斑坡度继承原图斑坡度。

——原耕地图斑因部分地类发生变化或由于工程原因产生图斑分割或合并的，分割或合并后仍是耕地的部分，坡度级面积占比发生变化时，应根据国家检查合格的坡度图同步调整耕地坡度。

13）耕地分 5 个坡度级（上含下不含）。耕地坡度分级及代码见下表。

表 3-1 耕地坡度分级表

坡度分级	≤ 2º	2~6º	6~15º	15~25º	> 25º
坡度级代码	1	2	3	4	5

14）新增耕地类型。坡度 ≤ 2º 的视为平地，其他坡度级耕地分为梯田和坡地两种类型。属于梯田的耕地，属性字段标注"TT"；属于坡地的耕地，属性字段标注"PD"。

3.1.3 广东省耕地变更调查

针对当前耕地保护新形势、新任务、新要求，依据《土地利用现状分类》（GB/T 21010–2017）、《第三次全国国土调查工作分类》和《第三次全国国土调查技术规程》等国家有关标准和规范，结合近年来年度国土变更调查最新工作要求与广东省实际情况，选取部分耕地与非耕地实地典型照片，参考统计部门关注的主要粮食作物、非粮食作物、粮与非粮轮作、间种和套种等情况，从正反两方面做出进一步明确示例，形成《广东省国土变更调查耕地认定手册》，用于统一规范耕地的认定，指导全省耕地调查、恢复、管理和保护工作。

（1）进一步明确耕地的含义

水田细分灌溉水田、望天田、水旱轮作的耕地以及因干旱年或暂时缺水，暂时种植旱生农作物的水田。水浇地细分能够灌溉种植旱生农作物的耕地和种植蔬菜类的耕地，包括非工厂化种植蔬菜的简易大棚用地。旱地细分没有灌溉设施、主要靠天然降水进行灌溉种植旱生农作物的耕地，没有灌溉设施、仅靠引洪淤灌种植旱生农作物的耕地。

（2）明确耕地种植属性及种植作物

根据广东省耕地的实际利用情况，主要存在 5 类种植情况，分别是：种植粮食作物（LS）、种植非粮作物（FLS）、粮与非粮轮作（LYFL）林粮间作（LLJZ）和未耕种（WG）。

3. 耕地现状调查监测

表 3-2　广东省耕地种植作物清单

作物类型		具体作物
粮食作物	谷类	稻谷、小麦、玉米、大麦、燕麦、黑麦、高粱、粟（小黄米）、黍（大黄米）、荞麦
	豆类	大豆(黄大豆、黑大豆等)、绿豆、小豆(红小豆等)芸豆、干豌豆、干蚕豆、饭豆、干虹豆、鹰嘴豆
	薯类	红薯、马铃薯、甘薯、木薯、紫薯
非粮食作物	蔬菜	绿叶菜类蔬菜：芹菜、菠菜、莴苣、苋菜、蕹菜、香菜、茼蒿、菊苣、冬寒菜、落葵、茴香等； 白菜类蔬菜：大白菜、普通白菜、菜心、乌塌菜等； 甘蓝类蔬菜：甘蓝、花椰菜、青花菜、芥蓝等； 芥菜类蔬菜：叶用芥菜、茎用芥菜、根用芥菜； 根茎类蔬菜：萝卜、胡萝卜、生姜、芜菁、芋头、山药、魔芋、牛蒡等； 瓜类蔬菜：黄瓜、南瓜、西葫芦、冬瓜、苦瓜、丝瓜、瓠瓜、节瓜、佛手瓜等； 豆类蔬菜：四季豆、豇豆、扁豆、豌豆、毛豆、四棱豆等； 茄果类蔬菜：茄子、甜椒、辣椒、西红柿等； 葱蒜类蔬菜：大葱、大蒜、韭菜、洋葱等； 水生蔬菜：莲藕、荸荠、茭白、慈姑、芡实、水芹、菱、莲子、豆瓣菜、莼菜等； 其他蔬菜：金针菜、芦笋、百合、黄秋葵、薄荷等
	棉花	棉花
	油料	油菜、花生、芝麻、向日葵、蓖麻
	糖料	甘蔗、甜菜、糖用高粱
	麻类	苎麻、黄麻、红麻
	烟叶	烟叶
	饲草饲料	玉米、苜蓿、象草
	地表种植每年一季及以上草本水果	草莓、西瓜

（3）明确新增耕地含义

对于上年度数据库为非耕地，本年度现状为耕地的图斑，称为新增耕地。新增耕地现状必须是种植粮棉油糖菜及饲料饲草等农作物，且农作物必须出土长苗。对于现状是荒草、推土、翻耕起垄等未耕种状态的地块不得认定为新增耕地，应按现状调查。禁止仅依据土地整治验收文件或以承诺整改复耕、计划整改复耕等方式认定新增耕地。

（4）明确耕地变更调查类型

说明基础库概念，基础库是指经国家核查合格后的上年度国土变更调查数据库。明确变更调查可认定为耕地情况的6种情形，不可认定为耕地情况的5种情形。

（5）通过图片正反面举例说明耕地认定的典型案例

正面案例涉及地表耕作层种植粮食类、蔬菜类、经济类、绿肥类、栽培食用菌、地表一年一季以上种植草本水果的用地，以及套种果树，原有耕地上利用地表耕作层种植饲料饲草作物的土地，基础库为耕地或日常变更已核定的新增耕地发生新变化后又整治拟恢复为耕地的，仍可认定为耕地情况，渔稻共作符合农业部门政策要求的用地，应分割图斑，部分认定为耕地情况。反面案例涉及新增耕地未种植作物，非耕作层种植作物，种植草本果树，直接在地表或架空摆放盆栽，架空或地表摆放菌袋栽培食用菌，种植药材，建（构）筑物拆除未尽，直接种植作物，套种状态，以果树为主，实地现状为坑塘种植睡莲、观赏性莲花或举证莲藕种植未达合理种植密度，种植多年生作物。

3.2 耕地质量分类监测与更新

3.2.1 耕地质量监测评价发展历程

耕地质量等别评价。自然资源部（原国土资源部）于1986年研究制定《县级土地评价技术规程（试行草案）》，以水、热、土等自然环境条件作为主要评价因素[1]，对耕地自然生产潜力的级别进行划分；1989年，拟定了《农用地分等定级规程（征求意见稿）》，在全国范围内选取了7个试点县，对农用地进行分等定级；在20世纪90年代中期对《农用地分等定级规程（征求意见稿）》进行了试点与修订，编制了《农用地分等定级规程（讨论稿）》。1999年，自然资源部（原国土资源部）按省开展了全国性的耕地质量等级调查与评定工作，此项工作历时了十年，形成了《农用地分等规程》行业标准，2009年以该规程为依据，完成了全国农用地分等工作，首次摸清了全国范围内的耕地质量等别分布状况，实现耕地质量等别全国可比；2011—2013年以《农用地质量分等规程》（GB/T 28407-2012）为指导，基于第二次全国土地调查对耕地

---

[1] 刘嘉慧. 广西北海市耕地资源质量分类及等别转换方法研究 [D]. 中国地质大学（北京）,2021.

质量等别成果进行了补充与完善,形成全国 31 个省(区、市)的耕地质量等别成果。2014—2018 年开展耕地质量等别年度更新评价工作,形成基于土地利用变更调查的耕地质量等别年度更新评价成果。

耕地资源质量分类。2020 年,国务院第三次全国国土调查领导小组办公室发布《关于印发〈第三次全国国土调查耕地资源质量分类工作方案〉的通知》[1](国土调查办发〔2020〕13 号),明确要开展耕地资源质量分类工作。耕地质量评价的技术思路从原来的耕地质量等别评价体系,转变成新的耕地资源质量分类方法体系,增加生物多样性和土壤重金属污染状况两项指标。2021 年,自然资源部将耕地资源质量分类成果更新与监测工作纳入全国国土变更调查工作中,并与 2021 年度全国国土变更调查工作同时部署实施,要求开展年度耕地资源质量分类成果更新与监测工作。广东省目前已部署开展 2020—2023 年度耕地资源质量分类工作。

耕地质量评价的演变过程体现了我国耕地保护管理工作由数量型管理—质量型管理—生态型管理的重要转变。耕地质量等别评价和耕地资源质量分类均由自然资源主管部门牵头开展,工作基础分别是"二调"和"三调"成果。耕地资源质量分类,增加了生态条件对耕地的影响,演变为侧重于客观描述耕地的自然地理特征、土地资源条件和生态环境条件,不再对耕地质量进行综合评价,不强调耕地彼此之间质量高低对比。

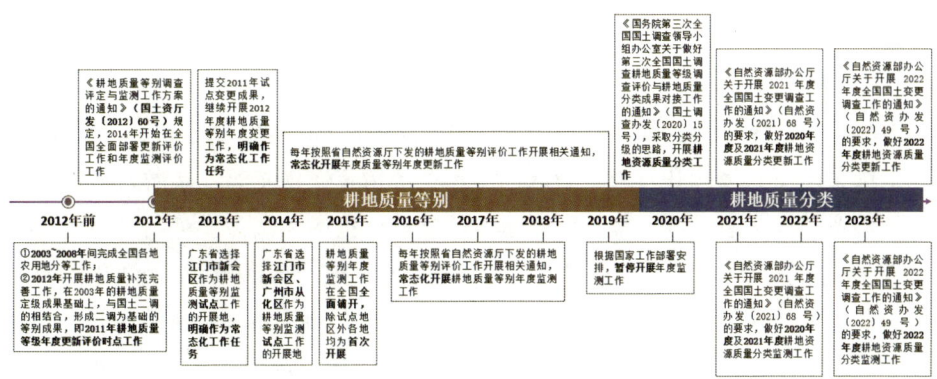

图 3-2 耕地质量监测评价发展历程

---

[1] 刘浩洋. 辽宁省县域耕地资源质量分类与耕地等别成果衔接与转化研究 [D]. 沈阳农业大学, 2022.

3.2.2 耕地质量评价目的

耕地质量等别评价主要是为了科学量化农用地质量及其分布，建立科学的土地等、级、价体系，从而为落实耕地占用补偿制度、实现区域耕地占补平衡目标，科学核算农用地生产潜力和规范农用地流转行为，为全面科学、准确、合理、统一管理农用地、深入贯彻落实土地管理法提供依据。耕地资源质量分类主要是为了准确分析、客观描述耕地的自然质量特征，采取分级分类的思路，汇总形成不同耕地资源条件及其组合的耕地面积与分布成果，突出耕地资源最为重要的基本特征，不再进行综合评价。

总体上，耕地资源质量分类以国土调查成果的耕地类型为基础，通过气候、地形、土壤等分类指标的综合叠加，形成耕地资源质量分类组合结果，更强调耕地资源的自然特征。①

3.2.3 耕地质量评价过程

（1）评价指标体系

耕地质量等别评价以造成等别差异的各种相对稳定因素的综合分析为基础，反映了各种自然因素、社会经济因素综合作用。耕地质量等别评价根据中国耕作制度区划、生态区划、种植业区划、农业气候区划、土壤区划、地貌区划及中国1∶400万植被图、土壤图、地形图等，将全国耕地划分为东北区、黄淮海区、长江中下游区、江南区、华南区、内蒙古高原及长城沿线区、黄土高原区、四川盆地、云贵高原区、横断山区、西北区、青藏高原区等12个国家一级区，并向下细分国家二级区和省级二级区，制定各区指定作物光温气候潜力指数、土地利用系数、土地经济系数等。耕地自然质量评价指标包含了对农用地质量有显著影响的分等因素：有效土层厚度、表层土壤质地、剖面构型、盐渍化程度、土壤有机质含量、土壤pH值、障碍层距地表深度、排水条件、地形坡度、灌溉保证率、地表岩石露头度、灌溉水源等。同时确定了不同地区的分等推荐因素，规定了全国性的和12个国家一级区的土壤指标分级和分值，按照坡耕地和平耕地两类推荐了评价因素及权重，二级区根据实际情况可进行局部调整。

---

① 张凤荣. 耕地资源质量分类对自然资源管理的支撑作用 [J]. 中国土地,2021(06):17–19.

表3-3 珠江三角洲平原区省级二级区评价因素和权重

序号	参评因素		权重
1	地形地貌水文地质	地形	0.07
2		田面坡度	0.06
3		地下水位	0.05
4	土壤基本性状	有效土层厚度	0.15
5		表层土壤质地	0.14
6		剖面构型	0.1
7		土壤有机质含量	0.06
8		土壤pH值	0.08
9	土壤管理	灌溉保证率	0.14
10		排水条件	0.15
11	障碍因素	障碍层距地表深度	—
12		地表岩石露头度	—
13		盐渍化程度	—

注：障碍因素根据其影响程度确定修正系数。

耕地资源质量分类在指标选取上，从自然地理格局、自然生态系统、人与自然和谐共生3个角度，以类别为主体，系统归纳反映耕地资源质量本底条件的指标；在分类方法上，采取分级分类的思路，以定量化描述各指标特征为主，对各指标特征不做综合评价。分层级确定分类指标，包含6个层级10个指标的分类体系，通过各指标值的差异来反映耕地资源质量的不同。一是自然地理格局，揭示我国自然界的地域分异规律，体现自然环境各要素的生态地理关系，用《中国生态地理区域》的自然区作为分类指标；二是地形条件，反映耕地所属地表单元陡缓程度，用坡度作为分类指标；三是土壤条件，反映土壤的理化性质，用土层厚度、土壤质地、土壤有机质含量、土壤酸碱度作为分类指标；四是生态环境条件，反映耕地生物种类的丰富程度和土壤重金属污染状况，用生物多样性、土壤重金属污染状况作为分类指标；五是作物熟制，反映由气候条件决定的耕地可实现的种植情况，用熟制作为分类指标；六是耕地利用现状，反映由水分条件决定的耕地利用状况，用耕地二级地类作为分类指标。

表3-4 耕地资源质量分类指标体系表

层级	名称	反映属性	指标	等级
第一层级	自然地理格局	地域分异规律，体现自然环境各要素的生态地理关系	《中国生态地理区域》的49个自然区	49个自然区

续表

层级	名称	反映属性	指标	等级
第二层级	地形条件	耕地所属地标单元陡缓程度 耕地资源的土壤理化性质	坡度	≤ 2°
				2~6°
				6~15°
				15~25°
				> 25°
第三层级	土壤条件	耕地资源的土壤理化性质	土层厚度	≥ 100cm
				60~100cm
				≤ 60cm
			土壤质地	壤质
				黏质
				砂质
			土壤有机质含量	≥ 20g/kg
				10~20g/kg
				< 10g/kg
			土壤 pH 值	6.5~7.5
				5.5~6.5
				7.5~8.5
				< 5.5
				> 8.5
第四层级	生态环境条件	耕地生物种类的丰富程度和土壤重金属污染状况	生物多样性	丰富
				一般
				不丰富
			土壤重金属污染状况	绿色
				黄色
				红色
第五层级	作物熟制	根据积温条件确定的同一地块上一年能种植作物种类数	熟制	一年三熟
				一年两熟
				一年一熟
第六层级	耕地利用现状	耕地二级地类	地类	水田
				水浇地
				旱地

从耕地质量等别评价到耕地资源质量分类，评价因素指标由自然、社会和经济三方面演变为紧扣耕地自然质量因素，根据影响耕地资源质量最关键的因素选取典型指标，纳入了生态环境条件指标，去掉了地表岩石露头度、剖面构型、灌溉保证率、排水条件等容易出现改变的利用方面的指标。同时将生物多样性和土壤重金属污染状况作为生态环境条件指标纳入分类体系，能够反映工业化、城镇化背景下人类活动对耕地资源质量的影响，生物多样性作为人类生存和发展、人与自然和谐共生的重要基础，将其纳入分类体系，是一次重大理论突破和技术突破，贴合当下生态文明发展的需求。因此，耕地资源质量分类

是实现耕地数量—质量管理向耕地数量、质量及生态"三位一体"管理与保护转变的客观需要和重要支撑。

（2）指标值获取

耕地质量等别评价指标值获取主要来源于基础数据获取，遵循"评价方法不变、基本参数稳定、适当补充调查"的原则。现状与变化数据与相应年度的土地变更调查数据保持一致，所采用的因素指标区、标准耕作制度、指定作物、光温（气候）生产潜力指数、产量比系数、分等因素及分级标准、分等因素权重等基本参数[①]，基本保持稳定，一般由省级统一组织、分县综合叠加或通过样点补充调查获取。针对项目工程（例如土地平整工程、土壤改良工程、灌溉与排水工程等）建设后耕地质量等别评定发生变化的指标值依据项目竣工图、验收资料、土壤分析检验报告、实地调查资料等直接获取。

耕地资源质量分类指标数据获取方式包括两种：外业实地取土，通过专业化验读取指标值和基础数据获取。土壤条件四个指标数据在生态修复、全域土地综合整治和高标准农田建设等项目区，并已开展耕地质量评价的，可从项目资料信息中直接获取耕地资源质量分类，经核实确认无误后，直接使用；未开展耕地资源质量评价和核实确认有误的，或未在项目区的，利用外业调查样点数据获取土壤条件四个指标数据，图斑面积较小的，可参考周边耕地图斑指标属性信息赋值。其他指标参考上一年度耕地资源质量分类结果以及从国家下发的新增耕地、恢复地类图层中获取。

表3-5 耕地质量更新评价和耕地质量资源分类指标获取方式对比

类型	耕地质量更新评价		耕地质量资源分类	
有效土层厚度	√	基础数据获取	√	实地取土获取
表层土壤厚度	√	基础数据获取		
剖面构型	√	基础数据获取		
盐渍化程度	√	基础数据获取		
土壤有机质含量	√	基础数据获取	√	实地取土获取
土壤酸碱度（pH）	√	基础数据获取	√	实地取土获取
障碍层距地表深度	√	基础数据获取		
排水条件	√	基础数据获取		
地形坡度	√	基础数据获取	√	实地取土获取
灌溉保证率	√	基础数据获取		
地表岩石露头度	√	基础数据获取		

① 陈丽丽. 关于耕地质量等别年度更新评价工作的思考 [J]. 山西农经, 2021(21):28-29+81.

续表

类型	耕地质量更新评价		耕地质量资源分类	
灌溉水源	√	基础数据获取		
土壤质地			√	实地取土获取
生物多样性			√	实地取土获取
土壤重金属污染状况			√	基础数据获取
熟制			√	基础数据获取
耕地二级地类			√	基础数据获取

（3）指标测算

耕地质量等别评价采用"因素法"，以国家计算的光温/气候生产潜力指数为起点，依据农用地自然质量因素修正获得农用地的自然质量等指数，再乘以土地利用系数获得农用地的利用等指数；再乘以土地经济系数获得农用地经济等指数。在此基础上采用等间距法，划分省内耕地自然质量等别、利用等别和经济等别，并依据省级等指数与国家级等指数平衡转化规则计算国家级等指数，按照规定的等别划分间距，确定国家级自然质量等、利用等和经济等。计算公式如下：

1）自然质量分

$$C_i = w_i \times f_i$$

式中：C_i 为作物自然质量分；w_i 为作物分等因素指标的权重，各因素指标权重之和为1；f_i 为作物分等因素指标的分值，取值范围0~100。

2）自然等指数

$$R = C_1 \times \alpha_1 \times \beta_1 + C_2 \times \alpha_2 \times \beta_2$$

式中：R 为自然等指数；C_1 为作物1的自然质量分，C_2 为作物2的自然质量分；α_1 为作物1的光温（气候）生产潜力指数，α_2 为作物2的光温（气候）生产潜力指；β_1 为作物1的产量比系数，β_2 为作物2的产量比系数。

3）利用等指数

$$Y = R \times K$$

式中：Y 为利用等指数，R 为自然等指数，K 为土地利用系数。

4）经济等指数

$$G = Y \times J$$

式中，G 为经济等指数，Y 为利用等指数，J 为土地经济系数

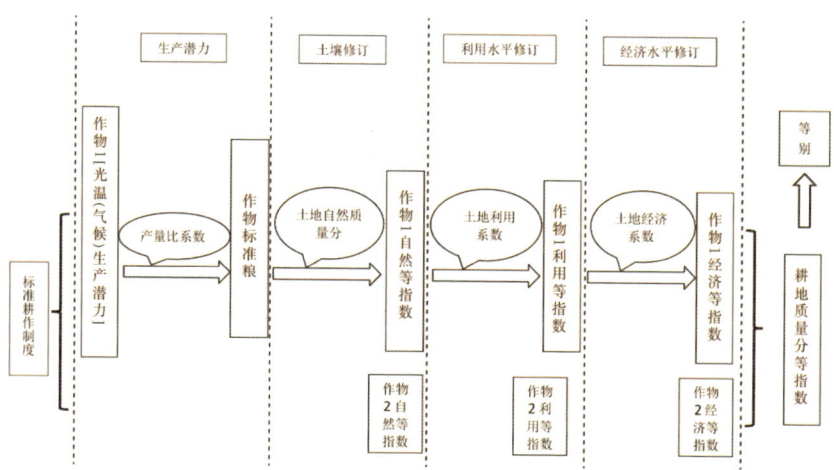

图 3-3 耕地质量等别评价指标测算过程

计算自然等指数、利用等指数、经济等指数后按"高分高等"的等别序列，采用等距法划分等别以 400 分的等间距确定国家级自然质量等别，以 200 分的等间距确定国家级利用等别和经济等别。

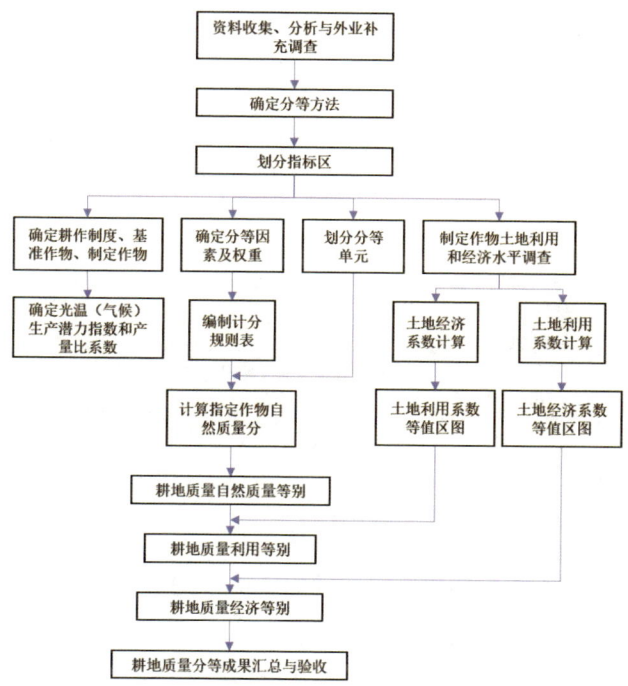

图 3-4 耕地质量等别评价技术路线图

耕地资源质量分类不对指标进行测算，而是直接采用分级汇总的思路，按照全国统一确定的各分类指标的等级划分标准，除自然区、坡度、土壤pH值指标外，其他8个指标均分为3级，具体如下：

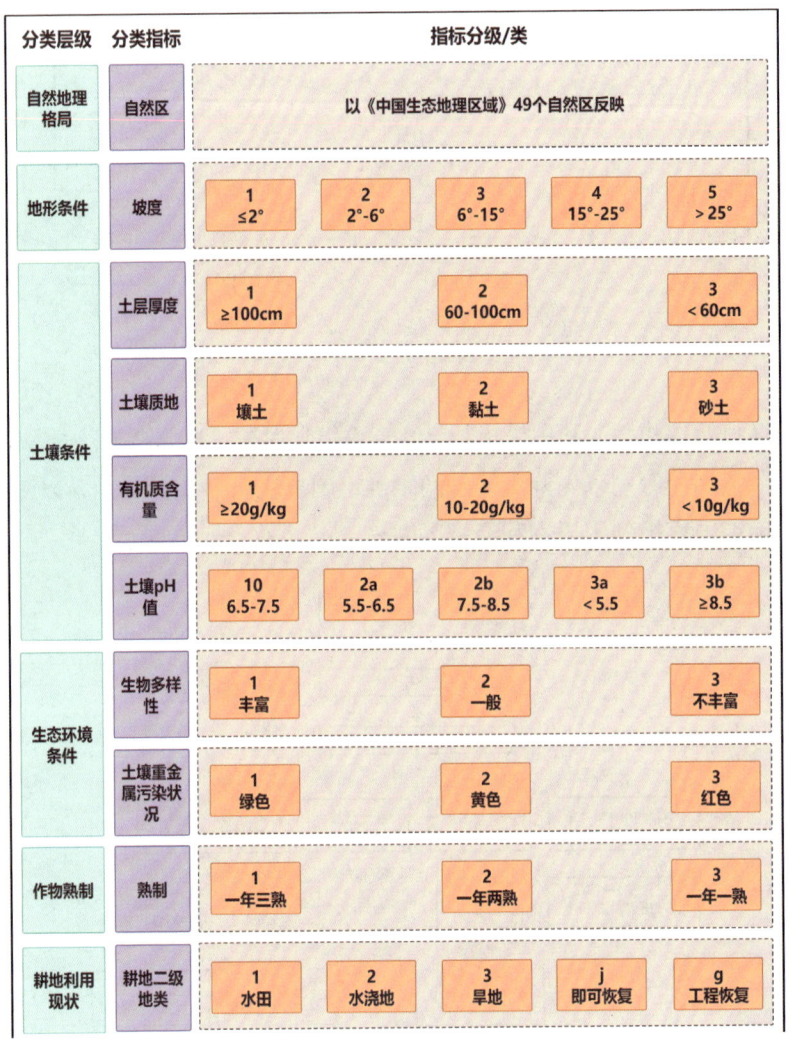

图 3-5 耕地质量等别评价指标分级图

与耕地质量等别评价相比，耕地资源质量分类方法一是不再考虑光温/气候生产潜力，而是将自然地理格局作为了分类的第一层级。耕地资源质量分类方法在宏观层面上把耕地资源放在自然地理格局中考虑，借鉴了《中国生态地理区域》成果，将其相关指标体系引用为自然地理格局分类指标，全国共分为

49个自然区，更好地揭示中国耕地资源的地域分异特征，从而摸清耕地资源的宏观地域分布规律。二是耕地质量等别评价根据地形和区域等条件选取不同的指标，划分指标的数量级别和权重计算质量分数的方法评价耕地质量耕地，分等结果的准确性很大程度上取决于评价者的专业水平，耕地资源质量分类方法只对耕地的自然质量进行分级，其形成的半定量化耕地自然质量编码可以直观反映影响耕地资源自然质量的主要指标，虽然其在定量化程度上有所下降，但有效地避免了评价者的主观影响。

3.2.4 耕地质量评价成果表达

耕地质量等别评价通过一系列的测算，得到全国范围内可比的光温/气候生产潜力指数、自然质量等指数、土地利用系数和土地利用等指数、土地经济系数和农用地经济等指数，再对各等指数进行划分，得到一到十五等的自然等、利用等和经济等别。该等别全国范围可比、反映宏观地带性分异规律、体现了短期人为活动的影响。其结果不仅考虑气候、地貌和土壤等自然因素，还结合了土地利用程度和效益等社会经济因素，得到对耕地资源的自然条件和社会经济等条件综合评价的等别。

自然等是指在全国范围内，按照标准耕作制度，在一定的光温、气候资源条件和土地条件下，以自然资粮等指数为基础，按照200分为等别区间确定。利用等是指在全国范围内，按照标准耕作制度，在一定的自然条件和平均土地利用条件下，根据国家利用等指数，按照200分为等别区间确定。经济等是指在全国范围内，按照标准耕作制度，在一定的自然条件、平均土地利用条件、平均土地经济条件下，根据国家经济等指数，按照200分为等别区间确定，具体如下。

表3-6 耕地质量等别结果分级表达

等别	国家自然质量等指数	国家利用等指数	国家经济等指数
一等	$5600 \leq R < 6000$	$2800 \leq L < 3000$	$2800 \leq N < 3000$
二等	$5200 \leq R < 5600$	$2600 \leq L < 2800$	$2600 \leq N < 2800$
三等	$4800 \leq R < 5200$	$2400 \leq L < 2600$	$2400 \leq N < 2600$
四等	$4400 \leq R < 4800$	$2200 \leq L < 2400$	$2200 \leq N < 2400$
五等	$4000 \leq R < 4400$	$2000 \leq L < 2200$	$2000 \leq N < 2200$

续表

等别	国家自然质量等指数	国家利用等指数	国家经济等指数
六等	3600 ≤ R < 4000	1800 ≤ L < 2000	1800 ≤ N < 2000
七等	3200 ≤ R < 3600	1600 ≤ L < 1800	1600 ≤ N < 1800
八等	2800 ≤ R < 3200	1400 ≤ L < 1600	1400 ≤ N < 1600
九等	2400 ≤ R < 2800	1200 ≤ L < 1400	1200 ≤ N < 1400
十等	2000 ≤ R < 2400	1000 ≤ L < 1200	1000 ≤ N < 1200
十一等	1600 ≤ R < 2000	800 ≤ L < 1000	800 ≤ N < 1000
十二等	1200 ≤ R < 1600	600 ≤ L < 800	600 ≤ N < 800
十三等	800 ≤ R < 1200	400 ≤ L < 600	400 ≤ N < 600
十四等	400 ≤ R < 800	200 ≤ L < 400	200 ≤ N < 400
十五等	0 ≤ R < 400	0 ≤ L < 200	0 ≤ N < 200

耕地资源质量分类结果以"三调"耕地图斑为单元，用12位代码来表达，其中前两位代码表示耕地所在的自然区，49个自然区分别用01、02、…49表示；第3-12位分别表示耕地的坡度、土层厚度、土壤质地、土壤有机质含量、土壤pH值、生物多样性、土壤重金属污染、熟制和耕地二级地类条件，其中土壤pH值用两位代码表示，6.5~7.5用10表示，5.5~6.5用2a表示，7.5~8.5用2b表示，<5.5用3a表示，>8.5用3b表示，其余8个指标均用1位代码表示，按照分级或分类个数分别用1、2、3、4、5表示，并采用连续命名法确定质量分类代码。

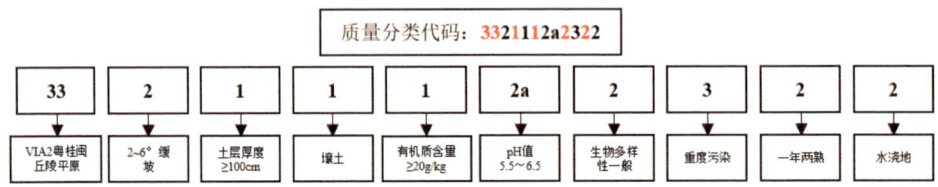

图3-6 耕地资源质量分类代码解析举例

耕地质量等别评价的结果是以自然等、利用等与经济等的形式进行表达，形成定量化的结果，可以直观的表达耕地自然、社会、经济质量属性，且能进行全国范围内的横向比较，但存在见"等"不见属性的问题；耕地资源质量分类方法只对耕地的自然质量进行分级，其形成的半定量化耕地自然质量编码，编码涵盖耕地十个指标的属性，可以直观反映影响耕地资源自然质量的主要指标，解决了见"等"不见属性的问题，可以直观全面地反映耕地资源的各类重要特征信息，分类重点更突出，但存在无法直观的理解所反映的综合质量，接受理解程度有所下降。

3.2.5 耕地质量评价成果应用

在自然资源部门统一组织实施下，耕地质量等别更新评价成果在耕地占补平衡、耕地差别化管理等方面得以广泛应用。耕地资源质量分类作为"三调"和全国国土变更调查工作任务的一部分，最早于2020年正式实施的，其成果目前基本尚未应用。

耕地质量等别评价作为耕地占补平衡的判定因素。现阶段，耕地占补平衡的测算主要通过对比"占"和"补"的耕地标准粮食产能是否相等来判定。运用耕地质量等别评价成果的国家利用等别，通过建立国家利用等别与标准产能的模型关系，测算耕地标准粮食产能。直接对比占用和补充耕地的标准粮食产能，当补充耕地数量、标准粮食产能均大于占用耕地数量、标准粮食产能，表明落实了耕地占优补优。

广东省占用耕地产能指标计算公式：

$$Zc=[(Zm_1\times(16-1)+Zm_2\times(16-2)\cdots\cdots+Zm15\times(16-15)]\times 1500$$

注：Zc为占用耕地标准粮食产能；Zm_1为占用耕地质量等别为1的耕地面积，占用耕地产能指标等于项目占用各等别耕地产能指标的总和。

耕地质量等别评价结果作为耕地规划管控、土地整治、考核监督的重要依据。耕地质量等别评价工作分析了土地的质量及空间分布状况，反映了土地的生产潜力，使耕地质量状况定量化，有助于制定更加细化、严格的耕地管理保护措施。[①] 如在永久基本农田的划定中，根据耕地质量等别评价结果，优先将耕地质量好的耕地划为永久基本农田加以严格保护，重点种植粮食作物，禁止改变耕地用途，优先实施高标准农田建设，优化耕地布局，提升耕地综合生产能力。对于耕地质量较差的耕地，纳入土地整治规划，优先开展中低产田改造、土地开发整理、小型农田水利建设等项目，提高其耕地质量和土壤肥力。在土地整治方面，耕地质量等别变化情况作为各类土地整治和高标准农田建设项目新增耕地核定与验收的必备内容。在考核监督方面，耕地质量等别成果已作为耕地保护责任目标考核方面依据。

① 黄会前，张慧，胡震，等.耕地质量分等评价技术回顾及展望[J].国土资源情报,2020(08):34-39.

3.3 耕地后备资源评价

3.3.1 耕地后备资源调查评价历程

近 20 年间,全国耕地后备资源调查评价工作开展主要可以分为三个时间段,第一时间段是 2000 年至 2003 年,原国土资源部完成了全国 31 省(自治区、直辖市)的耕地后备资源调查评价工作,基本查清了相对集中连片的耕地后备资源类型、数量和分布情况,同时发布了《耕地后备资源调查与评价技术规程》(TD/T 1007-2003),对耕地后备资源调查与评价的内容、程序、方法及要求作出规范。第二时间段是 2014 年至 2016 年,原国土资源部于 2014 年启动开展了新一轮的耕地后备资源调查评价工作,发布《全国耕地后备资源调查评价技术方案》(原国土资源部,2014 年 7 月)指导评价工作开展,2016 年完成调查评价,统计出当年耕地后备资源总量及集中连片情况。第三时间段是 2021 年至目前,自然资源部组织开展全国耕地后备资源调查评价工作,目的为全面摸清全国补充耕地潜力状况,合理开发利用耕地后备资源,推进最严格的耕地保护制度和占补平衡政策实施,发布《全国耕地后备资源调查评价技术方案》(自然资源部,2021 年 7 月)指导评价工作开展,该项工作目前仍处于调查评价实施阶段,同时新的《耕地后备资源调查与评价技术规程》目前已开展征求意见工作,但尚未形成正式标准下发。

(1)全国 2000 年至 2003 年耕地后备资源调查评价工作评价体系情况

2000 年至 2003 年期间,全国耕地后备资源调查评价工作开展是以土地利用现状图为底图,确定评价对象为待开发土地、待复垦土地和待整理土地。其中对于待开发土地的评价指标由温度条件、水分条件、有效土层厚度、土壤质地、坡度、水位与排水条件、盐碱度、沙化情况、风害、生态退化可能性组成,其余评价对象均在此指标体系基础上进行深化开展,评价采用"最小限制因子法",在有关评价指标分级中,以分级最低评级因子的分级作为评价单元等级。最终评价结果得出适宜类、质量等、限制型土地情况,适宜类即对耕地后备资源进行宜耕地与不宜耕地进行区分,质量等是在宜耕地的基础上进一步细化分为一等地、二等地、三等地,限制型是在质量等的基础上划分限制因素和限制强度。

表3-7 2003年耕地后备资源调查与评价技术规程待开发耕地后备资源评价指标体系表

评价指标		指标分级			
		A_1	A_2	A_3	N
温度条件		积温条件能满足大田作物要求，无霜冻威胁	积温条件能满足大田作物要求，受霜冻影响，造成减产<20%	积温条件能满足大田作物要求，经常有霜冻危害，造成产量减产20%~40%	积温条件不能满足大田作物要求，有严重霜冻威胁，造成减产>40%
水分条件（灌溉保证率）	干旱区	100%	80%~100%	70%~80%	<70%
	半干旱区	>80%	70%~80%	50%~70%	<50%
	半湿润区	>60%	50%~60%	40%~50%	<40%
	湿润区	—	—	—	—
有效土层厚度	黄土性母质和易风化的泥质岩类	>100cm	50%~100cm	30%~50cm	<30cm
	中性、酸性结晶岩类	>100cm	60%~100cm	50%~60cm	<50cm
	石英岩类，碳酸岩类	>100cm	70%~100cm	50%~70cm	<50cm
土壤质地		壤质	砂壤质和黏质土	沙土或石砾含量15%~50%，且可以改良的砾质土	石质即岩石露头面积>50%或石砾含量>50%（体积比）
坡度	黄土地区和紫色土区，以及土层厚度大于70cm的地区	<6°	6~15°	15~25°	>25°
	其他地区	<3°	3~6°	6~15°	>15°
水文与排水条件		常年不引起洪涝，不积水，排水条件好，不需改良或只需简单改良	季节性洪涝或季节性积水，可以采取防洪、排涝措施加以改良	常年洪涝或长期积水，需采取比较复杂的防洪、排涝措施加以改良	经常有洪涝威胁或长期被水淹没，排水条件很差，改良困难
盐碱化程度		无盐碱化或轻度盐碱化，不需改良或简单改良	中度盐化、轻度盐碱化，需水利改良措施	中度碱化、强度盐化土、盐土，改良条件较差，需复杂的水利或化学改良措施	中、强度碱化土和碱土，改良条件很差，不宜开发

续表

评价指标	指标分级			
	A₁	A₂	A₃	N
沙化状况	半湿润、湿润地区的半固定/流动沙地	半干旱地区的半固定/流动沙地，有灌溉和营造防护林网条件的	干旱地区的半固定/流动沙地，有灌溉和营造防护林网条件的	干旱、半干旱地区的半固定/流动沙地，没有灌溉和营造防护林网条件的
风害	不起沙或轻微起沙，对近地（小于1km范围）生态环境无或有轻微影响，作物生产期间无灾害性大风	起沙，对近地生态环境有一定影响，或作物生长期间有灾害性大风，造成作物减产<20%	经常起沙，对远地（大于1km）有一定影响，或作物生长期间经常有灾害性大风，造成作物减产20%~40%	频繁起沙，对远地生态有明显影响，或作物生长期间灾害性大风发生频繁，造成作物减产>40%
生态退化可能性	无或有较小潜在生态退化可能性，或对异地生态系统无或有轻微影响，不需或采取简单措施，可以防止	有潜在生态退化可能性，或对异地生态系统有一定影响，需采取一定措施以防止	有较大的潜在生态退化可能性，或对异地生态有明显影响，需采取复杂的措施加以防止	潜在生态退化可能性大，或对异地生态有严重影响

（2）全国2014年至2016年耕地后备资源调查评价体系情况

2014年至2016年期间，全国耕地后备资源调查评价工作开展是以全国第二次土地调查为基础开展，分为耕地后备资源调查评价、二次调查"不稳定耕地"调查、二次调查新增耕地调查三大任务。其中耕地后备资源调查评价对象包括可开垦土地和可复垦采矿用地两大类，主要针对土地调查数据库中的未利用地，设置宜耕性评价指标体系，由生态条件、年积温、年降水量和灌溉条件、土壤污染状况、排水条件、土层厚度和母质条件、地形坡度、盐渍化程度、土壤质地、土壤pH值、耕作便利度构成，其余两项任务均不涉及上述指标体系，评价方法采用"限制性因子"评价法，参评指标中有任何指标项不符合宜耕条件的，划分为不宜耕。最终评价结果得出不宜耕土地、宜耕土地和可复垦为耕地的历史遗留工矿废弃地。

表 3-8　2014 年耕地后备资源调查评价技术方案宜耕性评价指标体系表

评价指标 \ 评价结果	不宜耕
生态条件	生态保护区内、或开发可能导致土地退化、或引起地质灾害
年积温	＜1800℃
年降水量和灌溉条件	天然降水量＜350mm 且无灌溉条件，不能满足作物生长要求
土壤污染状况	土壤遭受污染
排水条件	无排水条件
土层厚度和母质条件	北方＜60cm 且无客土土源 南方＜30cm 且基岩为难风化岩石且无客土土源
地形坡度	可开垦≥15°、可复垦坡度≥6°
盐渍化程度	土壤盐渍化程度重以上且无灌溉排水条件
土壤质地	土壤质地为砾质土或更粗或岩石露头度大于 2%
土壤 pH 值	pH≥9.5 或≤4.0
耕作便利度	难以到达耕种

（3）全国 2021 年至今耕地后备资源调查评价体系情况

2021 年至今，全国耕地后备资源调查评价工作开展以全国第三次土地调查为基础开展，以其他草地、盐碱地、沙地、裸土地为评价对象，从生态、气候、土壤、区位等方面构建耕地后备资源分类评价指标体系，具体评价指标由生态条件、地形坡度、年积温、年降水量和灌溉条件、土壤质地、土壤重金属污染状况、盐渍化程度、土壤 pH 值、土层厚度、耕作便利度构成，同时强调应将水资源作为重要约束性指标，按照"以水定地"的原则，以县为单位对区域内水资源尤其是农业灌溉用水进行评价分析，作出是否适宜垦造耕地的明确判断，评价方法采用"限制性因子"评价法，所有指标数据均达到宜耕条件评价为耕地后备资源。最终评价结果得出耕地后备和非耕地后备资源分布情况。

表 3-9　2021 年耕地后备资源调查评价技术方案宜耕性评价指标体系表

评价指标 \ 评价结果	不宜耕
生态条件	位于生态保护红线、城镇开发边界内，或开发会导致土地退化、引发地质灾害
地形坡度	＞25°
≥10℃年积温	＜1800℃
年均降水量和灌溉条件	降水量＜400mm 且无灌溉条件

续表

评价指标 \ 评价结果	不宜耕
土壤质地	属于砾质土或更粗质地
土壤重金属污染状况	土壤遭受污染（黄色或红色）
盐渍化程度	重度以上且灌溉排水条件
土壤pH值	pH ≥ 9.5 或 ≤ 4.0
土层厚度	< 60cm 且无客土土源
耕作便利度	难以到达耕种，难以持续利用

同时，新的《耕地后备资源调查与评价技术规程》国家标准已形成征求意见稿，规程中对耕地后备资源评价的评价对象有所拓宽，拓展为可开发的未利用地、可复垦的建设用地、可整治为耕地的其他农用地，进一步将耕地后备资源由原来的未利用地延伸至非耕农用地以及建设用地，并形成一套由生态条件、地形坡度、年积温、年降水量和灌溉条件、排水条件、国土空间规划相关限制因素、土壤质地、土壤重金属污染状况、盐渍化程度、土壤pH值、土层厚度、土源保障、地下水埋深、地表岩石露头度、耕作便利度15个指标组成的评价指标体系，通过指标的组合应用于可开发的未利用地、可复垦的建设用地、可整治为耕地的其他农用地三个方向。

表3-10 最新耕地后备资源调查评价技术规程征求意见稿评价指标体系表

评价指标	指标选择要求			评价结果	
	可开发的未利用地	可复垦的建设用地	可整治为耕地的其他农用地	宜耕	不宜耕
生态条件	必选	必选	必选	生态保护红线外	生态保护红线内或开发会导致土地退化、引起地质灾害
地形坡度	必选	必选	必选	≤ 25°	> 25°
≥ 10℃年积温	必选	必选	必选	≥ 1800℃	< 1800℃
年均降水量和灌溉条件	必选	必选	必选	≥ 400mm 或 < 400mm 有灌溉条件	< 400mm 且无灌溉条件
排水条件	必选	必选	必选	有排水体系或具备建设排水设施条件	无排水体系且不具备建设排水设施条件

续表

评价指标	指标选择要求			评价结果	
	可开发的未利用地	可复垦的建设用地	可整治为耕地的其他农用地	宜耕	不宜耕
国土空间规划相关限制因素	备选	备选	必选	无限制	有限制
土壤质地	必选	备选	必选	壤质、黏质或砂质土壤	砾质土或更粗质地
土壤重金属污染状况	必选	备选	必选	无污染或轻度污染	中度污染或中度污染
盐渍化程度	必选	备选	备选	无、轻度盐化和中度盐化或重度盐化有灌溉排水条件	重度盐渍化以上且无灌溉排水条件
土壤pH值	必选	备选	备选	4.0≤土壤pH值≤9.5	土壤pH值小于4.0或>9.5
土层厚度	必选	备选	必选	≥60cm或<60cm有客土土源	<60cm且无客土土源
土源保障	备选	必选	备选	有土源保障	无土源保障
地下水埋深	备选	必选	必选	≥0.2m	<0.2m
地表岩石露头度	备选	备选	必选	≤2%	>2%
耕作便利度	备选	备选	备选	方便到达	不方便到达

3.3.2 广东省非耕农用地宜耕性评价体系

广东省耕地后备资源匮乏，根据最新"三调"数据显示，未利用占比不足10%，且大多为河流、湖泊等难以利用的土地类型。而广东省作为经济发展大省，GDP连续30多年位居全国第一，各类建设项目用地需求长期处于旺盛状态，全省各类建设项目占用耕地面积年均超过6万亩，耕地占补平衡压力大。

因此，为应对新时期国家实行耕地保护"双平衡"要求，开展非耕农用地宜耕性调查评价工作。非耕农用地宜耕性评价对象指通过采取整治措施可转化为耕地的农用地，以国土"三调"成果中的园地、林地、草地、坑塘水面、设施农用地等非耕农用地为评价对象，从非耕农用地开发为耕地的自然因素、经济因素和生态因素等方面合理确定评价指标，构建广东省非耕农用地宜耕性评价体系。最终形成由宜耕性评价体系、宜耕程度评价体系、宜耕方向评价体系、产能测算评价体系4大评价体系组成的非耕农用地宜耕性评价体系，并应用测算得到广东省非耕农用地宜耕后备库。

（1）评价体系构建思路

①总体思路

广东省非耕农用地宜耕性评价指标体系构建工作主要分为四大步骤：一是对现行耕地保护要求进行梳理，深入理解本次指标构建说明的构建背景、任务、后续评价对象及涉及的相关耕地保护内容；二是对非耕农用地宜耕性影响因素进行研究，主要通过目前耕地开发适宜性理论的梳理研究，以及国内近年来的耕地适宜性（后备资源）评价体系和现行主流的农用地类评价体系进行梳理研究，得出对非耕农用地宜耕性评价体系构建的可借鉴经验；三是以工作背景、研究结果、构建原则为基础，采用科学的构建方法，结合广东省实际情况构建具符合广东特色的评价体系，由宜耕性评价体系、宜耕程度评价体系、宜耕方向评价体系及产能测算评价体系四大内容组成，评价体系内容包括指标体系设置、评价方法形成及评价成果形式。宜耕性评价；四是采用专家咨询法征询法，邀请熟悉广东省耕地进出平衡、耕地保护及长期工作于自然资源等领域等相关专家，对评价指标体系的科学性和可行性进行咨询论证，并进一步修正指标体系及其内容，确保指标体系的科学性。

评价体系内容中，宜耕性评价体系内涵：通过判断现有自然及经济技术条件下一系列重要影响的制约因素指标，高质高效摸清非耕农用地的宜耕资源与不宜耕资源的分布情况；宜耕程度评价内涵：通过综合分析多个对耕种存在重要影响的因素的优劣程度，确定宜耕资源中的优劣程度及相关整理开发时序优先级；宜耕方向评价内涵：通过判断广东省垦造水田项目选址的重要指标，快速摸清宜耕资源中符合广东省要求适宜垦造水田的地块空间分布情况；产能测算评价内涵：通过广东省现有耕地产能评价方法，快速计算宜耕资源的潜在产能情况。

通过由宜耕性评价、宜耕程度评价、宜耕方向评价和产能测算评价四个评价体系组成的复合评价体系，能较大程度的覆盖现行耕地转化工作过程中可能出现的土地评价需要，在摸清非耕农用地宜耕资源的分布情况下，进一步为宜耕资源后续的应用转化提供土地优劣程度、地类转化方向及潜在产能等一系列评价数据参考。

3. 耕地现状调查监测

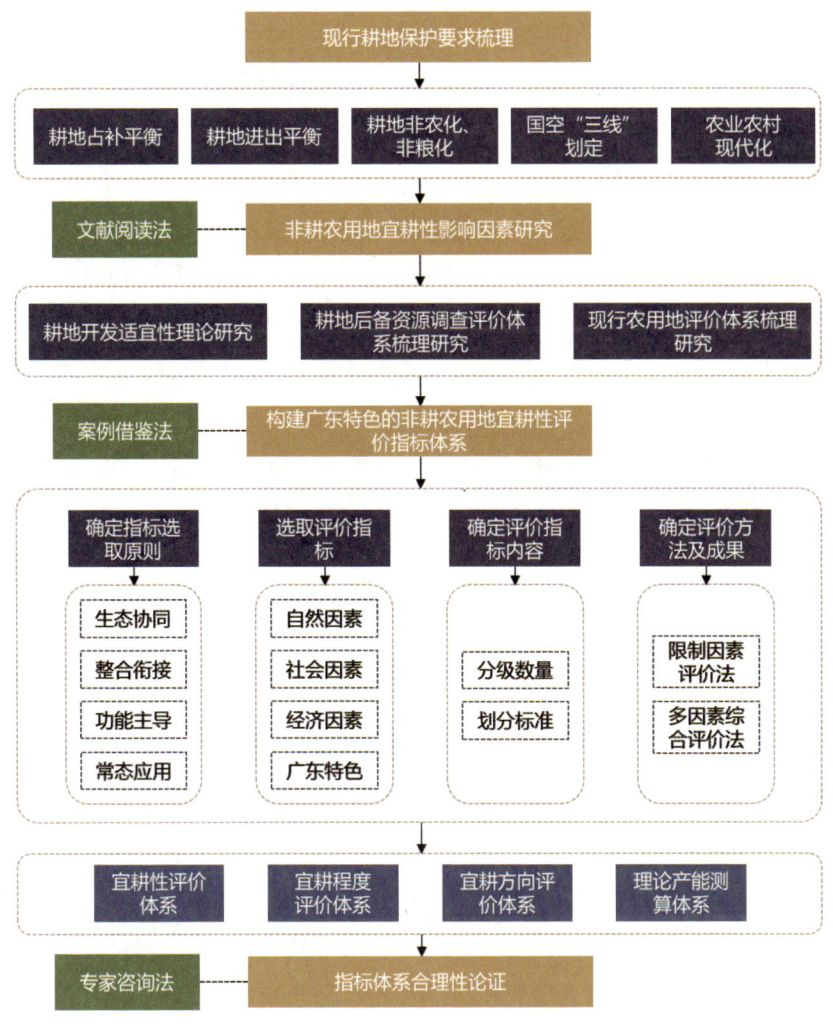

图 3-7 广东省非耕农用地宜耕性评价体系构建总体思路

②构建原则

生态协同原则。综合考虑非耕农用地开发的生态合理性，贯彻落实国土空间开发保护要求，坚持生态优先原则，严格保护生态环境。

整合衔接原则。充分衔接已有耕地后备资源评价、农用地评价工作相关指标体系设置及指标内容，结合各个评价体系的应用方向整合优化相关评价体系。

功能主导原则。根据各个评价体系的功能有针对性地构建评价指标体系，并根据各个评价体系的功能有所侧重地选择具有重要影响的因素，突出主导因素的影响。

常态应用原则。充分考虑评价体系后续常态化应用实施，满足全省摸查评价的宏观及中观精度，以指标数量精简、指标分类标准清晰、指标量化数据便于获取的目标进行指标体系构建，评价结果具备可操性和实用性。

（2）评价体系总则

①评价目的

全面查清非耕农用地宜耕资源的面积、类型、权属和分布等情况，并建立广东省宜耕农用地资源数据库，为科学制定耕地"进出平衡"用途管制政策提供决策依据。

②评价对象

广东省非耕农用地宜耕性评价对象指通过采取整治措施可转化为耕地的农用地，包括最新国土（自然资源）调查的现状园地、林地、草地、坑塘水面和设施农用地。

③评价单元

评价单元为国土调查数据库中的地类图斑，包括果园（0201）、茶园（0202）、橡胶园（0203）、其他园地（0204）、乔木林地（0301）、竹林地（0302）、灌木林地（0305）、其他林地（0307）、天然牧草地（0401）、人工牧草地（0403）、其他草地（0404）、坑塘水面（1104）、设施农用地（1202）。

④评价内容

评价内容包含开展宜耕性评价，分析宜耕与非宜耕资源分布情况；开展宜耕程度评价，分析宜耕资源的优劣情况；开展宜耕方向评价，分析宜耕资源的土地整治转变地类方向；开展宜耕方向评价，分析宜耕资源的土地整治转变地类方向；开展产能测算评价，分析宜耕资源的潜在产能情况。

⑤评价原则

a. 综合评价原则

宜耕性评价是各种因素综合作用的结果，开展评价的过程中应从气候、土壤、水源等各方面因素及相关资料进行综合分析判断。

b. 定量定性相结合原则

评价体系评价以定量评价为主，对现阶段难以量化的因素进行必要的定性分析，将定性分析的结果进行量化，提高工作精度。[1]

---

[1] 伍育鹏, 吴克宁, 廖佳佳, 等. 技术指导更规范成果评价更科学——《自然资源分等定级通则》解析 [J]. 资源导刊, 2021(05):18-19.

c. 理论实际相结合原则

开展过程中坚持理论与实际的结合，理论指导评价工作技术路线，实际工作开展过程中在理论基础下进行合理的调整变化，提高评价工作可行性。

d. 科学性原则

采取严格的工作步骤，确保资料收集的全面性、准确性及真实性，以及外业调查的科学性，保证评价结果能够合理反映区域非耕农用地的真实情况。

e. 跟踪检验原则

工作过程中，对每一步成果进行检验，并进行专家咨询、论证等咨询方法，确保成果与实际情况相符。

⑥应用方向

本次评价成果主要应用方向涉及两大方面，一是对耕地后备资源的补充，将形成大耕地后备资源潜力库，二是为耕地保护"占补平衡""进出平衡"用途管制政策提供决策依据。

（3）宜耕性评价体系

①宜耕性评价概念

在区域内，判断非耕农用地在现有自然及经济技术条件下，是否适宜通过开发或整理等土地整治措施转化为耕地，得出"宜耕"与"不宜耕"两种结果。

宜耕：在现有自然及经济技术条件下，适宜通过开发或整理等土地整治措施转化为耕地。

不宜耕：在现有自然及经济技术条件下，不适宜通过任何手段转化为耕地。

②评价指标

宜耕性评价指标包括地形坡度、≥10℃年积温、年均降水量、土层厚度、土壤质地、土壤pH值、盐渍化程度、地表岩石露头度、土壤重金属污染状况9个评价指标，评价指标说明如下：

表3-11 非耕农用地宜耕性评价指标体系表

序号	指标	评价结果	
		宜耕	不宜耕
1	地形坡度	≤25°	>25°
2	≥10℃年积温	≥1800℃	<1800℃
3	年均降水量	≥400mm	<400m
4	土层厚度	≥30cm	<30cm

续表

序号	指标	评价结果	
		宜耕	不宜耕
5	土壤质地	壤土、黏土、砂土	砾质土或更粗质地
6	土壤pH值	4.0~9.5	>9.5或<4.0
7	盐渍化程度	无、轻度盐化和中度盐化	重度盐化
8	地表岩石露头度	≤2%	>2%
9	土壤重金属污染状况	无污染、轻度污染	中度污染、重度污染

1）地形坡度

非耕农用地地块的地形坡度是否大于25°。将地形坡度划分为如下两级：

a. 地形坡度≤25°；

b. 地形坡度>25°。

2）≥10℃年积温

非耕农用地地块所属区域≥10℃年积温近10年均值是否大于等于1800℃。将≥10℃年平均积温划分为如下两级：

a. ≥1800℃；

b. <1800℃。

3）年均降水量

非耕农用地地块的所属区域近10年年均降水量是否大于等于400mm。将年均降水量划分为如下两级：

a. 年均降水量≥400mm；

b. 年均降水量<400mm。

4）土层厚度

非耕农用地地块的土层厚度是否小于30cm。将土层厚度划分为如下两级：

a. 土层厚度≥30cm；

b. 土层厚度<30cm。

5）土壤质地

非耕农用地地块的土壤质地是否属于砾质土壤。将土壤质地划分为如下两级：

a. 壤质、黏质或砂质土壤；

b. 砾质或更粗质土壤。

6) 土壤 pH 值

非耕农用地地块的土壤 pH 值是否在 4.0 到 9.5 之间。将土壤 pH 值划分为如下两级：

a. 4.0 ≤ 土壤 pH 值 ≤ 9.5；

b. 土壤 pH 值 < 4.0 或 > 9.5。

7) 盐渍化程度

非耕农用地地块的土壤盐渍化程度是否在重度盐渍化。将盐渍化程度划分为如下两级：

a. 无、轻度盐化和中度盐化；

b. 重度盐化有灌溉排水条件。

8) 地表岩石露头度

非耕农用地地块地表岩石露头度是否对耕作存在干扰。将的岩石露头度划分为如下两级：

a. 地表岩石露头度 ≤ 2%；

b. 地表岩石露头度 > 2%。

9) 土壤重金属污染

非耕农用地地块的土壤是否遭受污染。将土壤重金属污染状况划分为如下两级：

a. 无污染或轻度污染；

b. 中度污染或重度污染。

③评价方法

采取限制性因子评价法，在影响非耕农用地宜耕性的评价指标中，任意一项评价指标不满足宜耕条件，确定为不宜耕资源；当所有评价指标均满足宜耕条件时，评价为宜耕资源。宜耕性评价过程如下：

a. 根据收集所得资料、内业处理和外业补充调查结果，按照数据库建设要求，建立指标字段，标注指标属性值。

b. 将调查评价对象矢量图层与各指标矢量图层叠加分析。除土壤重金属污染、土壤 pH 值外，其他指标矢量图层与评价对象矢量图层叠加时均按照面积占比最大原则，土壤重金属污染指标按照叠加属性熟短原则，土壤 pH 值采用叠加属性加权平均获取方式，对非耕农用地评价对象图斑赋予指标属性值。

c. 依据指标属性值，逐图斑判断非耕农用地宜耕性，标注评价结果。

④评价结果

以评价对象图斑为单位,评价结果包括"宜耕"与"不宜耕"。所有评价指标均满足宜耕条件时,评价结果为"宜耕";任意一项评价指标不满足宜耕条件,评价结果标注为"不宜耕"。

(4)宜耕程度评价体系

①宜耕程度评价概念

在区域内,按照评价指标体系及评价方法对宜耕的非耕农用地进行宜耕程度综合评定,揭示区域内宜耕的非耕农用地转化为耕地的质量高低、优先顺序等程度差异,得出"高度宜耕""中度宜耕"与"低度宜耕"三种结果。

高度宜耕:自然生产潜力较为突出,可优先考虑相对较大的面积通过开发或整理等土地整治措施转化为耕地。

中度宜耕:自然生产潜力良好或一般,可考虑适当的面积纳入开发或整理等土地整治措施转化为耕地的行动安排。中度宜耕中细分 3 个级别可为进出平衡实施方案在"占优补优""占补质量严格平衡"的前提下提供基础评价数据参考,也可为耕地战略储备、耕地保护规划等工作开展提供丰富的前期数据基础。

低度宜耕:自然生产潜力较差,非刚性需求下建议暂不通过开发或整理等土地整治措施转化为耕地。

②评价指标

宜耕程度评价指标包括地形坡度、土层厚度、土壤质地、土壤 pH 值、土壤有机质含量、距离水源地距离、连片度 7 个评价指标,评价指标说明如下:

表 3-12 非耕农用地宜耕程度评价指标体系表

序号	因子	指标	评价结果		
			1 级	2 级	3 级
1	地形条件	地形坡度	≤ 2°	2~15°	15~25°
2	土壤条件	土层厚度	≥ 100cm	60~100cm	30cm~60cm
3		土壤质地	壤土	黏土	砂土
4		土壤 pH 值	6.5~7.5	5.5~6.5 或 7.5~8.5	4.0~5.5 或 8.5~9.5
5		土壤有机质含量	≥ 20g/kg	10~20g/kg	< 10g/kg
6	水源状况	距离水源地距离	≤ 100m(或灌区范围内)	100~500m	> 500m
7	连片程度	连片度	≥ 50 亩	15~50 亩	< 15 亩

备注:土壤 pH 值分类界线下含上不含,3 级分类中含 4.0 与 9.5

1）地形坡度

非耕农用地地块的地形坡度在 25° 以下的划分为如下三级：

a. 1 级：地形坡度 ≤ 2°；

b. 2 级：2° ＜地形坡度 ≤ 15°；

c. 3 级：15° ＜地形坡度 ≤ 25°。

2）土层厚度

非耕农用地地块的土层厚度在 30cm 以上的划分为如下三级：

a. 1 级：土层厚度 ≥ 100cm；

b. 2 级：60cm ≤ 土层厚度 ＜ 100cm；

c. 3 级：30cm ≤ 土层厚度 ＜ 60cm。

3）土壤质地

非耕农用地地块的土壤质地除砾质土壤外的划分为如下三级：

a. 1 级：壤质土壤；

b. 2 级：黏质土壤；

c. 3 级：砂质土壤。

4）土壤 pH 值

非耕农用地地块的土壤 pH 值在 4.0 至 9.5 间的划分为如下三级：

a. 1 级：6.5 ≤ 土壤 pH 值 ＜ 7.5；

b. 2 级：5.5 ≤ 土壤 pH 值 ＜ 6.5 或 7.5 ≤ 土壤 pH 值 ＜ 8.5；

c. 3 级：4.0 ≤ 土壤 pH 值 ＜ 5.5 或 8.5 ≤ 土壤 pH 值 ≤ 9.5。

5）土壤有机质含量

非耕农用地地块的土壤有机质含量划分为如下三级：

a. 1 级：土壤有机质含量 ≥ 20g/kg；

b. 2 级：10g/kg ≤ 土壤有机质含量 ＜ 20g/kg；

c. 3 级：土壤有机质含量 ＜ 10g/kg。

6）距离水源地距离

非耕农用地地块的距离水源地距离划分为如下三级：

a. 1 级：距离水源地距离 ≤ 100m 或位于灌区范围内；

b. 2 级：100m ＜ 距离水源地距离 ≤ 500m；

c. 3 级：距离水源地距离 ＞ 500m。

7）连片度

非耕农用地地块的连片度划分为如下三级：

a. 1 级：连片度 ≥ 50 亩；

b. 2 级：15 亩 ≤ 连片度 < 50 亩；

c. 3 级：连片度 < 15 亩。

③评价方法

采取综合评价法，在影响非耕农用地宜耕程度的评价指标中，1 级指标大于等于 3 个且不存在 3 级指标时，确定为高度宜耕土地；3 级指标大于等于 3 个时，确定为低度宜耕土地；其余情况下，评价为中度宜耕土地。

同时对中度宜耕情况划分为 1 级、2 级、3 级共三个级别，中度宜耕 1 级构成：1 级指标小于等于 2 个且不存在 3 级指标或 1 级指标大于等于 4 个且存在 1 个 3 级指标；中度宜耕 2 级构成：1 级指标小于等于 3 个且存在 1 个 3 级指标或 1 级大于等于 4 个且存在 2 个 3 级指标；中的宜耕 3 级构成：1 级指标小于等于 3 个且且存在 2 个 3 级指标。

宜耕程度评价过程如下：

a. 根据收集所得资料、内业处理和外业补充调查结果，按照数据库建设要求，建立指标字段，标注指标属性值。

b. 将调查评价对象矢量图层（宜耕性评价结果为"宜耕"图斑）与各指标矢量图层叠加分析。地形坡度、土层厚度、土壤质地指标矢量图层与评价对象矢量图层叠加时按照面积占比最大原则，土壤有机质含量和土壤 pH 值采用叠加属性加权平均获取方式，距离水源地距离采用评价对象矢量图斑与最近水源地距离缓冲获取方式，连片度采用评价对象矢量图斑与周边耕地图斑面积累计的获取方式，对非耕农用地评价对象图斑赋予指标属性值。

c. 依据指标属性值，逐图斑判断非耕农用地宜耕程度，标注评价结果。

④评价结果

以评价对象图斑（宜耕性评价结果为"宜耕"图斑）为单位，评价结果包括"高度宜耕""中度宜耕""低度宜耕"。1 级指标大于等于 3 个且不存在 3 级指标时，评价结果为"高度宜耕"；3 级指标大于等于 3 个时，评价结果标注为"低度宜耕"；对于评价结果非"高度宜耕"或"低度宜耕"的图斑，根据中度宜耕级别划分规则，分别标注为"中度宜耕 1 级""中度宜耕 2 级"和"中度宜耕 3 级"。

（5）宜耕方向评价体系

①宜耕方向评价概念

在区域内，按照评价指标体系及评价方法对宜耕的非耕农用地进行宜耕方向评定，揭示区域内宜耕的非耕农用地适宜转化为水田的潜力差异。适宜垦造水田地块自然条件更符合垦造水田项目管理要求，在进行开发或整理等土地整治措施转化为耕地的工作中，应优先考虑转化为水田地类。

②评价指标

宜耕方向评价指标包括地形坡度、土层厚度、土壤有机质含量、距离水源地距离、连片度5个评价指标，评价指标说明如下：

表3-13 非耕农用地宜耕方向评价指标体系表

序号	指标	评价结果（适宜垦造水田）
1	地形坡度	≤15°
2	土层厚度	≥40cm
3	土壤有机质含量	≥10g/kg
4	距离水源地距离	0–100m（或灌区范围内）
5	连片度	≥50亩

1）地形坡度

非耕农用地地块的地形坡度是否满足≤15°。

2）土层厚度

非耕农用地地块的土层厚度是否满足≥40cm。

3）土壤有机质含量

非耕农用地地块的土壤有机质含量是否满足≥10g/kg。

4）距离水源地距离

非耕农用地地块的距离水源地距离是否满足≤100m或位于灌区范围内。

5）连片度

非耕农用地地块的连片度是否满足≥50亩。

③评价方法

采取限制性因子评价法，在影响非耕农用地宜耕方向的评价指标中，当所有评价指标均满足条件时，评价为适宜垦造水田土地。宜耕方向评价过程如下：

a. 根据收集所得资料、内业处理和外业补充调查结果，按照数据库建设要求，建立指标字段，标注指标属性值。

b.将调查评价对象矢量图层（宜耕性评价结果为"宜耕"图斑）与各指标矢量图层叠加分析。地形坡度、土层厚度指标矢量图层与评价对象矢量图层叠加时按照面积占比最大原则，土壤有机质含量采用叠加属性加权平均获取方式，距离水源地距离采用评价对象矢量图斑与最近水源地距离缓冲获取方式，连片度采用评价对象矢量图斑与周边耕地图斑面积累计的获取方式，对非耕农用地评价对象图斑赋予指标属性值。

c.依据指标属性值，逐图斑判断非耕农用地宜耕方向，标注评价结果。

④评价结果

以评价对象图斑（宜耕性评价结果为"宜耕"图斑）为单位，所有评价指标均满足条件时，评价结果为"适宜垦造水田"。

（6）产能测算评价体系

①产能测算评价概念

按照《农用地质量分等规程》（GBT 28407-2012）及广东省耕地质量评价相关计算方法，计算非耕农用地在进行开发或整理等土地整治措施转化为耕地可能达到的可实现产能，相关的指标、权重及分值均按照已有规程及计算方法设定。[①]

②评价指标

产能测算评价指标包括地形坡度、地下水位、土层厚度、土壤质地、土壤pH值、土壤有机质含量、剖面构型、盐渍化程度、地表岩石露头度、障碍层距地表深度10个评价指标，评价指标说明如下：

表3-14 非耕农用地产能测算评价指标体系表

序号	因子	指标	评价结果						
			1	2	3	4	5	6	7
1	地形地貌水位地质	地形坡度	≤ 2°	2~6°	6~15°	15~25°	> 25°		
2		地下水位	≥ 60cm	30~60cm	< 30cm				

---

① 周建,李超,张佰林,等.不同地貌类型下黄土高原典型县域新增耕地利用变化[J].农业工程学报,2023,39(14):254-260.

续表

序号	因子	指标	评价结果 1	2	3	4	5	6	7
3	土壤基本性状	土层厚度	≥100cm	60~100cm	30~60cm	<30cm			
4		土壤质地	壤土	黏土	砂土	砾质土			
5		土壤pH值	6.0~7.9	5.5~6.0	5.0~5.5 或 7.9~8.5	4.5~5.0	<4.5 或 >8.5		
6		土壤有机质含量	≥3.0%	2%~3%	1%~2%	0.6%~1%	<0.6%		
7		剖面构型	通体壤、壤砂壤	壤粘壤	砂粘粘、壤粘粘	粘砂粘、通体粘	砂粘砂、壤砂壤	粘砂砂	通体砂、通体砾
8	限制性因素	盐渍化程度	无盐化	轻度盐化	中度盐化	重度盐化			
9		地表岩石露头度	岩石露头<2%	岩石露头2%~10%，露头之间的间距35m~100m	岩石露头10%~25%，露头之间的间距10m~35m	岩石露头≥25%，露头之间的间距3.5m~10m			
10		障碍层距地表深度	60cm~90cm	30cm~60cm	<30cm				

1）地形坡度

非耕农用地地块的地形坡度划分为如下五级：

a. 地形坡度≤2°；

b. 2°＜地形坡度≤6°；

c. 6°＜地形坡度≤15°；

d. 15°＜地形坡度≤25°；

e. 地形坡度＞25°。

2）地下水位

非耕农用地地块的地下水位划分为如下三级：

a. 地下水位≥60cm；

b. 30cm≤地下水位＜60cm；

c. 地下水位＜30cm。

3）土层厚度

非耕农用地地块的土层厚度划分为如下四级：

a. 土层厚度≥100cm；

b. 60cm ≤ 土层厚度 < 100cm;

c. 30cm ≤ 土层厚度 < 60cm;

d. 土层厚度 < 30cm。

4) 土壤质地

非耕农用地地块的土壤质地划分为如下四级：

a. 壤质土壤；

b. 黏质土壤；

c. 砂质土壤；

d. 砾质土壤。

5) 土壤pH值

非耕农用地地块的土壤pH值划分为如下五级：

a. 6.0 ≤ 土壤pH值 < 7.9;

b. 5.5 ≤ 土壤pH值 < 6.0;

c. 5.0 ≤ 土壤pH值 < 5.5 或 7.9 ≤ 土壤pH值 < 8.5;

d. 4.0 ≤ 土壤pH值 < 5.0;

e. 土壤pH值 < 4.5 或 > 8.5。

6) 土壤有机质含量

非耕农用地地块的土壤有机质含量划分为如下五级：

a. 土壤有机质含量 ≥ 30g/kg;

b. 20g/kg ≤ 土壤有机质含量 < 30g/kg;

c. 10g/kg ≤ 土壤有机质含量 < 20g/kg;

d. 6g/kg ≤ 土壤有机质含量 < 10g/kg;

e. 土壤有机质含量 < 6g/kg。

7) 剖面构型

非耕农用地地块的剖面构型划分为如下七级：

a. 通体壤、壤砂壤；

b. 壤粘壤；

c. 砂粘粘、壤粘粘；

d. 粘砂粘、通体粘；

e. 砂粘砂、壤砂壤；

f. 粘砂砂；

g. 通体砂、通体砾。

8）盐渍化程度

非耕农用地地块的盐渍化程度划分为如下四级：

a. 无盐化；

b. 轻度盐化；

c. 中度盐化；

d. 重度盐化。

9）地表岩石露头度

非耕农用地地块的地表岩石露头度划分为如下四级：

a. 岩石露头度 < 2%；

b. 岩石露头度 2%~10%，露头之间的间距 35~100m；

c. 岩石露头度 10%~25%，露头之间的间距 10~35m；

d. 岩石露头度 ≥ 25%，露头之间的间距 3.5~10m。

10）障碍层距地表深度

非耕农用地地块的障碍层距地表深度划分为如下三级：

a. 障碍层距地表深度 ≥ 60cm；

b. 30cm ≤ 障碍层距地表深度 < 60cm；

c. 障碍层距地表深度 < 30cm。

③评价方法

采取综合评价法，在影响非耕农用地产能的评价指标中，根据《农用地质量分等规程》（GBT 28407-2012）及广东省耕地质量评价相关要求计算理论产能与可实现产能。产能测算评价过程如下：

a. 根据收集所得资料、内业处理和外业补充调查结果，按照数据库建设要求，建立指标字段，标注指标属性值。

b. 将调查评价对象矢量图层（宜耕性评价结果为"宜耕"图斑）与各指标矢量图层叠加分析。除土壤有机质含量和土壤 pH 值外，其他指标指标矢量图层与评价对象矢量图层叠加时按照面积占比最大原则，土壤有机质含量和土壤 pH 值采用叠加属性加权平均获取方式，对非耕农用地评价对象图斑赋予指标属性值。

c. 按照广东省耕地质量评价工作中《广东省耕作制度分区表》《广东省各县标准耕作制度表》《广东省二级区指定作物产量比系数表》《广东省级二级

区土地利用系数、经济系数》《广东省农用地分等参数》等要求，根据非耕农用地评价对象图斑所属的县（区）范围确定对应的耕作制度分区、耕作制度、基准作物和指定作物、光温生产潜力指数、指定作物产量比系数、土地利用系数、评价指标权重、限制性因素修正数。

d. 根据《广东省农用地分等参数》查取非耕农用地评价对象图斑中在不同的基准作物和指定作物下，各指标属性对应的质量分值，按照《农用地质量分等规程》（GBT 28407-2012）中自然质量分、自然质量等指数[①]、利用等指数及国家利用等别的计算方法，求取非耕农用地评价对象图斑的国家利用等别情况。

e. 根据《广东省资源厅转发自然资源部办公厅关于在用地审查报批中按管理新方式落实耕地占补平衡的通知》（粤国土资耕保发〔2018〕86号）中标准粮食产能计算方法，求取非耕农用地评价对象图斑的标准粮食产能。

④评价成果

以评价对象图斑（宜耕性评价结果为"宜耕"图斑）为单位，评价结果为理论总产能及可实现总产能，单位为吨。

（7）地方评价备选指标

以地市或县级为单位组织开展非耕农用地评价的过程中，可以在现有的宜耕性、宜耕程度、宜耕方向评价体系中，结合地方特点、评价目的、评价深度、后续应用等方面考虑增加评价指标深化评价体系，备选指标的评价方法可参考《耕地后备资源调查与评价技术规程（征求意见稿）》（2022年）、《自然资源分等定级通则》（TD/T 1060-2021）、《农用地质量分等规程》（GBT 28407-2012）、《农用地定级规程》（GB/T 28405-2012）、《广东省土地整治垦造水田建设标准（试行）》等相关规定确定。

①宜耕性评价体系备选指标

在宜耕性评价指标的基础上可增加灌溉条件（或是否具备灌溉建设条件）、排水条件（或是否具备排水建设条件）、地下水埋深（地下水位）、耕作便利度、土源保障、恢复成本、群众意愿、单位产量、单位产值、连片程度、利用集约度、产品认证、国民生产总值、人均收入等，其中对于反映非耕农用地现状状态指标如单位产量、单位产值等，其指标优劣程度与宜耕性应为负相关，即非耕农用地现状经营条件越好，则不宜通过土地整治等措施转换为耕地。

---

① 薛志娇. 区域耕地承载压力及粮食供应平衡策略研究 [D]. 武汉大学, 2019.

②宜耕程度评价体系备选指标

在宜耕程度评价指标的基础上，自然因素指标可增加生物多样性等；社会经济因素可增加灌溉条件（或是否具备灌溉建设条件）、排水条件（或是否具备排水建设条件）、地块形状、地块平整度、耕作装备、人均耕地、利用集约度等；区位条件可增加中心城市影响度、农贸市场影响度、对外交通便利度[①]、农田防护与生态环境保护、生物通道等。

③宜耕方向评价体系备选指标

在宜耕性评价指标的基础上可增加群众意愿、权属人意愿、灌溉条件（或是否具备灌溉建设条件）、排水条件（或是否具备排水建设条件）、供电保障率等。

表3-15 评价体系指标获取方法表

序号	指标	涉及评价指标体系				获取方式及数据来源
		宜耕性	宜耕程度	宜耕方向	产能测算	
1	地形坡度	☑	☑	☑	☑	收集最新国土调查数据成果，或结合实地调查确定
2	≥10℃年积温	☑				收集气象资料
3	年均降水量	☑				收集气象资料
4	土层厚度	☑	☑	☑	☑	收集最新土壤普查成果、耕地资源质量分类成果、耕地质量等级调查评价成果等资料，或结合实地调查确定
5	土壤质地	☑	☑		☑	收集最新土壤普查成果、耕地资源质量分类成果、耕地质量等级调查评价成果等资料，或结合实地调查确定
6	土壤pH值	☑	☑		☑	收集最新土壤普查成果、耕地资源质量分类成果、耕地质量等级调查评价成果等资料，或结合实地调查确定
7	土壤有机质含量		☑	☑	☑	收集最新土壤普查成果、耕地资源质量分类成果、耕地质量等级调查评价成果等资料，或结合实地调查确定
8	剖面构型				☑	收集最新土壤普查成果、耕地质量等级调查评价成果等资料，或结合实地调查确定
9	盐渍化程度	☑			☑	收集最新土壤普查成果、耕地质量等级调查评价成果等资料，或结合实地调查确定

---

① 马能. 土地整治项目耕地质量等级更新评价研究 [D]. 昆明理工大学, 2018.

续表

序号	指标	涉及评价指标体系				获取方式及数据来源
		宜耕性	宜耕程度	宜耕方向	产能测算	
10	地表岩石露头度	☑			☑	收集最新土壤普查成果、耕地质量等级调查评价成果等资料，或结合实地调查确定
11	障碍层距地表深度				☑	收集最新土壤普查成果、耕地质量等级调查评价成果等资料，或结合实地调查确定
12	土壤重金属污染状况	☑				收集最新土地质量地球化学评价、全国土壤现状调查及污染防治、全国农用地土壤污染状况详查等资料，或结合实地调查确定
13	距离水源地距离		☑	☑		收集最新国土调查数据、水利资料图件等成果
14	地下水位				☑	收集最新水利、地质部门相关资料、耕地质量等级调查评价成果等资料，或结合实地调查确
15	连片度		☑	☑		收集最新国土调查数据成果

3.4 小结

3.4.1 耕地变更调查监测

耕地变更调查监测统一于国家国土变更调查工作中，目前建立了完备的制度保障体系，在调查监测工程实践中，土地调查制度得到不断创新和完善，形成了以法律法规为引领、技术标准为支撑的制度保障体系。

形成了完善的组织管理体系，土地调查作为国家任务，建立了由国务院统一部署、各级政府组织推动、多部门参与完成的组织管理体系。

建立了科学的分类标准体系，土地利用分类标准是土地调查的基础和依据，以"详查"为起点，我国先后出台了多套土地利用分类系统，为不同时期的土地调查和管理提供了技术依据。

构建了国土资源调查监测技术体系，围绕国土资源调查监测工程实施，我国调查监测工作形成了以标准为依据、以监测为手段、以调查为基础、以核查为监督、以质量为底线的技术体系。

建成了数据库管理和智能服务监管体系。"二调"开启了调查成果数字化管理的新局面，实现了各类土地基础数据的衔接整合与一体化管理，形成了完整的数据采集、入库、整合、应用的数字化管理链条。"三调"创新构建了国土调查统一数据模型与数据库建设技术体系，形成了以国土调查数据为核心的大数据集成与业务化计算能力，建立了互联共享的覆盖国家、省、市、县四级的集影像、地类、范围、面积、举证照片、权属和相关自然资源信息为一体的国土调查数据库与共享服务平台，形成了全面支撑我国自然资源管理与社会经济发展的基础数据服务体系。此外，"三调"还建立了以"国土调查云"为核心的"互联网+调查"新机制，推动了自然资源管理方式由"以图管地"向"以云管地"转变。

3.4.2 耕地质量监测评价

耕地质量等别评价体系与耕地资源质量分类一脉相承，见证了我国土地管理工作的方向由数量、质量型管理到生态型管理的重要转变。两项工作均由自然资源部门主导，都是基于土地利用现状调查和年度变更调查的耕地质量评价工作。

耕地资源质量分类评价方法更加简单、直观，避免评价者的主观影响。相较于耕地质量等别评价，耕地资源质量分类方法一是不再考虑光温/气候生产潜力，而是将自然地理格局作为了分类的第一层级，更好地揭示中国耕地资源的地域分异特征。二是采用全国统一评价指标，不再划分指标权重和分值，只对耕地的自然质量进行分级，其形成的半定量化耕地自然质量编码可以直观反映影响耕地资源自然质量的主要指标，有效地避免了评价者的主观影响。

耕地资源质量分类的半定量化评价结果，解决了耕地质量等别评价见"等"不见属性的问题，但存在无法直观判断耕地综合质量问题。耕地资源质量分类方法对耕地的自然质量进行分类分级，其形成的12位的耕地自然质量编码，编码涵盖耕地十个指标的属性，可以直观反映影响耕地资源自然质量的主要指标，解决了见"等"不见属性的问题，但存在无法直观的理解所反映的综合质量、接受理解程度有所下降、不便于横向对比和综合应用的问题。

耕地质量等别评价已在应用于耕地调查评价—规划管控—用途管制—种植利用—整治修复—考核监督等全链条，但耕地资源质量分类目前尚未应用。耕地质量等别评价成果已应用于耕地保护责任目标考核、耕地占补平衡、永久基本农田划定与保护、土地整治及高标准农田建设、土地整治规划等多方面得到应用，支撑了耕地质量保护、建设与管理工作[①]，耕地资源质量分类工作于 2020 年正式实施的，目前已形成 3 个年度工作成果，但目前基本尚未应用。

3.4.3 耕地后备资源调查评价

耕地后备资源调查评价工作经历了三个阶段，得出以下三个结论：第一是评价体系聚焦自然本底条件，较少关注社会经济区位条件，自然本底条件中如温度、水源、土壤、坡度、盐碱化等重要影响因素为历次评价的关键评价指标；第二是评价体系更加聚焦关键条件，从 2003 年的评价工作关注温度、水分、土壤、坡度、水文、灾害、生态等要素，到 2014 年和 2021 年的重点关注气候、土壤、水源及生态与规划限制要素，指标设置简单化且具备针对性，进一步响应当前土地管理规划管制要求；第三是评价体系操作性逐渐加强，指标分级数量减少，指标评价判断标准逐渐由定性分析判断向定量分析判断发展，与 2003 年宜耕性、质量等与限制性评价判断相比，2014 年和 2021 年工作开展以宜耕性评价为主要目的开展判断宜耕性情况，同时对于宜耕与不宜耕的判断规则更加明确清晰。

三个阶段的耕地后备资源调查评价指标体系设置仍存在部分不足之处，第一是评价指标体系一直未能考虑连片程度对宜耕的影响状况，仅作为评价额外的分析工作，对于广东省人均耕地少，农用地空间布局散乱、利用低效的特征，耕地后备资源恢复后可形成的耕地连片程度是不可忽视的评价因素；第二是由于目前最新的耕地后备资源评价目的明确，主要对耕地后备资源的宜耕性进行评价，判断标准及判断结果相对单一，无法支撑后续对非耕农用地整治为耕地次序、规模等预测工作提供丰富的基础数据参考。

针对目前耕地后备资源评价的特点和不足之处，在构建广东省非耕农用地宜耕性评价体系时应充分考虑评价体系的目的、主导因素及可操作性，较好地衔接全国耕地后备资源评价同时，搭配宜耕程度评价、宜耕方向评价等相关评价体系，对后续非耕农用地整治时序、整治规模、整治的方向提供重要的评价参考。

[①] 罗兰. 零陵区耕地质量等别分布及变化影响因素 [D]. 湖南农业大学, 2016.

4. 耕地保护规划管理

4.1 空间总体类规划

现行相关规划中,涉及耕地保护利用内容的规划主要有土地利用总体规划、土地整治规划、高标准农田建设规划、国土空间总体规划、农业产业发展规划等。从其规划内容来看,耕地保护从宏观的量化指标任务、结构布局、耕地质量把控等层面均有所涉及,内容覆盖了目标任务的确定、耕地利用结构布局的原则性要求、土地整治任务安排、高标准农田建设任务等方面,提出了强化耕地保护底线约束,落实耕地保护数量和质量指标的规划任务等要求,具体来说:

4.1.1 土地利用总体规划——定数量,落布局

土地利用总体规划是在一定区域内,根据国家社会经济可持续发展的要求和当地自然、经济、社会条件,对土地的开发、利用、治理、保护在空间上、时间上所作的总体安排和布局,是国家实行土地用途管制的基础。自1986年国务院办公厅下发《关于开展土地利用总体规划的通知》起,全国范围内现已编制实施《全国土地利用总体规划纲要(1987—2000年)》《全国土地利用总体规划纲要(1997—2010年)》《全国土地利用总体规划纲要(2006—2020年)》3轮土地利用总体规划。

(1)规划层级和期限

土地利用总体规划分为国家、省、市、县和乡(镇)五级。土地利用总体规划的规划期限一般为15年。依据《中华人民共和国土地管理法实施条例》规定"已经编制国土空间规划的,不再编制土地利用总体规划和城乡规划"。

（2）规划内容

从内容上看，土地利用总体规划涉及耕地保护的内容有：

①制定耕地保护管控指标

土地利用总体规划通过制定指标任务对耕地进行数量管控，指标主要包括总量指标和增量指标，其中总量指标主要为耕地保有量、永久基本农田保护面积；增量指标主要包括新增建设占用耕地规模、整理复垦开发补充耕地义务量。以上数量管控指控均为约束性指标，并通过规划体系传导对约束性指标进行层级分解，在规划期内对管控指标进行考核，促进各地方贯彻落实耕地保护。

《广东省土地利用总体规划（2006—2020年）》对该内容具体安排如下：①明确省级耕地保护任务，确定耕地保有量和基本农田保护目标，向有利于耕地保护的方向调整，制定耕地总量和增量调控指标；②严格控制新增建设占用耕地规模，要求"先补后占""占一补一"；③要求编制土地整理复垦开发专项规划，制定土地复垦补充耕地目标及其他补充耕地途径；④安排土地利用重大工程，对部分园地山坡地整理开发为耕地，提出现代标准农田建设具体项目及对各市县的具体建设计划目标。具体调控指标如下：

表4-1 广东省土地利用总体规划主要调控指标

单位：万公顷

指标		2005年	2010年	2020年	指标属性
总量指标	耕地保有量	295.27	262.33	247.93	约束性
	永久基本农田保护面积	284.67	264.16	210.93	约束性
增量指标	新增建设占用耕地规模	—	—	13.70	约束性
	整理复垦开发补充耕地义务量	—	—	13.70	约束性

②划分土地用途分区

土地利用总体规划中将区域按照用途管制需要，划分为不同的空间分区，明确各分区的使用用途，包括划定基本农田保护区、一般农地区、林业用地区、城镇建设用地区、村镇建设用地区、风景旅游用地区、其他用地区等土地用途分区，在划定用途分区同时制定各区的管控规则。其中耕地包含于永久基本农田保护区（永久基本农田集中区）、一般农地区（一般农业发展区），是实现耕地保护的主要分区。永久基本农田集中区内鼓励开展永久基本农田建设，可进行直接为永久基本农田服务的农村道路、农田水利、农田防护林及其他农业设施的建设，区内建设用地和其他零星农用地应当优先整理、复垦或调整为永久基本农田；规划期间确实不能复垦或调整的，可保留现状用途，但不得扩大面积；不得破坏、污染永久基本农田集中区内土地；经依法划定后，任何单位和个人不得改变或者占用。一般农业发展区，区内非农建设用地和其他零星农用地应当优先整理、复垦或调整为耕地、园地，规划期间确实不能整理、复垦或调整的，可保留现状用途，但不得扩大面积；严格用地审批，原则上不得占用耕地；禁止任何单位和个人闲置、荒芜区内土地。

《广州市土地利用总体规划（2006—2020年）》按照土地的主导用途将中心城区分为城镇村建设用地区、永久基本农田保护区、一般农地区、林业用地区、风景旅游用地区、自然与文化遗产保护区、生态环境安全控制区、其他用途区等八个土地用途区，并根据各区特点制定相应管制规则。[①]

（3）成果形式

根据各级土地利用总体规划编制规程中成果要求规定，规划成果应包括规划文本、规划图件、规划说明、规划数据库及其他材料。

（4）编制审批

根据《土地利用总体规划管理办法》，土地利用总体规划由各级人民政府组织编制，原国土资源主管部门具体承办。

规划审批要求按《土地管理法（2004）》第21条规定：省、自治区、直辖市的土地利用总体规划，报国务院批准。省、自治区人民政府所在地市、人口在100万以上的城市以及国务院指定的城市的土地利用总体规划，经省、自治区人民政府审查同意后，报国务院批准。上述规定以外的土地利用总体规划，逐级上报省、自治区、直辖市人民政府批准；其中，乡镇土地利用总体规划可以由省级人民政府授权的设区的市、自治州人民政府批准。

（5）小结

土地利用总体规划通过指标和布局管控两大核心抓手，在严格耕地保护的同时，协调保证必要建设用地需求，落实耕地保护目标任务，合理确定耕地布局，同时依托土地信息系统等信息化手段，将规划上下层级传导、规划落地监管等要求较扎实地落实到位。从内容上来看，土地利用总体规划对耕地保护侧重于数量上保护，且与管理工作衔接不足，具体如下：

---

① 运向丽，张裕凤. 多规合一背景下县域三生空间划定与实证研究——以内蒙古土默特左旗为例[J]. 中国国土资源经济,2021,34(09):67-75.

①侧重耕地数量保护，耕地的质量与生态等内容薄弱

土地利用总体规划核心要求完成耕地保有量和永久基本农田保护底线任务，在耕地的质量提升、耕地生态保护、利用管护等方面内容较为薄弱。在耕地保护目标内容设计上，与耕地保护有关的约束性指标"耕地保有量""永久基本农田保护面积""新增建设占用耕地规模""整理开发复垦补充耕地义务量"严格保护现有存量耕地、严格控制对耕地流出并对提出加大补充耕地力度要求，重点关注于数量管控。而在耕地质量、生态管护内容设计较少，仅提出要加强永久基本农田质量建设、现代标准农田建设及开展农田林网工程，虽设定相应目标但未纳入指标表中，实际约束性低。这两方面导致土地利用总体规划实施中存在"数量"平衡而"质量"仍不能平衡情况，与当前耕地"三位一体"保护要求尚不匹配。

②强化耕地流出管理，增量管控指标与实际管理衔接不足

土地利用总体规划中设置了"建设用地占用耕地规模"指标控制建设对耕地的占用，但由于规划宏观强调保护耕地与控制建设用地增长，未能透彻地对社会经济发展土地利用特点进行分析，导致指标规模与实际建设发展需求产生矛盾。在实际管理工作中也与该指标的管控衔接不足，在有建设需求时仅考虑完成耕地占补平衡要求，未考虑该指标管控限制，结果总控与过程管理有所脱节。

4.1.2 国土空间总体规划——控底线、划空间

国土空间规划是对一定区域国土空间开发保护在空间和时间上作出的安排，是国家空间发展的指南、可持续发展的空间蓝图，是各类开发保护建设活动的基本依据。当前，全国范围内的国土空间总体规划工作稳步推进中，三区三线划定工作已经基本完成，国土空间规划技术指南陆续出台，空间规划核心内容已明确，其规划期限、涉及耕地的核心内容等具体如下：

（1）规划层级和期限

国土空间总体规划由国家、省、地（市）、县（市）、乡（镇）五级组成。规划基期年为2020年，规划目标年为2035年，近期目标年为2025年，远景展望至2050年。

（2）规划内容

根据《省级国土空间规划编制指南（试行）》《市级国土空间总体规划编

制指南（试行）》等技术指南，明确国土空间总体规划中涉及耕地的主要内容有：

①要求划定耕地与永久基本农田控制线

《省级国土空间规划编制指南（试行）》对农业空间要求将全国国土空间规划纲要确定的耕地和永久基本农田保护任务严格落实，确保数量不减少、质量不降低、生态有改善、布局有优化。《市级国土空间总体规划编制指南（试行）》要求要落实上位国土空间规划确定的生态保护红线、永久基本农田、城镇开发边界（以下简称"三条控制线"）等划定要求，统筹优化"三条控制线"。

广东省各级国土空间总体规划编制手册/技术指南根据部级要求，按照耕地和永久基本农田、生态保护红线、城镇开发边界的优先序统筹划定三条控制线，做到不交叉不重叠不冲突，提出重点分解耕地保有量、永久基本农田保护面积两项指标，落实上级下达的耕地保有量和永久基本农田保护目标

②提出划定永久基本农田储备区与耕地整备区

《省级国土空间规划编制指南（试行）》中要求建立永久基本农田储备区制度，《市级国土空间总体规划编制指南（试行）》要求明确具备整治潜力的区域，以及生态退耕、耕地补充的区域。

《广东省市级国土空间总体规划编制手册（试行）》同样提出要明确具备整治潜力的区域，以及生态退耕、耕地补充的区域。《广东省县级国土空间总体规划编制技术指南（试行）》中要求在永久基本农田之外其他质量较好的耕地中，划定永久基本农田储备区，要求进行耕地后备资源评价和耕地恢复调查评估，划定耕地整备区范围，明确耕地开垦、水田垦造和耕地恢复的目标和重点工程。《广东省镇级国土空间总体规划编制技术指南（试行）》要求落实上级规划提出的耕地后备资源潜力空间。

③要求推进国土整治修复

《市级国土空间总体规划编制指南（试行）》明确土地整治应以乡村振兴为目标，结合村庄布局优化要求，推进乡村地区田水路林村全要素综合整治，针对土壤退化等问题，提出农用地综合整治等综合整治目标、重点区域和重大工程，建设美丽乡村。

《广东省市级国土空间总体规划编制手册（试行）》在国土整治修复安排中，统筹农用地整理、生态保护修复等目标、重点区域和重大工程。《广东省县级国土空间总体规划编制技术指南（试行）》要求明确本县土地综合整治的目标任务和策略路径，提出农用地整理、高标准农田建设、农村建设用地拆旧

复垦、等重点工程和实施区域。《广东省镇级国土空间总体规划编制技术指南（试行）》要求落实市、县级国土空间总体规划的国土综合整治目标任务和要求，落实农用地整理、高标准农田建设、农村建设用地拆旧复垦等重点工程。

④明确农业产业空间布局

《省级国土空间规划编制指南（试行）》中要求综合考虑不同种植结构水资源需求和现代农业发展方向，明确种植业、畜牧业、养殖业等农产品主产区，优化农业生产结构和空间布局。

《广东省市级国土空间总体规划编制手册（试行）》在农业空间安排上，明确要落实全省"四区一带"农业空间格局，划定永久基本农田集中区，重点保护集中连片的优质耕地，加强基塘等特色农田生态系统保护；《广东省县级国土空间总体规划编制技术指南（试行）》中要求因地制宜确定农业生产格局，明确优势农业产业发展布局；

（3）成果形式

《省级国土空间规划编制指南（试行）》成果要求省级国土空间总体规划成果包括规划文本、附表、图件、说明和专题研究报告，以及基于国土空间基础信息平台的国土空间规划"一张图"等。

依据广东省市、县、镇级国土空间总体规划编制手册/技术指南要求，市、县级规划成果包括规划文本、附表、图件、说明、附件（专题研究报告和环境影响评价、社会稳定等风险评估报告）、数据库等。附表、图件和数据库按照国家和省有关要求执行。镇级规划成果包括规划报告、图件、表格和数据库等，专题、规划说明等技术文件不作统一要求。

（4）编制审批

省级国土空间总体规划由省政府组织编制，经省人大常委会审议后报国务院审批；市县级国土空间总体规划由市县政府组织编制，除需报国务院审批的城市国土空间总体规划外，其他市县级国土空间总体规划经同级人大常委会审议后，逐级上报省政府审批；中心城区范围内的乡镇级国土空间总体规划经同级人大常委会审议后，逐级上报省政府审批，其他乡镇级国土空间规划由省政府授权市政府审批。

（5）小结

目前，国土空间总体规划还未审批，现已完成三线划定并用于用地审批管理。从各指南要求中可看出，国土空间总体规划重点从宏观层面明确耕地保护的底线要求及农业生产空间布局,在新的耕地和永久基本农田保护面积控制线划定统筹考虑城镇、农业、生态空间格局,其底线要求与最新的发展需求衔接,缓解部分耕地保护要求与生态安全、城镇建设发展的矛盾冲突,促进了项目落地实施。但仍然存在侧重耕地数量底线保护、对耕地布局优化考量不足等问题。

①注重耕地数量底线保护,耕地布局优化考量不足

国土空间总体规划在耕地保护方面的指标仍侧重于耕地的数量底线保护,尚未考虑对耕地布局的优化。在耕地保有量与永久基本农田控制线划定时虽要求综合考虑耕地质量、粮食作物种植情况、土壤污染状况等耕地质量生态要素,但实际工作为完成控制线划定的数量要求,仍然以现状耕地为基础进行划定,存在部分被污染耕地、细碎耕地等划入控制线范围内。且划定时未对耕地布局因素进行考量,在规划内容中也未提出耕地布局的优化调整要求。

②规划统筹指导国土综合整治,缺乏对耕地的具体指引

国土空间规划为宏观层面的空间规划,耕地仅为其中一小部分,其内容对耕地质量、生态建设仅为宏观层面指引,如缺乏细化设计与实际实施操作的指导性,规划指标体系中也缺乏耕地质量、生态的方面的指标设定,对耕地质量与生态建设缺少约束力与正向实施指导。

4.1.3 自然资源保护与开发"十四五"规划——提指导,全规划

自然资源保护与开发"十四五"规划是指导"十四五"时期土地、海洋、森林、矿产、湿地等自然资源保护与开发工作的指导性、纲领性文件。

(1)规划期限

规划期限为五年。

(2)规划内容

《广东省自然资源保护与开发"十四五"规划》从耕地数量保护、质量提升、保护长效机制来指导耕地保护。

①明确加强耕地数量保护要求

要求落实最严格的耕地保护制度,加强耕地数量保护,划实划优永久基本农田、严格永久基本农田用途管制、强化永久基本农田管理;持续推进垦造水田、积极拓宽补充耕地来源、完善耕地占补平衡制度;坚决遏制耕地"非农化"、严格管控"非粮化",确保可以长期稳定利用的耕地总量不再减少。

《广东省自然资源保护与开发"十四五"规划》耕地保护相关指标如下，其中 2020 年耕地保有量、永久基本农田保护面积指标数据在该规划出台时省第三次全国国土调查数据还未公布，所以为 2018 年土地利用变更调查数据[①]：

表 4-2 《广东省自然资源保护与开发"十四五"规划》主要指标

单位：万亩

指标		2020 年	2025 年	指标属性
资源保护	耕地保有量	4702.49*	按国家核定目标执行	约束性
	永久基本农田保护面积	3214	按国家核定目标执行	约束性

注：因省第三次全国国土调查数据未公布，* 为 2018 年土地利用变更调查数据。

②提出实施耕地质量提升行动

为着力提升耕地质量，要求实施耕地保护和质量提升行动，显化耕地的农业、生态、景观等多功能多元化价值，规范农业结构调整；并制定垦造水田、全域土地综合整治工程重大工程任务。

③要求健全耕地保护长效机制

从完善责任目标考核制度、强化动态监测监管、完善耕地保护补偿机制方面健全耕地保护长效机制。

（3）小结

自然资源保护与开发规划中对于耕地保护在规划期内的工作部署指导较为全面，从耕地保护"数量、质量、生态"、耕地用途管制、监测监管、考核制度、补偿机制等方面均提出了要求。但同样为指导性规划，并未将规划内容落实到管理层面，较为宏观，缺乏实施落地性细化内容。

4.2 整治建设类规划

4.2.1 土地整治规划——提质量、增数量

土地整治规划是指在土地利用总体规划的指导和控制下，对规划区内未利用、暂时不能利用和已利用但利用不充分的土地，确定实施开发、利用、改造

---

① 邓选,谭荣建,钱永辉.基于 GIS 的耕地提质改造后备资源潜力测算[J].国土与自然资源研究,2023(04):10-14.

的方向、规模、空间布局和时间顺序，土地整治规划是重要的土地利用专项规划。我国已编制实施了《全国土地开发整理规划（2001—2010 年）》《全国土地整治规划（2011—2015 年）》、《全国土地整治规划（2016—2020 年）》三轮土地整治规划。

（1）规划层级和期限

土地整治规划形成从上至下国家、省、市、县四级规划体系，规划期限一般为 5 年，可展望至 10 年。

（2）规划内容

土地整治规划中耕地保护内容主要被囊括于农用地整理与土地复垦中，具体如下：

①明确推进高标准农田建设

土地整治规划在农用地整理中首先提出推进高标准农田建设，要求大规模建设高标准农田，完善水利保障体系及永久基本农田基础设施，提出加强高标准农田建后管护要求，并制定高标准农田建设控制指标。同时高标准农田建设需依据土地利用总体规划与现代农业发展要求，优化永久基本农田结构布局，形成集中连片、设施配套的永久基本农田格局。

以《广州市土地整治规划（2016—2020 年）》为例，其明确以建设旱涝保收高标准农田为重点，完善农田机耕路网和水利基础设施，加强全市规划期内高标准农田建设完成后管护工作。

表 4-3 广州市"十三五"土地整治规划高标准农田建设规模指标

指标	规划目标		指标属性
	公顷	万亩	
高标准农田建设规模	31126.67	46.69	约束性

②提出加强耕地数量保护和质量建设

一是科学合理补充耕地，通过农用地整理增加有效耕地面积，并结合后备耕地资源调查评价成果合理开发耕地后备资源补充耕地，在农用地整理补充耕地上制定具体指标任务。二是要求加强中低产田改造和农田基础设施建设提高耕地质量，推进农田防护与生态防护建设，制定耕地提质增效指标任务。三是提出加强耕地全方位管护，实行耕地实施动态监测，加强建后管护，强化新增耕地监测防止撂荒抛荒。

《广州市土地整治规划（2016—2020年）》中提出：①统筹推进垦造水田工作并加强后期管护力度；②多途径补充耕地、加强耕地质量建设、发挥耕地生态功能要求。

表4-4 广州市"十三五"土地整治规划垦造水田与补充耕地规模指标

指标	规划目标		指标属性
	公顷	万亩	
垦造水田规模	413.33	0.62	约束性
补充耕地规模	3886.67	5.83	约束性

③要求推进土地复垦，实行耕地修复养护

要求加大历史遗留损毁土地复垦、复垦生产建设活动新毁损土地、复垦自然灾害损毁土地、严格控制土地复垦质量，制定土地复垦补充耕地指标目标。同时针对不同退化类型，提出农田防护与生态环境建设方式，加强退化土地修复。对污灌区域、工业地区周边地区污染土地，开展典型流域农业面源污染综合治理，积极治理污染土地。①

《广州市土地整治规划（2016—2020年）》明确土地复垦和土地生态整治要求，积极推进生产建设活动损毁土地复垦、及时开展自然灾害损毁土地复垦，全面加强农田生态设施建设，增加农田生态服务功能。

（3）成果形式

根据市、县级土地整治规划编制规程要求中成果要求规定，规划成果一般包括规划文本、规划图件、规划说明、规划数据库及其他材料。

（4）编制审批

根据市、县级土地整治规划编制规程要求，市级规划成果报经省级原国土资源管理部门审核，做好衔接后，由市（地）级人民政府批准，报省级原国土资源管理部门备案；县级规划成果报经市（地）级原国土资源管理部门审核，做好衔接后，由县级人民政府批准，报市（地）级原国土资源管理部门备案。

（5）小结

土地整治规划实施扎实推进了耕地保护，巩固了国家粮食安全基础，增加了耕地面积，保证耕地数量基本稳定，农业生产条件明显改善，耕地质量有效

---

① 王飞,石祖梁,王久臣,等.生态文明建设视角下推进农业绿色发展的思考[J].中国农业资源与区划,2018,39(08):17-22.

提高。总体来说，土地整治规划注重于高标准农田建设与补充耕地的耕地质量建设与数量保护，建后利用与补充耕地后续种植引导不足，在耕地生态建设缺少明确方向与目标，具体如下：

①侧重新增耕地与质量建设，生态治理意识不足

土地整治规划通过规划指标设定"补充耕地规模"等新增耕地数量目标，强化新增耕地数量管理，以此维持耕地总数基本稳定，并通过设立耕地质量建设目标控制耕地质量建设提升，但其对耕地生态考虑不足，导致补充耕地与质量建设工程项目设计时忽略对生态的损伤，对耕地小生态治理也未进行规划设计。

"十一五"土地整治期间土地整治以耕地占补平衡作为主要目标，规划的部署安排紧紧围绕新增耕地数量。后两轮土地整治规划在注重土地开发复垦同时将高标准农田建设纳入规划内容，虽对农田生态防护与建设进行部署与引导，对于减少水土流失、消除土壤污染、提升土地生产肥力及优化农业生态环境等方面内容规划薄弱，缺乏具体生态类指标设定，约束力较低。控制指标中仅对高标准农田建设和补充耕地进行强制性约束，导致多数地方土地整治活动以高标准农田建设和补充耕地为重点[①]，片面追求耕地数量增加和耕地质量提升，对因土地整治活动带来的生态扰动重视程度不高，耕地生态修复及综合整治动力不足。实践中部分地方为实现补充耕地目标任务忽视生态价值，如将自然生态功能强的未利用地开垦为耕地，造成该地块的生态系统服务价值降低。且现有部分补充耕地耕作本底条件差，由于耕种距离远、灌溉条件不良等问题，实际开垦后续利用难从而产生抛荒现象，没有落实真正意义上的耕地保护。

②明确质量建设总控目标，未充分发挥过程指导效用

土地整治规划虽部署高标准农田建设任务、垦造水田、补充耕地等目标，并确实完成任务取得一定成效，但高标准农田建设有其本身计划、规划与建设要求管护要求，同样补充耕地、垦造水田同样依靠其具体年度计划等进行管理实施，土地整治规划实际在耕地保护上发挥的效用较小。

③有力完成补充耕地数量，但后续管护缺乏引导

补充耕地后续管护不足，为完成上级下达目标，各地在规划编制过程中，过度重视补充耕地数量硬要求，忽视土地资源特点和对未来土地利用方向的引导。补充耕地后，由于没有后续补充耕地种植指引要求并且缺乏监管，并且部

---

① 梁梦茵,孔凡婕,梁宜."十三五"土地整治规划的回顾与反思[J].中国土地,2021(01):36-38.

分补充耕地的地块距离远、交通不方便、灌溉水源不足，农民种植意愿低。而根据部门职能，实际后续种植利用及其用途管制应由农业农村部门提供管护指导支持，但由于耕地"非农化""非粮化"相关指标扣减发生在自然资源部门，后续利用管护政策文件明确职责划分不清，农业农村部门配合积极性不高，补充耕地利用效果差以及撂荒现象常有发生。

4.2.2 高标准农田建设规划——提质量、促高效

高标准农田建设规划是指导今后一个时期系统、全面开展高标准农田建设的重要依据和规范性要求。高标准农田建设作为我国实现"藏粮于地、藏粮于技"战略的重要举措，自2009年在中央一号文件正式提出"加快高标准农田建设"后，现已完成《全国高标准农田建设总体规划》（2013年批复）、《全国高标农田建设规划（2021—2030年）》两轮国家层面统一的建设总体规划编制。

（1）规划层级和期限

高标准农田建设规划的规划层级为全国、省、市、县四级规划。省级规划期限原则上确定为2021—2030年，展望至2035年，与《全国高标准农田建设规划》期限一致。市、县级建设规划期限可统一采用2021—2030年，也可采用"十四五"和"十五五"分阶段编制的方式。

（2）规划内容

①明确建设标准和建设内容

高标准农田建设总体规划明确了高标准农田建设标准，因地制宜确定高标准农田的亩均投资水平，确定"田块整治、土壤改良、灌溉和排水、田间道路、农田防护和生态环境保护、农田输配电、科技服务、管护利用"8方面的建设内容。

《广东省高标准农田建设规划（2021—2030年）》提出规划期内省内各市高标准农田建设任务及高效节水灌溉建设任务，允许进行动态调整。要求建设内容紧扣田、土、水、路、林、电、技、管八个方面，结合地方实际需求，因地制宜确定高标准农田建设内容。

表 4-5　广东省高标准农田建设规划指标

序号	指标	目标值	属性
1	高标准农田	到 2025 年累计建成高标准农田不低于 2670 万亩	约束性
		到 2025 年累计改造提升高标准农田不低于 213 万亩	
		到 2030 年累计建成高标准农田不低于 2720 万亩	
		到 2030 年累计改造提升高标准农田不低于 575 万亩	
2	高效节水灌溉	2021—2030 年新增高效节水灌溉不低于 56 万亩	预期性
3	耕地质量等级	到 2030 年耕地质量等级宜达到 4.2 等	预期性
4	新增粮食综合生产能力	到 2030 年新增建设高标准农田亩均产能提高 100 公斤左右	预期性
		改造提升高标准农田亩均产能不低于当地高标准农田平均水平	
5	新增建设高标准农田亩均节水率	到 2030 年达到 10% 以上	预期性
6	建成高标准农田上图入库覆盖率	到 2030 年达到 100%	预期性

②划分建设分区，部署建设任务

依据区域气候特点、地形地貌、水土条件、耕作制度等因素科学确定高标准农田和高效节水灌溉建设的重点区域和建设布局，并同时确定重大工程、重点项目，明确高标准农田新增建设、改造提升和新增高效节水灌溉建设的建设任务目标。

《广东省高标准农田建设规划（2021—2030 年）》将广东省高标准农田建设分为"一核一带一区"，并分别指导不同区域高标准农田建设主攻方向、产能目标和建设重点，要求有建设任务的县级行政区在规划期内至少应打造 1 个或以上高标准农田建设示范项目，并对各类示范工程指导性说明。具体分区如下：

一核：珠三角核心区。全省高标准农田建设的引领区，包括广州市、深圳市、珠海市、佛山市、东莞市、中山市、惠州市、江门市、肇庆市等 9 个地级以上市。

一带：沿海经济带东西翼。全省高标准农田建设的主阵地，包含沿海经济带东翼与沿海经济带西翼两侧。其中沿海经济带东翼包括汕头市、汕尾市、潮州市、揭阳市等 4 个地级市、沿海经济带西翼包括湛江市、茂名市、阳江市等 3 个地级市。

一区：粤北生态区。全省高标准农田建设的攻坚区，包括韶关市、清远市、河源市、梅州市、云浮市等5个地级市。

③提出建设监管和后续管护要求

规划中对高标准农田建设提出建设监管和后续管护要求，从建设质量管理、上图入库、竣工验收、后续管护、保护利用等方面作出相关工作安排。

《广东省高标准农田建设规划（2021—2030年）》对建设监管和建后管护方面提出了重点要求，在建设监管上，要求加强项目监督，将高标准农田建设质量监督结果作为项目绩效评价、项目验收和年度工作激励考核等的重要内容，实行奖优罚劣，在建设前中后分别开展耕地质量等级变更调查。对竣工验收程序及项目信息管理进行规定。在建后管护上，落实管护主体、要求健全管护机制、落实管护资金，严格保护利用并统一上图管理。

（3）编制审批

地方各级农业农村部门牵头组织开展规划编制工作，省级建设规划由省级人民政府批准后发布实施，并报农业农村部备案；市级建设规划经省级农业农村部门审核，市级人民政府批准后发布实施，并报省级农业农村部门备案；县级建设规划经市级农业农村部门审核，县级人民政府批准后发布实施，并报省、市两级农业农村部门备案。

（4）小结

总体上规划实施提高了耕地利用效率，优化了农用地利用结构，改善了农田基础设施条件，提升了耕地等级和产能。与上轮高标准农田建设规划相比，本轮规划坚持新增建设和改造提升并重、建设数量和建成质量并重、工程建设和建后管护并重、产能提升和绿色发展相协调原则，并在规划内容中充分体现。通过对已实施完成的《高标准农田建设规划》的情况进行小结，发现存在重建轻管现象：

已完成的《高标准农田建设总体规划》因未制定具体的设施管护措施、缺乏专项管护经费，规划实施遵照建设标准开展设计施工，以项目合格验收为最终目标，项目的后期维护及建成后生产过程的参与设计不足，"重建轻管"现象较为普遍。具体表现在，一是部分项目设施由于管护措施缺乏导致无人监管维护而损毁；二是部分高标准农田由于管护经费缺乏导致管护不到位，高标准农田建设项目以粮食作物种植为主，收益较低，农户自发投入资金用以农田基础设施维护意愿不强烈，而欠发达地区由于经济紧张，通过政府财政给予运行管护经费补助能力不足。① 在本轮高标准农田建设规划中已强调工程建设和建后管护并重，从明确管护责任、健全管护机制、落实管护资金等方面加强建后管护，"重建轻管"问题将得以改善。

4.3 生产利用类规划

4.3.1 农业产业相关规划——明利用，保产出

2018年中央一号文件《中共中央国务院关于实施乡村振兴战略的意见》中提出"乡村振兴，产业兴旺是重点。必须坚持质量兴农、绿色兴农，以农业供给侧结构性改革为主线，加快构建现代农业产业体系、生产体系、经营体系，提高农业创新力、竞争力和全要素生产率，加快实现由农业大国向农业强国转变。"为响应国家政策，紧跟耕地保护新形势，广东省委、省政府印发《广东省实施乡村振兴战略规划（2018—2022年）》对农业产业布局提出相关要求。

（1）规划内容

①持续推进高标准农田建设

《广东省实施乡村振兴战略规划（2018—2022年）》要求严守耕地保护红线全面落实永久基本农田特殊保护政策措施，确保3164万亩永久基本农田红线数量不减少、质量进一步提升。在此基础上开展广东省耕地提质改造工程，一是在2020年完成30万亩水田垦造，二是到2020年，确保建成2556万亩集中连片、旱涝保收、稳产高产、生态友好的高标准农田，高标准农田占基本耕地比例达80%以上，耕地基础地力平均提升0.5个等级以上，同时加强高标准农田信息化管理，所有高标准农田实现上图入库，形成完善的管护监督和考核机制。

②加强"两区"建管护

全面划定1350万亩水稻生产功能区和60万亩天然橡胶生产保护区，2019年年底前完成划定任务，做到全部建档立卡、上图入库。率先在"两区"建立精准化建设、管护、管理和支持制度，确保"两区"耕地优先建成高标准农田，构建"天空地"一体的现代农业生产数字化监测体系，加强耕地质量监测网络建设，建立粮、胶生产责任与精准化补贴相挂钩的管理制度。

---

① 刘倩媛,张睿智,山长鑫,等.高标准农田建后管护工作中存在的问题与对策[J].安徽农业科学,2022, 50(15):188-189+192.

③集中治理农业环境突出问题

继续实施农业环境突出问题治理工程。加快推进广东农用地土壤污染状况详查。实施农用地分类管理，开展耕地土壤和农产品协同监测与评价，通过调整种植结构或退耕还林还湖还湿还草，加大重度污染耕地治理。严格监测产地污染，按分区管理、分类防控、协同治理原则，推进农产品产地土壤重金属污染防治修复，严控超标风险。规划要求到2022年，受污染耕地安全利用率达到90%左右。

④引领智慧农业

要求广东省内开展100个农业物联网应用示范县和农业物联网应用示范基地建设，构建农业大数据与服务平台。全面推进村级益农信息社建设，实现行政村基本全覆盖。加强智慧农业技术与装备研发。

（2）小结

《广东省实施乡村振兴战略规划（2018—2022年）》以耕地质量建设为核心，提高耕地生产效率为目标，一方面加快推进高标准农田与垦造水田建设，有效提升耕地平均质量等别，同时治理农业环境，推动耕地与生态和谐共存。另一方面推进两区建设与管护，有效引导耕地种植，促进耕地科学种植，打造智慧农业点示范点，以点构面初步建设农业物联网，提高农业生产、销售效率。多方面措施共同发挥成效，有力加强耕地质量与产能建设，侧面推动耕地保护。

4.4 小结

4.4.1 现行规划体系下耕地保护工作实施情况

（1）构建耕地保护规划体系雏形

在土地利用总体规划体系中，是以土地利用总体规划为核心，在其指导下编制实施土地整治规划、高标准农田建设规划等专项规划作为总体规划的深化和补充，形成总体规划—专项规划的横向传导体系及国—省—市—县—乡五级纵向传导体系，耕地保护规划体系的传导架构初显。

在国土空间规划体系中，同样构建了横向加纵向的传导体系，横向由国土空间总体规划发挥对专项规划的指导和约束作用，纵向传导对下层次国土空间总体规划和详细规划的管控引导。

（2）形成较完整的耕地保护内容

已有规划中，内容已经涵盖耕地"数量、质量、生态"三位一体保护内容，如加强耕地数量保护、严格控制建设占用、加强补充耕地、高标准农田建设、农田防护与生态环境建设、土壤污染治理、农业面源污染防治等内容。并在耕地数量保护上设置"耕地保有量""永久基本农田保护面积""新增建设占用耕地""补充耕地规模"等指标控制耕地保护数量底线、耕地流出规模与新增耕地数量等，在耕地质量提升方面也制定了"高标准农田建设面积"等指标对耕地质量建设做出要求。

在此规划实施与管控下，广东省已连续22年实现耕地占补平衡，保障了耕地数量稳定。截至2020年底，广东省建成高标准农田2356.9万亩，超过国家核定的高标准农田建设任务，有效提升耕地的质量与产能。

（3）建立起耕地保护监管机制

各项规划内均设置规划实施监管及建设监管等内容，在此之外，还开展土地卫片执法、耕地卫片监督、田长制、动态监测监管等日常监管工作及耕地保护专项监督的专项工作，同时实施耕地保护党政同责、耕地保护年度考核等监督制度。

4.4.2 现行规划体系耕地保护相关规划实施管理现实问题

（1）规划类型多，各规划间传导体系待完善

当前耕地保护工作在土地利用总体规划、土地整治规划、高标准农田建设规划、自然资源保护与开发"十四五"规划等相关规划的指导下开展，主要对耕地保护目标、结构布局、数量管控、质量建设等方面内容进行明确，并取得相应成效。但各规划在耕地保护实际工作中存在规划期限错位、相关规划间的传导关系不明确、规划内容重叠、规划定位不清等问题。如：①各规划期限未设定统一的时间参照，各规划目标分解时间错位，无法充分协调与有效衔接，《广东省土地利用总体规划（2006—2020年）》与《广东省土地整治规划（2016—2020）》规划期限不一致，其对土地整治目标期限不同，目标任务不同，并且高标准基本农田建设国家每年有其指标任务，导致同一指标在不同规划中目标任务不同；②部分规划耕地保护内容存在交叉重复，土地整治规划与高标准农田建设规划的规划内容存同，在耕地质量建设提升与利用提效上规划内容存在

交叉重复；③国土空间总体规划作为新的规划实际也只对耕地数量保护做出强制要求，而划定的永久基本农田储备区、耕地整备区空间布局划定不够扎实，导致耕地保护规划与其衔接性较弱；④土地整治转型为国土综合整治，对应的《国土综合整治规划》在国土空间规划体系中定位尚不明确，《高标准农田建设规划》在新规划体系中定位也未明确，各涉及耕地保护内容的规划传导关系与衔接路径不清晰。

（2）管理环节多，相关工作串联通道需构建

耕地保护工作现从耕地调查监测、保护规划、用途管制、利用管护、整治修复、监督考核等环节开展，但在实际工作管理运行发现，各项工作存在壁垒，缺乏实施前后连贯性，导致耕地保护管理工作无法高效畅通。如：①耕地质量管控与规划衔接不足，2014年起全国全面部署开展耕地质量等别年度更新评价工作和年度监测评价工作[①]，而相关规划的耕地保护内容未将其纳入统筹考虑；②土地整治规划的补充耕地任务完成后，其与后续用途管制、利用管护工作衔接不畅，未能良好有效实现规划目标；③农业生产利用部门对用途管制认识薄弱，在制定相关农业规划时未充分考虑耕地"双平衡"实现困难，导致农业产业利用谋划与实际用途管制管理工作冲突，规划无法实施。

（3）规划过程管理与全局优化目标衔接不足

各项规划实施存在轻过程管理重结果目标实现的问题，如实现耕地数量目标下耕地质量下降布局破碎、达成补充耕地数量目标而实际新增耕地耕作条件差、为更好实现耕地保护划定的永久基本农田中却存在优化目标不符的耕地等。一是为完成规划目标与政策要求，在耕地占补平衡工作"占与补"全盘统筹不足，仅"应试"完成工作以达到数量上的平衡，完成补充耕地数量目标时对补充耕地的整体规划不足，选址较为随意，在耕地质量、布局等方面的提升与优化总体考虑不足。随着耕地不断被各项非农建设，特别是交通路网、市政设施建设的占用及无全局有效的补充耕地过程，广东省耕地破碎度不断加剧，并且耕地占补平衡实施涉及多个部门，各部门职能衔接稍显欠缺，导致补充耕地后续管理不到位，耕地质量低、农业设施相对缺乏的补充耕地存在被抛耕、弃耕的现象，虽数量上完成任务，但实际未能耕地保护目标。二是调研中反映出现已划定耕地和永久基本农田中存在细碎耕地、已被污染、耕种条件差、种植效益低的耕地，与实际耕地全局优化目标不符。

---

① 徐涛. 仙桃市耕地质量监测类型区划分及监测单元布设研究 [D]. 华中师范大学, 2016.

根据2020年土地变更调查，广东省耕地数量为2848万亩，从耕地破碎情况来看，其中3亩（含）以下的耕地图斑个数占80%，20亩（含）以下的耕地图斑个数占94%，反映出广东省耕地破碎化程度较高。从耕地面积变化情况来看，2009年耕地面积为3798万亩，2020年耕地面积为2848万亩，净流出950万亩，而图斑个数增加，耕地图斑平均面积减小了83.50%，耕地破碎程度加大。

从耕地集中连片程度来看，根据2009年与2020年变更调查数据对比，耕地绝对连片的平均面积降低75.56%，其中10亩以下耕地的数量与面积占比增加，10亩以上的耕地数量与面积占比均减少；同样，相对连片的平均面积降低67.02%，其中50亩以下耕地数量与面积占比增加，50亩以上耕地数量与面积占比均降低，耕地集中连片性不断下降。

（4）现行规划较激励型更侧重于管制型保护

从现行规划的内容中可以看出，耕地保护相关规划对耕地保护目标任务的实现主要通过管制的行政手段进行，如设置规划指标，约束地方维持耕地一定的数量、完成一定规模的耕地质量建设和新增耕地，同时颁布政策法规提出落实耕地占补平衡、进出平衡。但规划内激励型内容较少，仅实施性不足。根据外部性理论，耕地外部效益的供给更多依赖于农民的耕种行为，通过牺牲耕地发展的经济利益来换取国家粮食安全和生态平衡等外部效益，农民维持耕地外部效益的持续供应，却未能获得与之相对应的补偿，极大的抑制了农民保护耕地的积极性，现有广东省耕地保护补偿标准为30元/亩（部分地区15元/亩），对促进农民耕种积极性作用较低。而运用管控性、行政强制性方式要求耕地保持粮食生产用途的方式管制成本高而效率低，耕地外部性效益生产不可持续。为防止农民弃耕抛荒及耕地"非农化、非粮化"，维持耕地数量、提高耕地质量及生态，促进耕地经济效益和外部效益的持续供应，应完善激励机制，通过利益激励引导农民在能够获得充分经济利益同时实现耕地保护目标，保障粮食安全，减少耕地"非农化、非粮化"的经济诱因。

（5）规划内耕地利用发展引导内容有待细化

在耕地利用引导方面，现行规划对于耕地如何保护性利用，种植生产什么更高效，能够产生更大的收益，从农业生产的角度出发的正向引导稍显不足，仅农业产业相关规划中对耕地利用宏观布局层面做出安排，并未细化对耕地有实质性的引导。

从广东省耕地流出情况可以看出,"二调"至"三调"期间,由于农业结构调整导致耕地流出 1252 万亩,占耕地减少量的 88%,并且"三调"现有耕地中存在 18.40% 的耕地未种植,以上情况出现的主要原因:一是农民有组织或自发进行农业结构调整,以获取更多经济收益;二是近年来,珠三角地区经济发展持续向好,种田与外出务工的收益相差甚远,粤东西北人口持续向珠三角地区流动,农村空心化现象明显,年青劳动力不再愿意留在家乡,一定程度导致耕地无人耕种。

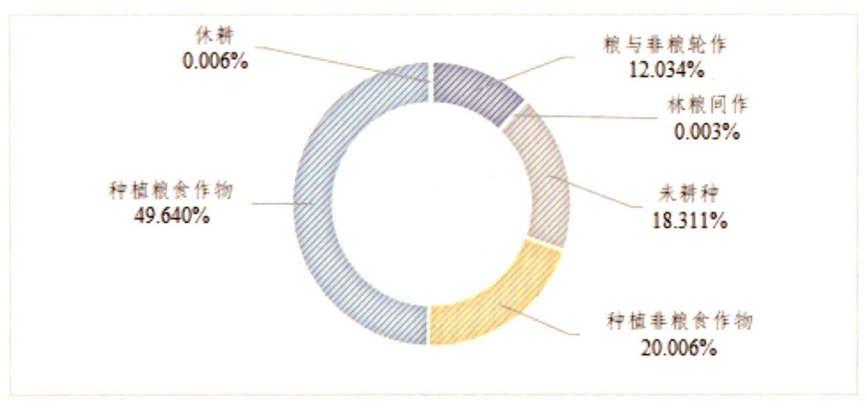

图 4-1 广东省耕地种植情况

总的来说,基于对不同规划的分析以及现状耕地保护实施管理情况的研判可以看出,现行规划下耕地保护问题突出体现在耕地保护相关规划及工作衔接性不足、耕地保护相关规划全局性不足、强制性保护手段持续性不足、耕地种植利用引导不足等方面,需要一个可持续的、能够将现有相关规划有效串联、对耕地保护工作进行整体统筹的工具。

5. 耕地保护用途管制

5.1 占补平衡

5.1.1 占补平衡制度的发展历程及政策要点

民以食为天，粮以地为本。我国人口众多，解决好14亿多人的吃饭问题，始终是治国理政的头等大事。我国耕地人均数量少，总体质量水平低，后备资源也不富裕实行占补平衡制度势在必行。耕地占补平衡制度主要规定于《中华人民共和国土地管理法》中，针对的是"非农化"，指非农建设经批准占用耕地要按照"占多少，补多少"的原则。耕地占补平衡制度的落实，主要通过土地整治工程的实施，因地制宜，采取耕作层剥离和移土培肥技术，对田、水、路、林、村进行综合治理等多种方式，使新补充与被占用的耕地数量质量相匹配。耕地占补平衡制度是土地用途管制的具体体现，其核心是"占一补一"。

占用单位要负责开垦与所占用耕地的数量和质量相当的耕地；没有条件开垦或者开垦的耕地不符合要求的，应当按照省、自治区、直辖市的规定依法缴纳耕地开垦费，专款用于开垦新的耕地。耕地占补平衡是占用耕地单位和个人的法定义务。

（1）1990年至1999年：耕地占补制度的产生阶段

20世纪80年代，我国经济社会快速发展，新增建设用地大幅增长，人地矛盾凸显。同时，土地管理尚未形成完整的管理体系，由此出现了土地管理城乡分立、部门分管等问题。耕地数量急剧减少，出现有的省份一年减少一个中等县的耕地面积，有的城镇郊区农民几乎已无地可种的现象。为解决存在的问题，1986年3月，中共中央、国务院颁布了《关于加强土地管理、制止乱占耕地的通知》（中发〔1986〕7号），其中规定："城市规划区内的商品菜地，一般不得占用，确需占用的，必须同时落实新菜地。"该项规定凸显了"占一补一"的理念。

1992—1993年，在以建设社会主义市场经济体制为目标的各项改革的推动下，"房地产热""开发区热"在全国愈演愈烈，出现"圈地热""炒地热"的现象。土地投机盛行，再次出现了建设占用大量耕地，大量耕地流失的境况。从中能够看出，当前的占补平衡制度还存在较为明显的局限性，如在农用地转为建设用地方面，缺乏严格的法律限制；对土地违法行为缺乏强有力的法律监督体制和手段；对土地征用缺乏严格的法律限制且比较分散等。

经济社会快速发展的需要，不可避免地需要占用一定数量的耕地，如何有效地平衡社会经济发展与严峻的耕地保护形势两者之间的关系，成为必须要解决的紧迫问题。

在此背景下，1997年4月，中共中央、国务院出台了《关于进一步加强土地管理切实保护耕地的通知》（中发〔1997〕11号），要求在"耕地总量动态平衡"基础上，努力提高耕地质量。按照提高土地利用率，占用耕地与开发、复垦挂钩的原则，以保护耕地为重点，严格控制占用耕地，统筹安排各类用地，认真做好土地利用总体规划的编制、修订和实施工作。首次提出了耕地占补平衡要求。

1998年，为适应新的土地管理要求，第二次修订的《土地管理法》第三十一条规定："国家实行占用耕地补偿制度。非农业建设经批准占用耕地的，按照'占多少，垦多少'的原则，由占用耕地的单位负责开垦与所占耕地的数量和质量相当的耕地；没有条件开垦或者开垦的耕地不符合要求的，应当按照省、自治区、直辖市的规定缴纳耕地开垦费，专款用于开垦新的耕地。"1999年1月起实施的《土地管理法实施条例》对此做了进一步说明。自此，耕地占补平衡制度正式确立。经过多年来对耕地占补平衡制度的完善，我国已经初步建立起一套较为完善的非农业建设占用与补充耕地的制度体系。

（2）2000—2017年：耕地占补平衡制度的发展阶段

①建设用地项目补充耕地与土地开发整理项目挂钩制度

2000年，国土资源部下发《关于加大补充耕地工作力度确保实现耕地占补平衡的通知》（国土资发〔2000〕120号，以下简称120号文），首次提出了建立建设用地项目补充耕地与土地开发整理项目挂钩制度，并明确了在建设项目补充耕地方案中必须注明补充耕地项目名称、范围和补充耕地的地块位置。《国土资源部关于进一步加强和改进耕地占补平衡工作的通知》（国土资发〔2001〕374号，以下简称374号文），进一步对挂钩制度进行了强调。

挂钩制度使建设用地项目与补充耕地项目实现了桥梁，是补充耕地制度的基础，具体包括三项内容：一是土地整理复垦开发应以项目形式实施。按照市场要求，遵循项目管理规定，执行项目立项、规划设计、实施和验收有关要求。二是占用耕地的建设项目与补充耕地的项目挂钩。随着"先补后占"政策推进，建设项目资金由先前的一对一转变为逐步向汇集资金做大项目方向发展。三是在用地审查环节，对项目挂钩制度严格把关。随着备案制度完善，审查内容已简化为对补充耕地项目的确认审查。

②耕地占补平衡台账制度

台账制度是督促建设单位履行耕地占补平衡义务的必要手段，是实现按建设项目进行耕地占补平衡考核的基础。2001年下发的374号文规定，自2002年起，国土资源部和省级国土资源主管部门将分别设立国务院和省级人民政府依法批准的农用地转用中耕地占补平衡的登记台账。台账内容包括建设项目和补充耕地项目名称、编号、位置、补充耕地面积、地块图幅号、资金落实及项目进展情况等。

③补充耕地储备库制度和先补后占制度

储备库制度是指将区域内所有尚未挂钩使用的补充耕地指标储备起来，具体包括国家级、省级、市级、县（市、区）级四个级别。2000年120号文首次提出了建立建设用地项目补充耕地储备制度，建立国家级、省级、市级、县级不同层次的土地开发整理项目库；2001年374号文对储备库制度进行了强调；2009年，国土资源部下发《关于全面实行耕地先补后占有关问题的通知》（国土资发〔2009〕31号，以下简称31号文），对不同资金来源补充耕地项目纳入储备库进行了明确规范。另外，先后制定了项目实施管理暂行办法、土地开发整理若干意见等对储备库管理要求予以明确。

先补后占制度是指建设用地项目在报批时，对应的补充耕地项目已验收合格。1999年2月，为了贯彻落实新修订的《土地管理法》（1998）中耕地占补平衡相关规定，国土资源部出台了《关于切实做好耕地占补平衡的通知》（国土资发〔1999〕39号，以下简称39号文），规定城市和村庄、集镇建设占用耕地的，必须实行先补后占。但对单独选址建设项目建设占用耕地的，原则上实行先补后占，对难以落实的，可以和地方政府签订耕地补充协议并缴纳保证金，按照协议予以落实补充耕地。120号文对39号文提出的先补后占政策做了进一步强调。2008年，党的十七届三中全会作出的《中共中央关于推进农村改革发展若干重大问题的决定》（中发〔2008〕16号）指出："继续推进土地整理复垦开发，耕地实行先补后占"。为了贯彻落实党的十七届三中全会要求，严格落实耕地占补平衡，国土资源部下发2009年31号文要求全面实行耕地先补后占。

④补充耕地备案制度

2008年，国土资源部下发《关于土地整理复垦开发项目信息备案有关问题的通知》（国土资发〔2008〕288号），要求所有各类土地整理复垦开发项目均须报国土资源部备案，系统自动编号。该编号实现了补充耕地项目与建设项目的桥连，是挂钩制度的关键环节。2009年下发的31号文再次对备案制度进行了强调，要求凡纳入耕地储备库的土地整理复垦开发项目，都应及时报国土资源部备案，统一配号。

⑤补充耕地数量、质量按等级折算制度

针对建设项目考核中存在"占多补少""占优补劣"现象，2004年启动补充耕地数量、质量折算政策研究，2005年，国土资源部下发《关于开展补充耕地数量质量实行按等级折算基础工作的通知》（国土资发〔2005〕128号），要求各地开展补充耕地数量、质量实行按等级折算基础工作，并明确了等级折算工作的基本要求、工作步骤，以及在补充耕地方案和年度耕地占补平衡考核中增加等级折算内容。

补充耕地数量质量实行按等级折算，是按照农业综合生产能力不降低的原则，利用农用地分等定级的成果和方法，将补充耕地数量、质量与被占用耕地等级挂钩并进行折算，实现耕地占补数量和质量平衡。受区域耕地总量平衡要求影响，目前实行的等级折算工作具有"单向性"特点，即严格控制以补充高质量耕地为由减少补充耕地数量。在实际应用中，比较自然等、利用等、经济等折算方式，由于利用等在当地农业生产技术、农田管理水平条件下的产出更贴近实际，所以，当前各地均采用利用等进行等级折算工作。

⑥耕地占补平衡考核制度

耕地占补平衡考核制度是耕地占补监管体系的最后环节，是督促落实耕地占补平衡的有力手段。2002—2006年实施区域考核，因无法解决个别建设项目不履行占补平衡义务、考核结果与用地审批无法衔接问题，2006年起，按照《耕地占补平衡考核办法》（国土资源部令第33号）、《关于严格考核耕地占补平衡有关问题的通知》（国土资厅发〔2006〕154号）的规定，实行按项目考核。在将考核内容细化为资金落实、项目挂钩、项目管理、项目验收、补充耕地数量、质量、变更调查或登记、执行补充耕地方案等八项标准基础上，进行综合评价。通过考核有力地确保了建设单位依法履行补充耕地法定义务，但对违法用地，以及考核结果与年度变更调查结果相冲突、补充耕地质量不高等具体问题并未解决。

⑦耕地占补平衡全程监管制度

2008年，国土资源部下发《关于加强建设用地动态监督管理的通知》（国土资厅发〔2008〕192号），要求建立统一的监管平台，加强建设用地监管，而耕地占补平衡是监管的重要内容之一。随着占补平衡管理各项内容完善，2010年，国土资源部制定并下发《关于切实加强耕地占补平衡监督管理的通知》（国土资发〔2010〕6号），提出了对补充耕地项目全程监管，主要借助于补充耕地项目的备案数据，将补充耕地项目实施、备案、核实、挂钩使用、占补考核五个环节全部用信息系统串联起来，形成监管平台对耕地占补平衡全面全程监管。

（3）2017年至今：形成耕地占补平衡"三位一体"耕地保护新格局

2017年，中共中央 国务院印发《关于加强耕地保护和改进占补平衡的意见》（中发〔2017〕4号，简称中发4号文）再次明确耕地保护的重要性，建立数量、质量、生态"三位一体"的耕地保护新格局。[1] 耕地占补平衡工作发生重大变化：

一是管理思路发生重大变化，在顶层设计上，从单纯强调项目挂钩算细账转向兼顾区域平衡上算大账，建立了以数量为基础、产能为核心的占补平衡新机制。2017年，国土资源部印发了《关于改进管理方式切实落实耕地占补平衡的通知》（国土资规〔2017〕13号），明确转变补充方式、扩大补充途径等八个方面的政策规定。二是补充耕地渠道进一步拓展，明确各类资金、各种渠道增加的耕地用于占补平衡的具体政策。2017年，全国通过土地整治补充耕地317.24万亩。三是探索实施差别化的耕地开垦费标准，浙江省对经依法批准占用永久基本农田的，缴费标准按照当地耕地开垦费最高标准的三倍执行。

---

[1] 高玥，陈正."三位一体"视角下完善占补平衡实施监管体系的思考[J].浙江国土资源,2018(07):25-28.

四是省域内补充耕地指标调剂管理制度建设取得积极进展。五是跨省域补充耕地国家统筹制度建立。2018 年 3 月,国务院办公厅印发《跨省域补充耕地国家统筹管理办法》,明确了耕地国家统筹的适用范围、批准程序、资金缴纳标准、监管考核等具体要求。

自 1977 年我国首次提出耕地占补平衡制度以来,已陆续出台了包括法规、部令在内的数十个政策性文件。[①] 耕地占补平衡的内涵从原先的注重数量到现今的数量、质量、生态"三位一体"耕地保护新格局,实现模式从区域内占补平衡到异地占补平衡的突破,改进措施从农用地分等定级、土地整治与复耕地补偿机制的不断完善。

5.1.2 广东省的特色做法

（1）严格落实耕地占补平衡责任

非农建设经批准占用耕地的,由占用耕地的单位履行补充耕地义务,相关费用列入项目建设成本。市、县级人民政府是本辖区耕地占补平衡的责任主体,必须严格落实"以补定占、先补后占"和"占优补优、占水田补水田"要求,坚决防止出现补充数量不到位、补充质量不到位,以及占多补少、占优补劣、占水田补旱地问题,并应及时兑现、偿还耕地占补平衡承诺及欠账。各地级以上市人民政府应当组织所辖县（市、区）结合耕地后备资源潜力情况,按照耕地总量动态平衡目标和"以需定垦"原则编制本辖区补充耕地（含垦造水田）计划,报省自然资源厅确认,并由其报经省人民政府同意后正式下达,由市、县级人民政府负责组织实施。

（2）加强补充耕地指标统筹调剂管理

市、县级人民政府应当按照县域平衡为主、市域内调剂为辅、省域内适度统筹为补充的原则,严格落实本辖区耕地占补平衡责任。地市之间拟跨市域调剂补充耕地指标落实占补平衡、兑现承诺或偿还欠账的,由相关地市自然资源主管部门经本级人民政府同意后,共同报请省自然资源厅进行指标调拨,涉及有偿调剂的按指标交易相关规定办理。全省补充耕地（含水田）指标应优先用于保障省级以上重大建设项目落实耕地占补平衡,省级指标难以保障、市域内有指标却不优先用于省级以上重大项目的,省自然资源厅可暂停该市新增建设

[①] 林耀奔,叶艳妹.基于政策工具视角的中国耕地占补平衡制度分析 [J].农村经济,2019(05):45-50.

用地计划指标预扣,必要时可报经省人民政府同意将该市域内剩余补充耕地(含水田)指标直接调拨用于重大项目,后续费用偿付、指标归还等相关事宜由市级统一负责解决。2012年,广东省严格贯彻落实国家对耕地占补平衡的要求,立足自身探索补充耕地指标的易管理模式,建立了省内跨区域交易补充耕地指标市场。截至2021年第一季度,广东省跨地级市交易耕地指标面积累计超过7.8万亩,为各地落实城镇和重大建设项目耕地占补平衡提供了有力保障。

(3)大力实施土地整治,落实补充耕地任务

实施耕地综合整治提升。各地应在高标准农田建设、全域土地综合整治试点工作中,对耕地、永久基本农田进行综合整治提升。全域土地综合整治试点涉及调整永久基本农田布局的,必须按规定编制调整方案并经省自然资源厅、农业农村厅审核通过后,将相关内容纳入试点实施方案和相应的国土空间规划,待整治区域完成整治任务并通过验收后,更新完善永久基本农田数据库,确保数量有增加、质量有提升、生态有改善、布局更加集中连片、总体保持稳定。加强事中事后监管,防止出现调整补划地块以劣换优、划远不划近、以次充好等情况。2008—2012年广东省利用园地、山坡地开垦成耕地的形式,大规模开展土地开发整治工作,充分保障了近10年来建设发展补充耕地的需求。

(4)耕地恢复地类整治

2020年国家开展不实补充耕地的核实整改工作,广东省通过恢复整治,全面还清了不实充耕地指标欠账,整改项目个数、面积及挽回指标数均居全国第一。同时,广东省正在积极开展耕地恢复潜力调查评价工作,通过逐块图斑实地调查,综合考虑水源、土壤污染情况、农户意愿、恢复成本等因素,分级评价形成容易恢复、较难恢复、难以恢复三类潜力,为探索即可恢复、恢复耕地工程建设的实施路径奠定基础。

(5)特色案例——以垦造水田解耕地占补平衡难题

广东省作为经济和人口大省,经济发展和耕地保护的矛盾异常尖锐。2017年,广东省率先启动大规模垦造水田工作,破解全省水田占补平衡困局,探索出实现城乡融合发展的新路子。

广东省以落实耕地占补平衡制度为目标导向,2017年印发《广东省垦造水田工作方案》,确定到2020年垦造水田30万亩。2021年,在如期完成30万亩垦造任务的基础上,广东省启动新一轮三年行动计划,提出到2023年再垦造水田15万亩。截至2022年12月底,全省已动工垦造水田项目共45万亩,

完工 42.10 万亩，验收 33.60 万亩，形成水田指标 28.10 万亩，连续 22 年实现耕地占补平衡。

广东省耕地占补平衡兼顾了保护和发展双重需求。一是破解发展和保护的矛盾。目前，省级已出售水田指标 7.77 万亩，保障了 186 个重大和民生急需[①]建设项目落实水田占补平衡，并对省级以上重点交通基础设施项目、重点老区苏区公益类单独选址项目设立了 30 万元 / 亩的保护价，兼顾了保护资源和保障发展。二是破解区域资源不均衡的矛盾。根据广东省各地资源禀赋，重点在粤东西北开展垦造水田项目，粤东西北各市通过全省统一的指标交易平台向珠三角地区出售水田指标 1.78 万亩，获得资金 120.50 亿元，促进了全省区域平衡协调发展。

实现了耕地保护形势三个转变。一是广东省垦造水田项目已逐渐形成可用的水田指标，水田指标由多年紧缺向相对宽裕转变，帮助全省摆脱了长期以来的占补平衡历史包袱，为全省落实最严格的耕地保护制度提供了有力支撑。二是各地将开发园地、残次林地和提质改造旱地相结合，在新增水田的同时，累计新增耕地 4 万亩，实现全省耕地净增加。三是建立健全耕地动态监测监管体系，实现了垦造水田种植监督从静态管理向动态管理的转变。

广东省垦造水田项目主要通过以下措施保障耕地占补平衡。

建立垦造水田"1+N"政策体系。广东省垦造水田工作坚持制度先行、标准先行。2017 年，广东省政府印发《广东省垦造水田工作方案》，省自然资源厅（以下简称"广东厅"）牵头联合省财政厅、农业农村厅等部门，陆续制定出台垦造水田项目管理办法、水田项目建设标准、土壤耕作层剥离再利用、可研报告编制、规划设计编制、工程预算编制、项目验收、后期种植管护和廉政风险防控等"1+N"系列制度文件。

2022 年，根据全省耕地占补平衡形势的发展，广东省自然资源厅修订完善了《广东省补充耕地指标交易管理办法》《广东省补充耕地指标交易规则》《广东省非农业建设补充耕地管理办法》《广东省补充耕地项目管理办法》，调整优化顶层设计，建立全省统一的补充耕地指标交易平台，全面加强项目"全流程"管理，形成一套集政策制度、标准规范和信息系统的完整工作制度体系，为全省大规模推进垦造水田工作提供了坚实保障。

创新省属国企和地方自建两种垦造模式。广东厅牵头会同省财政厅、农业

---

① 陈伟杰，周琳静.以垦造水田解耕地占补平衡难题的广东实践[J].中国土地，2023(02):27-29.

农村厅和建工集团等单位，探索创新省属国企和地方自行垦造模式。

一是省属国企垦造模式由省政府作为出资主体，委托省属国有企业作为实施主体负责具体项目建设，发挥大型国企在项目建设、技术人才等方面的优势，确保工程安全和质量；地方政府负责垦造水田的组织协调、项目选址、立项、验收等工作，督促指导镇、村切实做好项目所在地群众工作。项目后期管护经费由省级负责，纳入项目成本。垦造水田指标由省、市、县三级按 5：1：4 比例分配。其中，省级分得的指标由省统一调配使用和交易，主要用于保障省级以上重点建设项目落实占补平衡，交易所得全部上缴省财政。这保障了重点建设项目顺利开工，也为全省精准扶贫、乡村振兴筹集了资金。

二是地方自行垦造模式由地方政府自行出资建设，并负责项目选址、立项、验收、后期管护等工作。其垦造形成的水田指标全部归当地政府调配使用，分配比例由地级以上市政府自行确定。

形成天地网"三位一体"监管体系。为加强垦造水田种植管护的监测监管，确保水田指标的真实性，广东省建立"天上看""地上巡""网上查"的"三位一体"监管体系。

一是建立耕地保护动态监测监管体系。广东省印发《广东省耕地保护动态监测监管工作方案（试行）》，利用遥感卫星对垦造水田进行专题监测，并下发问题图斑，督促各地建立台账、核实整改，坚决遏制耕地"非农化"，严格管控"非粮化"。

二是建立日常巡察监管制度。广东省自然资源厅每年组织开展省级巡察抽检，随机抽取部分省级和地方垦造水田项目，进行质量检查，以通知书形式下发问题清单，并纳入月度通报，抄报给相关地级市人民政府，督促各地各单位落实整改工作。

三是纳入调查部门的常态化监测范围。广东建立省自然资源综合感知服务系统，设置垦造水田功能模块，通过系统及时了解垦造水田与日常变更调查、年度国土变更调查衔接情况，确保项目范围内的水田地类与变更调查做好衔接。

建立多方利益共享机制。一是为有效调动地方和农民群众的积极性，广东省垦造水田实行"三补两贴"制度。即项目实施涉及的青苗、地上附着物补偿费，施工期间造成土地经营权人无法种植的补偿费，连续三年种植水稻造成土地经营权人相对经济收益降低的补偿费，以及项目涉及地块的土地承包权人每亩每年不低于 500 元的激励补贴和土地经营权人开展地力保护提升获得的地力培肥补贴。以上费用纳入项目预算，让垦造水田收益能更多惠及各方利益主体。

二是鼓励建设单位在垦造水田工作过程中，组织村集体和农民采用投工投劳等多种方式，参与到垦造水田工作中来，让农民在垦造水田中获得充分收益。垦造水田项目涉及的补偿费用、激励补贴等资金，通过开设补偿卡的方式，直接发放到权益人手中，切实保障土地权益人的利益。

统筹推进重点工作。广东省将垦造水田与乡村振兴、南粤古驿道活化利用、高标准农田建设、全域土地综合整治等工作紧密结合，深入践行"绿水青山就是金山银山"理念，构建政府市场双向发力、多方主体参与共赢的耕地资源价值实现及补偿机制。

一是重点向原省定贫困村、革命老区苏区、民族地区倾斜下达垦造水田计划，大力支持原省定贫困村、革命老区苏区和民族地区通过垦造水田巩固脱贫成果。

二是全面推广在高标准农田上提质改造水田，结合国家和省全域土地综合整治试点，同步推进垦造水田，并将其纳入当地垦造水田年度计划管理。

三是2021年成立省级耕地保护协会，开展首届垦造水田十大典型案例评选活动，进一步提升垦造水田的社会影响力。

5.2 进出平衡

5.2.1 政策背景

2020年9月和11月，国务院办公厅陆续印发了《关于坚决制止更"非农化"行为的通知》（国办发明电〔2020〕24号）和《关于防止耕地"非粮化"稳定粮食生产的意见》（国办发〔2020〕44号）；2021年中央农村工作会议上，习近平总书记进一步强调："18亿亩耕地必须实至名归，农田就是农田，而且必须是良田。"

2021年11月自然资源部、农业农村部、国家林业和草原局联合发布了《关于开展2021年违法违规占用耕地重点问题整治的通知》和《关于严格耕地用途管制有关问题的通知》（自然资发〔2021〕166号），提出耕地"进出平衡"，要求严格落实耕地用途管制。耕地"进出平衡"作为当前新出台的一项耕地保护政策，是对植树造绿、挖湖造景、农业结构调整占用耕地的补救措施，也是防止耕地减少的创新之举。① 自然资发〔2021〕166号文中，要求对耕地转为

---

① 孙娇. 浅谈进出平衡背景下信息技术在耕地保护上的应用 [J]. 南方农业, 2023,17(05):181-184.

其他农用地及农业设施建设用地实行年度"进出"平衡，除国家安排的生态退耕、自然灾害损毁难以复耕、河湖水面自然扩大造成耕地永久淹没等情形外，应当通过统筹林地、草地、园地等其他农用地及农业设施建设用地整治为耕地等方式补足同等数量、质量的耕地，严肃处置违法违规占用耕地问题，加强对耕地的保护，以确保长期稳定利用的耕地不再减少。

相比于占补平衡，进出平衡针对的是"非粮化"。对耕地转为其他农用地及农业设施建设用地实行年度"进出平衡"。耕地"进出平衡"是耕地用途管制的具体体现，其核心是"转一补一"。耕地"进出平衡"重点是对耕地尤其是永久基本农田转化为其他农用地或者农业设施建设用地等"非粮化"行为实行严格控制，是农用地之间的转换，管控的是农用地内部。

进出平衡中"进"将林地、草地、园地等其他农用地及农业设施建设用地转为耕地，拓宽了补充耕地的渠道和方式，缓解了因后备资源不足导致的补充耕地压力，能够切实保障国家粮食生产安全；"出"将耕地转为林地、园地、草地等其他农业地或农业设施建设用地，保持农用地内部地类结构的动态平衡，有利于保护生物多样性，推进生态文明建设，推动形成人与自然和谐发展现代化建设新格局；"进出平衡"保障了农用地整体数量不下降，优化了农用地结构布局，提高了耕地质量及农业综合生产能力，实现了保护粮食安全、建设生态文明等的可持续协同发展。

5.2.2 内容及原则

耕地"进出平衡"，旨在对耕地实行用途管制，要求把耕地转为林地、草地、园地等其他农用地及农业设施建设用地的，要把另外的林地、草地、园地等其他农用地及农业设施建设用地整治为耕地，确保完成本行政区域内规划确定的耕地保有量和永久基本农田保护面积目标。结合国家政策及各省市相关政策文件，其主要内容及原则如下。

（1）耕地"进出平衡"内容

耕地"进出平衡"是指农用地内部的耕地与其他农用地及农业设施建设用地[①]之间的转换，包含"一进""一出"两方面的工作内容。

[①] 荀文会,邵军师.耕地"进出平衡"总体方案编制技术方法研究[J].中国国土资源经济,2023,36(09):56-62+69.

①进：调入耕地

"一进"是指将林地、草地、园地等其他农用地及农业设施建设用地，通过土地综合整治手段整治为耕地。可以分为两种情形：一是主动调入，先立项再实施工程整治变更为耕地；二是被动调入，已整治为耕地但还未纳入耕地图斑的，则需要变更用地类型，将图斑调入耕地。

②出：调出耕地

"一出"是指将耕地转为林地、草地、园地等其他农用地及农业设施建设用地。可以分为两种情形，一是主动调出，先审批后变更，比如规划做公园、农业设施用地、果园等。二是被动调出，已变更后补审批，比如在卫星影像图上发现现在是公园、农业设施建设用地或者是防护林等，不是耕地图斑的，则需要补办审批，变更用地类型，将图斑调出耕地。

（2）耕地"进出平衡"原则

①调入耕地的数量、质量必须高于或同等于调出的耕地数量、质量。近年来，耕地面积不断减少，严重冲击耕地保护红线，实行耕地"进出平衡"，耕地转为其他农用地及农业设施建设用地的，至少补足数量相等、质量相当的耕地，才能保证耕地数量不再减少，手中有粮，心中不慌，耕地数量不减少，保障我国的粮食安全。

②耕地可以转为林地、草地、园地等其他农用地及农业设施建设用地，但不能挖湖造景、种植草皮；挖湖造景、种植草皮将破坏耕地耕作层，对土壤造成严重损坏，使土壤难以复耕。

③涉及承包耕地转为林地等其他地类的，经批准后，乡镇人民政府应当指导发包方依法与承包农户重新签订或变更土地承包合同，以及变更权属证书。在此过程中应当坚持依法办事、公平、公开、公正原则，坚持"先确权，后变更"的原则，保障发包方与承包农户权益。

④耕地"占补平衡"适用于非农建设占用耕地时，需要严格按照"占一补一、占优补优"的原则补足数量相等、质量相当的耕地的情形；耕地"进出平衡"则适用于耕地转为其他农用地或农业设施用地时，需补足同等数量、质量的耕地的情形，耕地"进出平衡"的范围仅限于农用地。换句话说，耕地"占补平衡"与耕地"进出平衡"用于补充耕地的来源不同，耕地"占补平衡"是通过复垦开发未利用地或建设用地来补充耕地，而耕地"进出平衡"是通过林地、园地、草地等其他农用地或农业设施建设用地来补充耕地，所以耕地"占

补平衡"的地块不能再作为耕地"进出平衡"的地块。

5.2.3 工作要点

耕地"进出平衡"是当前耕地保护的一项新政策，各地对实行耕地"进出平衡"政策暂时没有明确的工作指引与编制指南，目前仍在探索阶段[①]，结合部分地区初步探索经验及现有政策文件要求，"调入"主要手段之一有恢复（补充）耕地，"调出"手段之一有一般耕地转其他农用地，具体如下。

（1）调入的主要手段之一——恢复（补充）耕地

自二调以来，我国耕地数量急剧减少，耕地分布分散，且有大量耕地位于城镇建成区范围内，在城镇化加速发展的背景下，建设用地消耗速度过快，位于城镇建成区范围内的大量耕地与城镇规划建设及发展空间高度重叠，造成耕地保护与城镇发展相冲突。

为缓解耕地保护压力及发展用地矛盾，可优先将国土"三调"及年度变更调查中适宜的即可恢复和工程恢复地块整治恢复为耕地，作为耕地"进出平衡"的重要来源。近期各地也相继开展恢复（补充）耕地工作，以协调耕地保护与发展空间。以东莞市为例，恢复（补充）耕地指在耕地集聚保护区内开展土地整治恢复（补充）耕地，以"时间换空间"的方式，集聚耕地布局，调整优化发展布局，为发展用地腾挪空间，本质上可以看作是耕地"进出平衡"中的一部分，属于"一进"的调入耕地情形。

表 5-1 恢复（补充）耕地与耕地"进出平衡"关系表

类型	恢复（补充）耕地	耕地"进出平衡"
主要内容	1.恢复耕地：选择"二调"属于耕地或可调整地类，但"三调"和"三调"后年度更变调查不属于耕地来开展恢复工作 2.补充耕地：选择符合补充耕地、垦造水田条件的图斑按照有关要求开展补充耕地、垦造水田项目	1.调出耕地：一般耕地转为其他农用地或农业设施建设用地 2.调入耕地：林地、园地、草地等其他农用地或农业设施建设用地转为耕地
两者关系	1.二调为耕地，三调为"即可恢复"或"工程恢复"的林地、园地、草地其他农用地或农业设施建设用地，可纳入耕地"进出平衡" 2.上年度更变调查为非耕地，可通过全域土地综合整治恢复为耕地的其他农用地或农业设施建设用地，可纳入耕地"进出平衡"	

---

① 陈煜.县域耕地进出平衡方案编制内容及探讨[J].低碳世界,2022,12(11):178-180.

具体而言，恢复（补充）耕地工作可以通过分析遥感影像图或实地勘查等方式，选择荒废的林地、园地、果地、闲置农业设施建设用地以及能够变更为耕地的其他农用地等现状地类，纳入耕地"进出平衡"工作中，通过土地综合整治、垦造水田、撂荒复耕、种植粮食等措施，快速恢复补充耕地，优化永久基本农田划定方案，为我国发展用地腾挪空间。

（2）调出的主要手段之一——一般耕地转其他农用地

一般耕地是指永久基本农田以外的耕地，主要用于粮食和棉、油、糖、蔬菜等农产品及饲草饲料生产[①]，依据国家相关政策及《关于严格耕地用途管制有关问题的通知》（自然资发〔2021〕166号）要求为长期确保稳定利用耕地不再减少，除国家安排的生态退耕、自然灾害损毁等非人为因素导致的现有耕地减少情况外，各地有必要对耕地转为其他农用地及农业设施建设用地实行年度"进出平衡"，在落实一般耕地"进出平衡"时，应严格管控一般耕地转为其他农用地。

①"调出"的重点原则

a.耕地转为林地、草地、园地等其他农用地及农业设施建设用地的，应当优先使用难以长期稳定利用的耕地并通过统筹林地、草地、园地等其他农用地及农业设施建设用地整治为耕地等方式，补足同等数量、质量的可以长期稳定利用的耕地。

b.只要耕地发生转用，不论"非农化""非粮化"均需"占补平衡"或"进出平衡"。

②"调出"的工作要求

县级人民政府组织编制年度耕地"进出平衡"总体方案，明确耕地转为林地、草地、园地等其他农用地及农业设施建设用地的规模、布局、时序和年度内落实"进出平衡"的安排，并组织实施。耕地"进出平衡"首先在县域范围内落实，县域范围内无法落实的，在市域范围内落实；市域范围内仍无法落实的，在省域范围内统筹落实。

③"调出"的注意事项

a.涉及林地、草地整治为耕地的需经依法依规核定后纳入方案。

b.涉及承包耕地转为林地等其他地类的，经批准后，乡镇人民政府应当指导发包方依法与承包农户重新签订或变更土地承包合同，以及变更权属证书等。

---

① 孙嘉曼.东北黑土区耕地利用及其产能变化研究[D].东北农业大学,2022.

（3）耕地"进出平衡"实施管理流程

县级人民政府组织编制年度耕地"进出平衡"总体方案并组织实施，其中涉及农村集体土地的，经承包农户签字同意，由发包方向乡镇人民政府申报；其他土地由实施单位或经营者向乡镇人民政府申报，乡镇人民政府提出落实耕地"进出平衡"的意见，并报县级人民政府纳入年度耕地"进出平衡"总体方案后实施。

总体而言，耕地"进出平衡"是对耕地"占补平衡"的拓展与补充，是对土地用途管制制度的进一步深化和细化，是守住耕地保护的创新之举。

5.2.4 实施情况

（1）国家层面关于耕地"进出平衡"的相关要求

从当前耕地"进出平衡"的政策来看，2021年第三次修订的《土地管理法实施条例》首次在法规层面对耕地转为其他类型农用地作出规定，即严格控制耕地转为林地、草地、园地[①]等其他农用地。自《自然资源部 农业农村部 国家林业和草原局关于严格耕地用途管制有关问题的通知》（自然资发〔2021〕166号）提出实行年度"进出平衡"后，我国在耕地流出问题排查整改、耕地卫片监督等相关耕地保护工作中补充了耕地"进出平衡"的有关规定，但对于耕地"进出平衡"总体方案的直接规定和要求相对较少。"166号文件"提出编制耕地"进出平衡"总体方案，明确耕地转为林地、草地等其他农用地的规模、布局、时序和年度内的"进出平衡"安排。2023年6月下发的《自然资源部关于在经济发展用地要素保障工作中严守底线的通知》提出要综合考虑坡度、光热水土条件、农业生产配套设施情况、现状种植作物生长周期和市场经济状况、农民意愿、经济成本等因素，系统谋划将其他农用地整治为耕地的空间布局和时序安排。

表 5-2 相关政策文件及主要内容

序号	政策文件	规定内容	出台时间
1	《自然资源部 农业农村部 国家林业和草原局关于严格耕地用途管制有关问题的通知》（自然资发〔2021〕166号）	明确了总体方案编制的主要内容	2021年11月27日

---

① 马骁骏. 耕地用途管制的法律本位观[J]. 中国土地科学, 2023,37(03):20-27.

续表

序号	政策文件	规定内容	出台时间
2	《自然资源部办公厅、国家林业和草原局办公室关于印发2021年度耕地流出问题排查整改方案的通知》（自然资办〔2022〕22号）	规定了通过耕地"进出平衡"落实整改的相关要求	2022年6月28日
3	《自然资源部关于启用进出平衡监管系统与耕地卫片监督的通知》（自然资办发〔2022〕41号）	对耕地"转进""转出"地块上图入库进行了规定	2022年9月16日
4	《自然资源部耕地保护监督司关于开展2022年上半年耕地卫片监督工作的通知》（自然资耕保函〔2022〕77号）	规定了通过耕地"进出平衡"落实整改的相关要求	2022年9月29日
5	《自然资源部办公厅 农业农村部办公厅关于开展占用耕地和永久基本农田超标准建设廊道绿化问题专项排查整改的通知》自然资办发〔2023〕3号）	规定了可以通过耕地"进出平衡"落实整改的范围	2023年1月17日
6	《自然资源部关于在经济发展用地要素保障工作中严守底线的通知》（自然资发〔2023〕90号）	要综合考虑坡度、光热水土条件、作物生长周期和市场经济状况、农民意愿、经济成本等因素，稳妥有序落实耕地进出平衡	2023年6月13日

（2）地方层面关于耕地"进出平衡"的实践探索

自"166号文件"印发以来，各地纷纷开展了耕地"进出平衡"实践探索，出台的文件大体上可分为三类：一是湖北省和宁夏回族自治区下发的关于落实耕地"进出平衡"的通知，明确了耕地"进出平衡"范围、方案编制、报批、实施、验收等相关程序，建立耕地"进出平衡"监管机制；二是天津市和河北省出台的耕地"进出平衡"管理办法，明确了实施耕地"进出平衡"的有关要求，原则性规定了"转进""转出"地块来源，以及方案编报程序、项目验收和监管等内容；三是广东、四川、江苏、山东等10个省份相继出台的耕地"进出平衡"实施细则、工作指引或实施意见等文件，主要明确了耕地"进出平衡"实施范围、实施程序、职责分工等。通过梳理地方层面的实践探索发现，大部分地区出台的文件以政策管理为主。侧重于规定"进出平衡"政策的适用范围、申报程序和责任分工等，虽然明确了耕地"进出平衡"的实施范围，但相对比较笼统，尤其在立地条件、坡度、光热水土条件等方面欠缺考虑。湖北、广东、江西、安徽、宁夏、广西、浙江7个省份虽然出台了总体方案的编制大纲或编制要点，但规定的比较宽泛，对耕地"进出平衡"总体方案编制技术方法和具体内容安排缺少指引。

表 5-3　不同地区相关政策文件及主要内容

序号	政策类型	地区	文件名称	主要内容
1	通知类文件	宁夏回族自治区	《自治区自然资源厅 农业农村厅 林业和草原局关于严格耕地"进出平衡"管理工作的通知》	明确了耕地流出流入范围，落实耕地进出平衡的时序节奏和保障措施
2		湖北省	《湖北省自然资源厅 省农业农村厅 省林业局关于严格落实耕地"进出平衡"的通知》（征求意见稿）	明确了耕地"进出平衡"范围、方案编制、报批、实施、验收等相关程序，建立耕地"进出平衡"监管机制
3	管理办法	天津市	《天津市规划资源局 市农业农村委关于印发天津市实施耕地向其他农用地及农业设施建设用地用途转换管制办法》的通知（津规资源发〔2022〕18 号）	明确了政策适用范围、耕地转换原则、实施主体申报要求及申报程序，规定了转入耕地来源、其他农用地垦造为耕地程序及验收地类流程等内容
4		河北省	河北省耕地进出平衡管理办法（试行）（冀自然资发〔2022〕37 号）	明确了实行"耕地进出"平衡的有关要求，认定落实耕地"进出平衡"标准，转进转出地块要求，以及方案编报程序和内容，转进耕地项目验收和监管等内容
5	实施细则或工作指引	广东省	《广东省年度耕地"进出平衡"工作指引》	规定了耕地"进出平衡"实施范围、实施程序和要求、职责分工等内容
6		四川省	四川省《耕地"进出平衡"总体方案编制和备案技术指引（试行）》（川自然资办函〔2022〕146 号）	明确了耕地转进转出范围，方案编报和审批要求，上图入库技术要求等内容
7		安徽省	《安徽省自然资源厅 安徽省农业农村厅 安徽省林业局关于印发〈安徽省年度耕地"进出平衡"实施指南（试行）〉的通知》（皖自然资耕〔2022〕3 号）	明确了耕地"进出平衡"实施范围、工作程序和职责分工等内容
8		广西壮族自治区	《广西壮族自治区自然资源厅 广西壮族自治区农业农村厅 广西壮族自治区林业局关于印发耕地"进出平衡"实施细则的通知》（桂自然资发〔2023〕2 号）	明确了耕地流入流出范围、方案编制要求和组织实施程序、监管等内容

续表

序号	政策类型	地区	文件名称	主要内容
9		浙江省	《浙江省自然资源厅关于印发〈浙江省耕地与其他农用地"进出平衡"实施意见〉的通知》（浙自然资规〔2023〕4号）	明确了耕地"进出平衡"实施范围、实施程序和要求等内容
10		江苏省、山东省、江西省、贵州省、辽宁省	《耕地"进出平衡"实施细则》	明确了耕地"进出平衡"实施范围、实施程序、职责分工等内容

5.2.5 广东省工作进展

（1）严格管控耕地转为其他农用地

实行年度耕地"进出平衡"制度。严格管控一般耕地转为林地、草地、园地等其他农用地以及农业设施建设用地，确需转变用途的，应落实耕地"进出平衡"，补足同等数量、质量的可长期稳定利用的耕地。县级人民政府应当组织编制本行政区域内年度耕地"进出平衡"总体方案，并根据《广东省年度耕地"进出平衡"工作指引（试行）》，对耕地转入、转出的数量、布局、时序予以落实并按规定上图入库管理。禁止借耕地进出平衡之机，随意调整耕地布局，将耕地上山上坡，或规避落实建设占用耕地占补平衡。对建设占用上一年度国土变更调查为耕地，但现状为耕地以外的其他农用地、农业设施建设用地，且未落实耕地"进出平衡"的地块，须按照耕地地类报批，并依法落实耕地占补平衡。

调整完善设施农业用地管理制度。166号文件印发后，新增建设的畜禽、水产养殖设施和破坏耕作层的种植业设施严禁占用永久基本农田。各地要积极引导设施农业使用非耕地，鼓励利用"四荒"资源；确需使用一般耕地的，在符合省规定用地规模标准的前提下，由用地主体向乡镇人民政府申报，乡镇人民政府提出落实耕地进出平衡的意见，报县级人民政府批准纳入年度耕地"进出平衡"总体方案并由乡镇人民政府备案后实施。乡镇人民政府应按规定将备案信息及时汇交县级自然资源主管部门，由其在自然资源部设施农业用地监管系统中上图入库。未经备案和上图入库的，管理中不予认可。对于166号文件印发前已在实施建设的设施农业用地，符合自然资规〔2019〕4号和粤自然资规字〔2020〕7号文件规定的，可继续按原有规定备案和上图入库。

（2）改进和规范建设占用耕地占补平衡

积极拓宽补充耕地途径。各地要积极引导在荒山荒坡上发展林果业，并鼓励将平原地区种植果树、林木的地块，逐步退出，整治为耕地；涉及将林地、草地整治为耕地的，应当符合林草管理相关规定。土地"二调"、国土"三调"及最新年度国土变更调查均为非耕地的地块，在符合生态保护要求的前提下，通过组织实施土地整理复垦开发和高标准农田建设等方式，经验收形成能长期稳定利用的新增耕地可选择用于占补平衡或"进出平衡"；土地"二调"为耕地、国土"三调"为非耕地，整治恢复为国土变更调查认定的耕地，可以用于"进出平衡"，但不能用于占补平衡；将土地"二调"、国土"三调"及最新年度国土变更调查均为非水田的地块按规定垦造为水田的，可用于占补平衡。

严格耕地占补平衡监督管理。各地不得通过"进出平衡"等方式将新增耕地、水田转为非耕地、非水田，经国土变更调查认定转为非耕地、非水田的，不得用于占补平衡；已报备入库的项目，要相应核减补充耕地、水田指标。对补充耕地和垦造水田项目实行立项、实施、验收、报备、管护等全流程监管，并将项目名称、位置、面积等相关信息予以公开，接受社会监督。各地要压实补充耕地、垦造水田项目后期管护主体责任，按照"谁受益、谁管护"的原则，严格落实种植要求。充分利用卫片监督、国土变更调查等数据进行动态监测监管，组织开展年度巡察抽检，确保耕地占补平衡的真实性。

（3）职能分工

①省级层面

省自然资源厅会同省农业农村厅、省林业局统筹推进全省耕地"进出平衡"工作监督和业务指导共同督促各地落实耕地用途管制要求。通过年度国土变更调查，对各地年度"进出平衡"情况进行检查，并将检查结果纳入各地耕地保护责任目标考核评价内容

②市级层面

市级自然资源、农业农村和林业主管部门负责辖区内县级年度耕地"进出平衡"总体方案的实施监管；统筹落实本辖区内的耕地"进出平衡"，确保耕地数量不减少，质量不降低；对未按方案实施、擅自改变用途的"耕地转出"地块，责令县级人民政府及时整改；负责新增耕地市级验收和全流程监管，对

不符合要求的，督促县级人民政府及时整改。

③县级层面

县级人民政府负责组织编制本辖区年度耕地"进出平衡"总体方案并组织实施，统筹各部门共同落实耕地用途管制，确保耕地数量不减少、质量不降低。自然资源主管部门负责审核地类现状、国土空间规划等情况，牵头负责项目立项和验收，组织开展年度国土变更调查；农业农村主管部门负责审核相关地块与农业农村相关专项规划的符合性，落实耕地利用优先序要求，配合项目立项和验收；县级林业主管部门负责审核相关地块与林业相关专项规划的符合性，配合项目立项和验收。

④镇、村层面

乡镇人民政府负责审核需求申请出具审核意见并上报县级人民政府，负责具体项目的实施和后期种植管护，确保本辖区范围内实现耕地"进出平衡"负责政策宣传和引导，督促指导相关农村集体经济组织严格耕地用途管制，按要求做好耕地"进出平衡"需求申报等工作。

5.3 耕地用途管制总体成效及问题

5.3.1 耕地用途管制

目前，党中央、国务院连续作出了坚决制止耕地"非农化"、防止耕地"非粮化"的决策部署，发布了《关于坚决制止耕地"非农化"行为的通知》（国办发明电〔2020〕24号）、《国务院办公厅关于防止耕地"非粮化"稳定粮食生产的意见》（国办发〔2020〕44号）、《自然资源部 农业农村部 国家林业和草原局关于严格耕地用途管制有关问题的通知》（自然资发〔2021〕166号）等一系列耕地用途管制政策文件，从耕地利用优先序引导、耕地非粮化与非农化管控行为界定，明确耕地占补平衡与进出平衡实施机制要求。

（1）明确耕地利用优先序

耕地利用优先序则是针对耕地保护与管控的重要层级，根据高标准农田、永久基本农田、一般耕地管控要求，明确其优先种植的粮食作物和非粮食类型。

（2）实行耕地"非农化"与"非粮化"双管控

耕地保护双管控是指坚决制止耕地"非农化"与防止耕地"非粮化"。目前国家在《土地管理法》、《土地管理法实施条例》、《自然资源部 农业农村部 国家林业和草原局关于严格耕地用途管制有关问题的通知》（自然资发〔2021〕166号）等政策文件对占用耕地与永久基本农田禁止情形进行规定，主要规定为永久基本农田"四严禁"、耕地用途"五不得"、耕地保护"六严禁"、农村乱占耕地建房"八不准"。

（3）严守耕地"占补平衡""进出平衡"两平衡

耕地"双平衡"制度是保证耕地总量不减少的重要手段，是落实耕地数量和质量保护的重要途径。其中，"占补平衡"是为了兼顾建设占用和耕地保护双重任务的实现，针对"非农化"的有力管控；耕地"进出平衡"作为"占补平衡"的补充，将林地、草地、园地等其他农用地及农业设施建设用地转为耕地，拓宽了补充耕地的渠道和方式，以缓解因耕地后备资源不足导致的补充耕地压力。

（4）严格占用永久基本农田的重大建设项目范围

梳理历年永久基本农田管控政策，以下用地类型涉及占用永久基本农田。

①国家能源、交通、水利、军事设施等重点建设项目选址确实难以避让永久基本农田，涉及农用地转用或者土地征收的，必须经国务院批准。

②符合条件的临时用地，经批准可以临时占用永久基本农田。

③符合严格条件的设施农业，可以占用永久基本农田。

④符合条件的探矿采矿，经批准可以占用或临时使用永久基本农田。

⑤符合条件的生态用地，经批准可以使用永久基本农田。

5.3.2 耕地用途管制的三个层次

（1）耕地转为建设用地、未利用地的用途管制

《土地管理法》将土地利用类型分为农用地、建设用地、未利用地三个一级地类。耕地转为建设用地、未利用地是逾越一级地类的用途转换，转换后耕作层等土地自然属性发生根本变化[①]，土地功能无法继续兼容耕地原有的农产品特别是粮食生产功能，短期内不可逆转。其中，耕地转为建设用地主要是满足城乡建设生产生活的刚性需求，是长期以来耕地用途管制制度最主要的实践形式。《土地管理法》等法律法规在"农用地转用"的基本规则之上，还专门

---

① 马骁骏. 耕地用途管制的法律本位观 [J]. 中国土地科学, 2023,37(03):20-27.

针对耕地提出了总量控制、占补平衡等特殊的要求，形成了比较完善的用途管制规则。耕地转为未利用地的情况则相对较为特殊，实践中主要是耕地因自然或者人为原因损毁且无法复垦，以及自然保护地等范围内的生态退耕等，其转用非常态化，法律未设置专门的用途管制规则，主要通过政府主导的土地调查、评价和规划调整等方式予以实现。耕地转为非农用地管制的核心是耕地数量管控，其逻辑起点主要是维护国家粮食产量的总体供应。

（2）耕地转为其他农用地的用途管制

耕地转为其他农用地，主要是指耕地转为林地、草地、园地等仍然具备农业生产能力的土地类型，是农用地内部的二级地类转换。1998年修改《土地管理法》时明确禁止占用永久基本农田发展林果业和挖塘养鱼，首次在法律层面设置了耕地转为其他农用地的用途管制制度，但其仅限于禁止耕地中永久基本农田用于林果业和挖塘养鱼，且没有相应的法律责任。2002年制定的《农村土地承包法》虽然明确土地承包人不得改变发包合同确定的具体农业用途，但也未明确违反约定用途的后果。正是由于长期以来法律制度的缺失，导致耕地流向其他农用地的现象愈演愈烈。2021年公布的国土"三调"数据显示，2010年以来的10年间，在非农建设占用耕地严格落实了占补平衡的情况下，耕地地类减少的主要原因是农业结构调整和国土绿化。据此，2021年修订的《土地管理法实施条例》新增加了关于耕地转为其他农用地用途管制的规定，明确严格控制耕地转为林地、草地、园地等其他农用地，首次将耕地转为其他农用地管制制度明确写入法规。2021年底，自然资源部会同有关主管部门印发文件，重申永久基本农田不得转为其他农用地。针对永久基本农田之外的耕地转为其他农用地建立"进出平衡"制度，允许在耕地总量不减少的前提下对耕地和其他农用地进行转换。

耕地转为其他农用地与非农建设占用耕地虽然都是针对耕地数量的管制措施，但其逻辑与非农建设占用耕地不尽相同。从范围上看，允许转为其他农用地的耕地不包括80%左右的永久基本农田，其底数较少，且其原本即允许种植蔬菜等非粮作物，因而粮食产能权重相对较低；从转换后的影响来看，原耕地耕作层等土地自然属性虽然发生改变，但是改变程度和恢复难度较之建设用地显著轻微，一些耕地转为园地草地后属于即可恢复或者工程即可恢复的范畴，恢复后即可再次投入粮食作物生产，对粮食安全底线的冲击相对可控；而从转换结果来看，一些耕地转为园地、林地后可更好地兼容水果、菌类等可食用农产品的生产能力,是农产品供给的重要补充和调剂。因此,耕地转为非农用地管控虽仍应以国家粮食安全为逻辑起点,但其亦兼顾了农产品生产分工的经济逻辑。

(3)耕地种植用途管制

耕地种植用途管控是指对既有耕地上种植作物的结构调整的约束措施。广义上的耕地种植用途管控也包括耕地转为林地、园地等其他农用地,例如耕地用于发展林果业,而狭义概念则是指不改变耕地属性的种植作物调整,如稻谷等主粮作物和蔬菜等之间的种植结构引导和调整,不涉及耕地数量和布局的变动。种植用途管制是比较新颖的概念,2020年国务院明确提出耕地中的永久基本农田要重点保障粮食生产,一般耕地主要用于粮食和棉、油、糖、蔬菜等农产品及饲草饲料生产。2021年修订的《土地管理法实施条例》首次在法律层面提出了耕地种植优先序的概念,规定耕地应当优先用于粮食和棉、油、糖、蔬菜等农产品生产,这是耕地种植用途管制的法律渊源。目前,虽然"种植用途管制"暂时没有明确具体法律规则,但对其法律逻辑起点进行研判,其底层逻辑仍然属于粮食安全的范畴,但其表层逻辑将更为多元化,该制度的建立实施不仅将稳定粮食产量和结构,也将有利于"大食物观"下国民食物供给结构的优化,其对于调节"蒜你狠""姜你军"等农产品价格周期亦有重要作用。

5.3.3 我国耕地用途管制制度存在的问题

(1)耕地用途管制措施不够细化

我国作为一个人口大国,重要目标就是保障粮食安全,但我国现行有效的耕地用途管制措施更多体现为保障耕地总量不减少,无法切实保障粮食安全、耕地质量及耕地生态等。

第一,耕地用途管制的标准为耕地数量是否减少,未细化至对耕地耕作层的用途管制。部分拥有耕地耕作层的土地只是暂时未用于耕种,如我国实行退耕还林时的耕地,仍具有耕地的属性。该部分土地作为储备耕地具有重要价值,可以在短时间内提高耕地数量,起到保障粮食安全的重要作用。我国现有耕地用途管制未涉及该部分拥有耕地耕作层只是暂时未用于耕种的土地,但应当提供与耕地同等的用途管制措施。

第二，重视耕地数量，轻视耕地质量与耕地生态。我国现有耕地用途管制主要体现在《土地管理法》及《关于严格耕地用途管制有关问题的通知》中，对耕地转为建设用地、其他农用地、未利用地以及非耕地转为耕地等进行了规范，主要体现为保障现存耕地总量不减少，在耕地用途管制上轻视耕地质量与耕地生态的保护，未形成细化的管制举措。耕地质量与耕地生态作为耕地永续利用的关键因素，国家需要执行细化的衡量标准，在耕地使用过程中保障耕地质量与耕地生态不下降。

第三，耕地转为建设用地需要经过严格的审批，但未对耕地转为其他农用地及耕地种植用途管制等进行细化规范。从粮食安全的角度来说，现有耕地相关用途管制措施不够细化，应进一步细化耕地种植用途管制。因市场本身具有逐利性，农户在进行农业生产的过程中，更多考虑自身收益最大化，这样就出现了农户改种粮食作物为蔬菜、水果、花卉等，来谋求更大的经济效益。虽然价格因素及个人意愿占有重要作用，但另一个重要原因是政府缺乏耕地转为其他农用地及耕地种植用途管制的相关规范。通过细化对耕地用途的管制，可以最大限度保障耕地的数量、质量与生态，在最大程度上保障我国的粮食安全。因耕地的肥力、坡度、雨水等情况的不同，耕地上适宜播种的农作物种类也有所差异，在进行全面科学地调研后进行的耕地种植用途管制也可以起到保护耕地质量的作用，避免因追求经济效益而强行耕种不适宜的农作物引起的土地退化。

（2）耕地用途管制的补偿制度缺位

我国在《土地管理法实施条例》等多部法律中明确规定耕地用途管制实施经济补偿制度，但尚未落到实处，为我国耕地用途管制经济补偿制度的建立奠定了基调与方向。耕地用途管制经济补偿对激发耕地保护动力，提高对耕地用途管制的认可度具有重要作用。在耕地用途管制经济补偿方面，现阶段部分地区正在试行该制度，尚未在全国范围内建立，致使全国范围内的耕地用途管制补偿制度缺乏统一性及体系性。从利益驱动角度来看，权利、收益应该与承担的责任对等，实现耕地用途管制后，农户丧失了通过土地取得更高收益的机会，为了制度的顺利实施及保障粮食安全，实施经济补偿势在必行。我国粮食等农产品的价格较低，耕地的收益远低于非耕地，无法让农户感受到种植粮食作物具有的重要性与价值。但耕地本身具有保障粮食安全与生态质量的重要作用，全社会从耕地用途管制中享受到了益处。因此，需要通过经济杠杆诱发内在动力支持耕地用途管制。

我国就耕地用途管制补偿的基础法律关系研究较为欠缺。明确耕地用途管制法律关系的主体是明晰耕地用途管制中各方责任承担的前提，具体体现为负有给付经济补偿责任并享有耕地用途管制效益的主体与遵守耕地用途管制规则并接受经济补偿的一方主体。耕地用途管制法律关系的客体作为权利义务共同指向的对象，也应当在法律关系中予以明确。耕地用途管制法律关系的内容主要体现为遵守耕地用途管制规则的义务主体与给付经济补偿义务主体均应履行相应义务，但现有法律规定中，未明确在何种情况下可以领取经济补偿，也未明确经济补偿支付的具体标准、方式等，不利于耕地用途管制经济补偿制度的施行。根据试点城市来看，经济补偿一般以亩为标准，以现金结算的方式给予较低的补偿，只要具有耕地的农户均可以享受到经济补偿，难以有效激发农户遵守耕地用途管制规则的动力。

（3）耕地用途管制的执行保障机制不健全

我国虽然制定了较为完善的耕地用途管制制度及违法责任承担方式，但耕地用途管制制度的执行仍然困难重重，如毁地建坟、盗采耕地耕作层等行为屡禁不止，存在着执行落实不到位等问题。

地方政府兼具经济发展与耕地用途管制责任，为了发展经济，政策执行单位基于政绩考虑难免把经济发展放在首位，在缺少社会监督与内部监督的情况下，难以严格执行耕地用途管制制度。另外，我国耕地面积广大且部分破坏耕地行为较为隐蔽，政府部门存在工作难度大与人员配置不足等困难，难以有效监督耕地用途管制制度的执行。因经济利益驱使也尚未在社会层面达成耕地用途管制的共识，耕地用途管制参与主体较少，致使耕地用途管制制度的执行面临巨大困境。农户作为实施耕地用途管制的重要主体，因耕地使用权不充分、种植收益较低等，严重影响了农户参与耕地用途管制的积极性。另外，耕地用途管制制度缺少相关测评机制，耕地用途管制制度执行过程中，需要持续反馈与修正，在缺少相关测评机制的情况下，无法准确把握制度的执行情况及制度执行过程中存在的问题，无法形成良性的耕地用途管制制度完善机制。若将农户的权益置之不顾，坚决执行存在偏差的耕地用途管制制度，甚至可能带来社会面的抵制等重大问题，执行反馈机制不可或缺。因此，我国目前在耕地用途管制制度的执行保障机制上存在着社会认可度不足、监督主体较少、执行回馈制度不健全等问题，不利于耕地用途管制制度的顺利执行。

（4）小结

从法律规范的层级、数量及制度种类角度看，我国虽然已经建立了较为完善的耕地用途管制制度，但应当随着经济社会的发展不断补充更新制度具体内涵，应该促进耕地资源的可持续发展，协调人地关系，真正实现与时俱进。另外，耕地用途管制应当落到实处，从制度角度保障具体实施。

5.3.4 完善耕地用途管制的对策

（1）细化耕地用途管制措施——坚持以破坏耕地耕作层作为耕地用途管制依据

耕地保护归根结底是保护耕地耕作层，耕地用途管制制度也应围绕耕地耕作层展开，可以起到保护现有耕地及具有耕地耕作层的土地的重要作用。我国《耕地保护法（草案）》中涉及的耕地用途管制主要依据《土地管理法》及《土地管理法实施条例》，从地块类型及种植用途上，严格限制耕地用途转为非农用地与转为其他农用地，只可以起到保障耕地数量及农作物种植总量的功能，无法从根本上解决耕地保护和粮食安全问题。在市场行情的不断变化下，耕地与其他非耕地之间存在着较为普遍的相互转换情形，土地的农作物再生产能力实质上未发生较大变化，说明土地的分类在某种程度上是可逆的，不能主要以地块类型及种植用途作为耕地用途管制的依据。耕地耕作层作为农业生产力的主要来源，在遭到破坏时，即使仍被认定为耕地，也无法发挥耕地的作用。因此，在保障耕地数量方面，耕地用途管制的原则应当为是否破坏耕地耕作层。

（2）实施耕地用途管制经济补偿制度

①耕地用途管制补偿的方式及标准

耕地用途管制补偿应当结合当地的土地、经济、人口等因素，进行差异化与多样化设计，但需要就耕地用途管制补偿方式与标准建立较为统一的补偿原则。

耕地用途管制补偿方式主要分为现金补偿方式、农业相关用品补偿与农业基础设施补偿三种方式。现金补偿方式虽然更加具有可操作性，但为了达到耕地用途管制的目的，地方政府可以结合当地实际情况，优先进行农业基础设施补偿，提高耕地产量与农业生产效率；在农业基础设施已经较为优化的地区，可以选择提高农业相关用品补偿，引导农户的耕地种植用途；在农业基础设施较为完善并且保持农业种植多样性的情况下，可以进行现金补偿。通过建立动态化的耕地用途管制补偿制度可以在减少资金压力的同时，起到提高耕地保护与引导农户合理种植的效果。除上述三种补偿方式外，智力补偿也可以算是耕地补偿的一种方式，通过提供技术咨询服务、技能提升服务及人才引进等，达到授人以渔的效果。

耕地用途管制补偿具体标准主要分为耕地补偿依据及补偿额。耕地补偿依据主要分为按照每家、每人或者每亩给予补偿。根据耕地用途管制法律关系，耕地用途管制补偿的基础是耕地满足条件，只有履行完毕耕地用途管制义务才可以获得相应补偿，并不具有普适性，因此应当根据每亩进行补偿，按照符合条件的总亩数计算耕地补偿。在补偿额方面，各地可以根据经济发展情况及耕地情况，因地制宜发放耕地用途管制补偿额。

②耕地用途管制补偿发放的耕地质量标准

自然资源部于2021年6月发布的《自然资源分等定级通则（TD/T1060-2021）》显示，耕地分等定级评定涉及的因素有受限于自然原因不可改变的因素与可以人为改变的因素，在人为可改变因素获得优化时，耕地质量与等级也会得到提高。耕地用途管制的目标是农作物的可持续生产，在确定是否发放经济补偿时应重点考虑耕地质量与耕地等级。因耕地的资源禀赋不同，不能要求采用一刀切的方法要求耕地质量达到固定标准，只要每年耕地质量保持或者好于上一年度的耕地质量及耕地等级时，就能享有耕地补偿，这种差异化的耕地用途管制补偿制度可以有效激发耕地保护热情，提升耕地质量。

（3）健全耕地用途管制的执行保障机制

①持续优化耕地用途管制共同责任机制

耕地用途管制作为保障粮食安全的重要方式，不仅需要政府自上而下地规范耕地使用行为，也需要激发全社会的遵守耕地用途管制规则的热情，提高社会对于耕地用途管制的关注度。人民群众在了解耕地用途管制制度的过程中，增加对制度中涉及的国家利益、社会利益等的理解，便于制度的实施。第一，加强对耕地用途管制重要性及其制度内容的宣传力度，并针对不容易理解与接受的内容答疑解惑。我国民众现阶段就耕地用途管制制度的社会责任与制度内容方面的理解与接受不足，基于委托代理理论，农户作为耕地保护的代理人，只是从自身角度认为耕地种植可以带来经济效益，若基于自身利益考虑，主动减少某块耕地的种植效益，这在民众看来是不可行的。但耕地作为公共物品，不仅是民众的，也是国家与社会的，耕地用途管制伴随着众多的经济正外部性，不仅提供了丰富的农业生产资源，还具有广泛的生态效益与社会效益，加强耕地用途管制是全社会共同的责任。另外，知法是守法的前提，应大力宣传耕地用途管制制度的具体内容，让民众知悉法律设定的耕地用途管制规则，让民众在知法的过程中，树立法律的权威，形成人人敬畏并遵守制度的社会风尚。第二，在我国经济发展的过程中，要牢牢树立耕地用途管制社会共同体的意识，将耕地用途管制与国家政策及社会力量支持相结合，让民众看到政府带头全社会参与的耕地用途管制的决心与举措，切实解决民众耕地用途管制中的疑难问题。政府也要积极通过财政转移支付方式，建立高标准耕地。

②完善以政府为主导的多元化政策执行监督机制

耕地用途管制不仅需要严密的制度安排，也需要强化制度的执行监督机制。我国虽然经过了一系列简政放权，但现阶段仍然为大政府小社会的格局，制度的执行仍然在很大程度上依赖政府。耕地用途管制制度的执行情况与产生的效果息息相关，耕地作为一种公共物品供给，为了落实耕地用途管制制度，政府应当优化制度执行环境，在法律允许的范围内因地制宜制定各地的执行监督机制，发挥政府的主导作用。政府作为耕地用途管制制度的制定者与监督者，在耕地用途管制过程中应当最大限度发挥政府的执行监督作用，加强执行力度、执行效率与执行质量等，就存在的破坏耕地行为给予严厉打击。我国的耕地面积总量、空间分布及耕地用途管制落实各个环节的监督，均要求建立较为严密的执行监督机制。我国耕地面积广大且部分地区分布较为分散，政府部门人员配置需要成倍增加，才能有效监督耕地用途管制制度的执行，仅依靠政府人员难以形成有效的执行监督机制。另外，政府的权力运行需要监督和制约，在耕地用途管制制度的实施过程中，涉及大量的行政审批及资金补偿等，需要形成公开透明的社会监督机制，可以有效确保我国耕地用途管制制度的落实。因此，在耕地用途管制的过程中，应当积极督促并引导民众参与耕地用途管制，形成以政府为主导、民间组织及社会公众广泛参与的多元化耕地用途管制制度执行监督机制。

③建立健全耕地用途管制执行绩效测评机制

耕地用途管制制度的有效运行需要制度内容、监督机制等与时俱进，要坚持从实践中来到实践中去，不断发现制度不足并对制度进行完善，进而形成有利于耕地用途管制的制度体系，切实实现耕地用途管制目标。对耕地保护制度体系进行修正的过程中，应当建立制度执行反馈体系，形成健全的制度执行绩效测评机制。

政府在制定耕地用途管制制度执行绩效测评机制的过程中，应当尽可能吸纳多层次的人员参与，积极鼓励各个地区参与农业种植的农户、农户集体、行业协会、社会公众及专家人员等参与制度的评估阶段，选取耕地保护制度过程中的耕地质量、制度执行等重要因素，通过建立科学的定向与定量综合评价方式，对现有制度的科学性进行系统评估，并监督制度执行过程，及时收集并反馈制度执行结果，在科学研判的基础上广泛征询意见，实现制度执行测评机制的有序循环，从而可以及时纠正制度存在的偏差，根据实际情况对制度进行不断调整。另外，第三方评价机构作为执行绩效测评机制的重要组成部分，对于制度执行偏差的评估与完善有着重要作用。我国也可以积极引入第三方评价机构，加强政府与第三方评价机构之间的联系，通过第三方评价机构的专业技术，从客观角度评估政策的执行情况，并提出相关修正意见。

6. 土地整治与农田建设

6.1 土地综合整治

6.1.1 国外土地整治的发展历程

国外土地整理大体经历了三个发展阶段：

第一阶段：16世纪中叶至19世纪末，简单土地整理。由于土地私有和继承的不断分割，使农地越来越细碎、零散，不利于农业的规模经营和管理。因此，有组织、有规划地归并地块、调整权属、改善农业生产条件成为这一阶段土地整理的主要形式。[①]

第二阶段：20世纪初至20世纪50年代，特定内容的土地整理。随着工业化的迅速发展，这一时期的土地整理主要围绕城市建设和大型基础设施建设进行，通过土地整理，一是实施新的城市规划，解决城市发展用地；二是为基础设施建设提供土地，同时消除工程建设给土地利用带来的不利影响。

第三阶段：20世纪60年代至今，综合土地整理。由于地区经济发展的不平衡和生态环境不断恶化以及城镇化、工业化进程的加快，土地整理的重点转为以促进地区经济发展，缩小城乡差距，增加收入，保护和改善生态环境、居住环境为主要内容。

6.1.2 我国土地整治的发展历程及特点

土地整治是指规划、开发土地以提高土地利用效率，综合整治田、水、路、

[①] 高淑梅,郝润梅. 国外土地整理的理论与实践对我国土地整治的启示 [J]. 西部资源,2013(06):169-170+175.

林、村，增加有效耕地面积，提高土地质量和利用效率，改善生产、生活条件和生态环境的活动。

中国最早的土地整理是公元 1066 的西周时期的井田制度。后来，秦朝建立名田制，东汉末年建立屯田制，北魏时期建立均田制，并沿用至隋朝和唐朝。宋元至明清时期土地制度相对完善，土地整治比较活跃，但受当时技术、知识、经验等方面限制，土地整治一直处于低级阶段。辛亥革命至中华人民共和国成立期间，受历史背景影响，全国土地整治事业基本荒废，部分地区局部开展了少量土地整治相关工作，但影响甚微。自中华人民共和国成立以来，土地整治分为以下几个阶段。

（1）土地整治起始期

该时期（1949—1977 年）是以农田水利建设为主要内容的土地整治起始期。[①] 中华人民共和国成立初期，我国农业生产逐步恢复，但由于江河堤防的溃决和泛滥，农业生产面临前所未有的挑战。1950 年，《中央人民政府政务院关于一九五零年水利春修工程的指示》提出，全国农田水利建设仍以防洪、排水和灌溉为首要任务，拉开了我国农田水利建设快速推进的序幕。当时土地整治主要围绕农田水利建设如何促进粮食生产，保障农业产量的增加、农田水利建设对于经济发展的影响等方面展开。在 20 世纪 60 年代，我国在继续进行农田水利工程建设的同时，土地整治也围绕高产稳产农田建设展开。1966—1976 年，由于各种因素的影响，我国农田水利建设工程戛然而止，土地整治发展停滞不前。这一时期我国土地整治主要围绕农田水利建设展开，促进了粮食生产，人民生计得以维持。虽然以农田水利建设为主要内容的土地整治取得了预期效果，但受到理论指导、工程技术的限制，而处于较低水平。

（2）土地整治探索期

该时期（1978—1985 年）是以适应农田基本建设为主要目标的土地整治探索期。随着农业现代化建设的提出，农田基本建设成为该时期重要的研究内容。因地制宜地开展农田基本建设，改良农田基本建设过程中土方挖掘铲运、土地平整、开沟筑埂等采用的各种器械与工具。1982 年中共中央 1 号文件《全国农村工作会议纪要》中指出"小型农田水利建设要继续积极量力进行，讲求实效。要总结推广先进的灌溉技术和耕作措施，切实做到科学用水、计划用水、节约用水。城乡工农业用水应重新核定收费制度。无灌溉条件或暂时无力兴修

---

① 冯应斌,孔令燊,郭元元. 我国土地整治的发展历程及展望 [J]. 贵州农业科学,2018,46(06):135-139.

水利的旱地，要因地制宜，搞好旱作"。改革开放以来第一个涉农中央1号文件中首次提出农田水利建设。这一时期，我国土地整治主要围绕土地平整和农田基本建设展开，在全国范围内开展了土地整治工程实践，土地整治仍主要集中在农田水利建设方面。土地整治形式单一，缺乏相关标准或规程，虽在促进农业生产方面取得一定成效，但有关土地整治理论研究进展缓慢。

（3）土地整治框架体系构建期

该时期（1986—1998年）是以借鉴国外经验为主要标志的土地整治框架体系构建期。1986年，《中华人民共和国土地管理法》第20条"各级人民政府应当采取措施，保护耕地，维护排灌工程设施，改良土壤，提高地力，防治土地沙化、盐渍化、水土流失，制止荒废、破坏耕地的行为"。标志着我国土地整治工作进入法制轨道的新阶段。在相关法律法规、政策引导下，我国土地整治工作得到极大发展。随着世界农业发展进程加快，国外土地整治建立起相对科学的框架体系，联邦德国较早展开土地整治工作，设置较完整的土地整理机构；苏联历经70余年土地工作的经验和教训，建立了完整的土地管理体系；日本土地区划整理被称为日本城市规划之母；同时期波兰的农业区划、俄罗斯的土地制度变革等都对我国该时期土地整治框架体系构建影响深远。这一时期我国土地整治主要借鉴境外经验，结合本国国情从土地整理的经验交流、概念内涵、整治模式等方面进行了借鉴与探索。

（4）土地整治全面推进期

该时期（1999—2007年）是以基本农田建设为主要抓手的土地整治全面推进期。1999年，《土地管理法》第41条提出"国家鼓励土地整理"，并且提出占用耕地补偿制度，规定开征新增建设用地土地有偿使用费、耕地开垦费和土地复垦费等，从法律上解决了土地整治资金来源。从此土地整治逐步实现了从自发、无序、无稳定投入到有组织、有规范、有比较稳定投入的转变，基本农田建设成为21世纪初期土地整治风向标，土地整治全面推进。随着基本农田建设开展及国家政策发展，基本农田的保护与建设得到极大发展，从GIS角度探讨基本农田的规划、管理成为研究热点；同时，建立相对科学的基本农田指标体系，为耕地入选基本农田提供思路成为焦点。另外，2006年和2007年的中央1号文件均提出农田水利基础设施的建设应该与新农村建设相结合，由此，我国开始探索农地整治与新农村建设相结合的实施途径。这一时期，土地整治以基本农田建设为主要内容，多角度分析，将耕地入选基本农田实施永

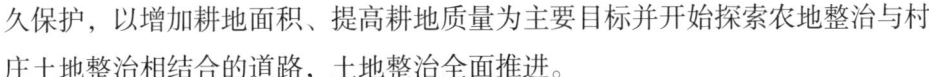

久保护，以增加耕地面积、提高耕地质量为主要目标并开始探索农地整治与村庄土地整治相结合的道路，土地整治全面推进。

（5）土地整治综合化建设期

该时期（2008—2012年）是以统筹协调发展为主要导向的土地整治综合化建设期。随着土地整治不断发展，政府部门及社会各界人士开始重点关注并且广泛参与到土地整治工程项目中，尤其是政府主导下的基本农田保护区划定工作、土地整理项目的开发等，土地整治趋于多元化，但未实现综合化发展，土地整治项目间碎片化，缺乏统筹安排。在此背景下，2008年十七届三中全会提出"大规模实施土地整治，搞好规划、统筹安排、连片推进"土地整治首次在中央层面得以正式提出，开启了土地整治发展新纪元。这一时期土地整治从多元化走向综合化，具有综合性、社会化特点，发展前景广阔。土地整治主要围绕永久基本农田的保护与建设，城乡建设用地增减挂钩展开。

（6）土地整治绿色化发展期

该时期（2013—2017年）是以生态环境建设为主要方针的绿色化土地整治发展期。随着生态环境保护观念的提出，绿色发展成为指导土地整治的核心理念，土地整治进一步发展。2013年十八届三中全会《中共中央关于全面深化改革若干重大问题的决定》提出"山水林田湖是一个生命共同体"，土地整治目标任务更加多元化，土地整治内涵更加科学，土地整治更加趋于绿色化，生态建设成为土地整治的重要环节。这一时期土地整治趋向于数量、质量、生态三位一体共同发展。土地整治内涵更加丰富，质量保护、生态效益成为土地整治的根本要求，土地整治在此阶段紧紧围绕高标准基本农田的建设与保护、建设美丽乡村、建设生态农田等展开积极探索。

（7）全域土地综合整治

2018年以来，以国家机构改革为契机，落实国家关于生态文明建设和乡村振兴的战略要求，2019年自然资源部要求在全国范围内统一部署开展全域土地综合整治试点工作，自此进入全域土地综合整治阶段。2020年6月自然资源部印发《全域土地综合整治试点实施要点（试行）》（自然资生态修复函①〔2020〕37号），围绕试点乡镇的选择、区域的划定、耕地和永久基本农田保护的要求、整治内容的审查、实施保障等方面明确了土地整治的核心问题。2021年4月国土空间生态修复司印发《全域土地综合整治试点实施方案编制

---

① 徐伟.响水县农村土地整治现状与对策[D].扬州大学,2022.

大纲（试行）》，指导实施方案编制。"十四五"规划将"规范开展全域土地综合整治"作为实施乡村建设行动的一项重点内容。

在新时期全域土地综合整治的要求下，以往单一要素的土地整治项目管理制度，不再适应于"全域全要素"的全域土地综合整治项目。现阶段全域土地综合整治试点工作重点聚焦于农用地整理、建设用地整理、乡村生态保护修复和历史文化保护四大任务，并在农田整治保护、城郊低效建设用地整治、现代农业引领、乡村旅游激活、特色村庄改造、产业生态融合等方面开展了大量探索。

总而言之，我国的土地整治经历了从单一的土地开发整理到集基本农田整理、城乡建设用地增减挂钩等多种功能于一体的土地综合整治，最终发展到土地整理、复垦、开发和城乡建设用地增减挂钩为平台，田、水、路、林、村综合整治的全域土地综合整治，成为助力城乡一体化进程的系统性工程。

6.1.3 我国当前土地整治现状

全域土地综合整治涉及生产空间、生活空间和生态空间（简称"三生空间"），包括农用地整理、建设用地整理、乡村生态保护修复和历史文化保护等内容，涉及子项目类型多、领域广，项目复杂、综合性强。

具体而言，农用地整理包括垦造水田、耕地提质改造、高标准农田建设等子项目；建设用地整理包括农村建设用地拆旧复垦、城乡建设用地增减挂钩等；乡村历史文化保护包括乡村景观再塑、传统村落保护、古树名木保护等；乡村生态保护修复则要考虑乡村生态系统整体性和区域自然环境差异性，统筹山水林田湖草沙等生态要素，囊括多个类型的子项目。

目前，我国土地整治处于全域土地综合整治试点尝试阶段。验收工作已有基础，部分省市仍需探索。试点启动以来，全国各试点单位均在积极推进，部分地区如浙江、贵州、上海等，已经针对全域土地综合整治项目验收工作制定了相关指引。

浙江省自然资源厅 2019 年 11 月发布《浙江省乡村全域土地综合整治与生态修复工程验收与综合评定办法（征求意见稿）》，并于 2020 年 3 月正式印发《乡村全域土地综合整治与生态修复工程验收与综合评定办法》；贵州省自然资源厅 2022 年 4 月发布《贵州省全域土地综合整治试点工作指南（试行）》；上海市规划和自然资源局 2022 年 9 月印发《上海市全域土地综合整治工作管理办法（试行）》《上海市全域土地综合整治工作指引（试行）》。上述文件的出台，分别从验收单位、内容及流程等方面对当地全域土地综合整治项目的验收工作做出了规范与要求。

总体而言，目前我国大部分地区全域土地综合整治项目处于试点尝试阶段，为推进试点任务顺利完成及应对未来常态化开展、确保全域土地综合整治项目取得实效，需要在明确全域土地综合整治的工作要求及工作现状的基础上，加快建章立制，做好有关准备工作。

6.1.4 广东省全域土地综合整治

（1）广东省全域土地综合整治现状

广东省作为我国改革开放和现代化建设的先行区，经济发达、综合实力强。近年来，在国家和省委、省政府的高度重视下，广东省全域土地综合整治工作在探索中前行。2021年，自然资源部批准广东省以乡镇为实施单元的试点20个，另外，批准广州市从化区为全国首个以县域为实施单元的试点。

为了进一步扩大全域土地综合整治的作用，广东省自然资源厅印发《广东省自然资源厅关于申报全域土地综合整治省级试点的通知》，提出在省级层面组织实施一批省级试点。

为支持试点工作开展、规范推进全域土地综合整治试点工作，广东省还出台了《广东省自然资源厅关于推进全域土地综合整治试点工作的通知》等一系列文件，对全域土地综合整治的政策红利、底线要求、实施细则提出了更具体的要求。

全域土地综合整治试点项目启动以来，广东省开展全域土地综合整治基础牢固、成效初显。

一是推进农用地整理有基础。2008—2012年间，广东省通过开发低效园地和山坡地方式补充耕地，有力破解了耕地占补平衡难题。2017年以来，全省开创性推进垦造水田，有效保障200多个重大项目的水田占补平衡。同时，建立利益平衡机制，交易水田指标超过10万亩，增加各级财政收入超过400亿元。

二是推进建设用地整理有基础。珠三角地区深入实施"三旧"改造，2008年以来累计节约土地28.5万亩；开展村镇工业集聚区升级改造攻坚行动，

2020年以来累计完成改造面积2.7万亩。粤东、粤西、粤北地区深入推进农村拆旧复垦，2018年以来累计完成15.3万亩，成交额455.4亿元。这些措施有力支撑了广东城乡建设发展需求，有效增加了各级财政收入。

三是推进生态保护修复工作有基础。广东省先后印发实施省国土空间生态修复规划、省重要生态系统保护和修复重大工程总体规划。2019年以来，全省投入国家和省专项资金超过76亿元，累计完成红树林营造修复5.3万亩、海岸线修复45.2公里、历史遗留矿山生态修复1.9万亩。四是推进试点工作有支撑。立足省情，广东省谋划推动了21个国家级和21个省级全域土地综合整治试点，并取得初步成效。目前，42个试点计划总投资1269亿元，已完成投资347亿元，并初步形成可复制、可推广的全域土地综合整治经验方案。其中广州从化、佛山南海两个县域试点已经初显成效。

【典型案例】

①画好"耕保图"，夯实粮食安全基础——东莞洪梅镇

作为东莞最年轻的镇街，洪梅镇正以一种势不可挡的姿势奔跑，成为全市发展势头较好的镇街。随着机器的轰轰作业，一大批重大交通、产业项目陆续落地，带来经济效益的同时，用地保障与耕地保护的矛盾也随之显出。作为省级全域土地综合整治试点，洪梅镇紧抓契机，针对本地发展过程的问题，深入研判、大胆探索，逐步制定有效措施，以全域土地综合整治带动洪梅高质量发展，推动"百千万工程"在洪梅走深走实。

洪梅镇通过大力统筹，规模化运营，统筹推进低效农用地整理、农田基础设施建设，推进361亩的垦造水田项目，并结合洪梅镇耕地恢复整体规划和产业发展需求，围绕周边土地整治统筹打造洪屋涡极具"震撼力"的千亩金色稻田大型项目，推动建设一二三深度融合的共生农业公园，实现农村产业融合发展。

②土地整治+——广州市从化区鳌头镇

2021年9月,从化区成功获批全国全域土地综合整治试点。开展试点以来,从化区牢固树立"绿水青山就是金山银山"的理念,准确把握新发展阶段生态文明建设要求,立足生态本底优势,聚集农用地整理、建设用地整理、乡村生态保护修复和历史文化保护四大任务,大力推进耕地保护和土地节约集约利用,加快激发城乡高质量发展活力,深化生态文明建设,奋力建设更高水平幸福美丽生态之城,助力广州推动实现老城市新活力、"四个出新出彩"和广东推动实现自然资源高水平保护、高效率利用。

2021年该镇实现了经济保持平稳较快增长,全年完成GDP33.53亿元,比增13.5%;工业总产值96.47亿元,比增24.2%;农业总产值11.81亿元,比增4.3%;固定资产投资11.81亿元,比增20.3%;公共财政预算收入1.34亿元,比增3.7%。

鳌头镇重点打造"万亩良田"示范项目。以国土空间规划为引领,在不突破现有政策的前提下采取"小切口大示范""小步快走"的策略推进项目实施,积极谋划从化区鳌头镇万亩良田项目,按"高质量耕地+高标准农田"双高示范准入标准公开引入现代农业新业态,打造全域土地综合整治项目示范样本,为乡村振兴注入活力,提升乡村造血功能。

鳌头镇通过专项协同的"土地整治+"实施传导路径,打通阻碍城乡各要素有序流动的壁垒,形成多方集聚的"土地整治+"生态圈,实现规划传导和目标分解,为大都市远郊区推动城乡融合发展提供经验。土地整治搭配建设用地整理、生态修复、耕地整理/永久基本农田整备、村庄规划,实现优化国土空间总体规划,打造城乡融合发展改革创新实验区。

鳌头镇以美丽乡村建设为抓手,突出城乡统筹发展。该镇中塘、潭口等6个美丽乡村建设有序推进,55条村的村庄规划已完成初步设计方案。土地经营权流转不断深化,全年完成土地流转7468亩。

其中童话小镇作为特色小镇成为鳌头镇土地整治典型示范之一。童话小镇是以西塘村作为童话小镇片区的集中整治范围,区域交通路网目前已形成"高速—省道—县道—乡道"的多级完整道路体系,交通可达性较好,片区间的联系密切。该童话小镇强调童话主体,充分发挥稻香田园特色,依托旁边的工业园优势,将西塘童话小镇、UMIZZ柑橘星球、麦田生态园、稻香农业公园、龟博馆依次排开。串珠成链,形成一道美丽的乡村风景线。通过推动建设用地拆旧复垦，整治风景区的整片道路等措施，该村经济实力不断壮大，改善了村貌以及居住生活面貌。

6.2 高标准农田建设

6.2.1 高标准农田建设的发展历程

（1）2004—2012年：初步探索阶段

我国是传统的粮食生产大国，但农业建设与西方发达国家还存在较大差距，存在农业基础设施薄弱、抵御风险能力差、机械化能力差等一系列问题，导致耕地资源利用效率和土地产出效率不断地降低。自1998年开始，我国粮食供应逐渐出现暂时性过剩的现象，粮价大幅度下降，农户因种粮收益降低其至亏损而不愿意种粮，使得粮食播种面积急剧减少。同时，受自然灾害影响，我国粮食产量连续5年下降，到2003年，我国粮食产量已低于20世纪90年代的平均水平。经过2004-2011年高标准农田建设政策的初步探索阶段，我国综合机械化水平增幅远超过政策实施前30年的总和，全国粮食产量连年增长实现了从"政策提出—试点实施—全国创建"的转变，为下一步高标准农田的规范实施奠定了坚实的基础。

（2）2012—2018年：规范实施阶段

经过初步探索，各个地方对高标准农田建设内容都没有统一的标准，建成了多样的地方高标准农田，亟须国家出台政策的标准来规范高标准农田建设政策的实施。鉴于国家高度重视，2012年国土部印发《高标准基本农开建设规范（试行）》，同年农业部《高标准农开建设标准》颁布实施，成为各地区高标准农田建设的标准，标志着高标准农田建设从初步探索阶段进入到规范实施阶段。在政府的支持和推动下，我国高标准农田建设取得较快发展。2018年以前，国家主要针对高标准农田建设政策涉及的部门包括发改、财政、国土、水利、农业等，可谓是"五牛下田"。涉及部门都相继出台了有关支持高标准农田建设的文件，从不同领域规范支持高标准农田建设。截至2017年底，全国共建有高标准农田5.58亿亩，已建成的高标准农田亩均粮食生产能力提高100公斤左右，有效提高农民收入，助力打高脱贫攻坚战，为下一步高标准农田的全面建设提供了现实依据。

（3）2018年至今：全面建设阶段

十九大后，党和国家始终把粮食安全问题作为"三农"工作的核心内容之一，实施高标准农田建设政策后，我国粮食产业发展逐步进入"提质增效"阶段，2018年国家机构改革以后，从上到下，全国高标准农田建设职能统一归口到农业部门，建设内容更加规范标准，标志着高标准农田建设进入到全面建设时期。《乡村振兴战略规划（2018—2022年）》提出，把高标准农田建设作为农业综合生产能力提升重大工程，确保到2022年建成10亿亩高标准农田，所有高标准农田实现统一上图入库。

2021年3月，为了保障高标准农田的质量，农业农村部发了《高标准农田建设质量管理办法（试行）》；同年9月，印发了为各地全面开展高标准农田建设指明方向的《全国高标准农田建设规划（2021—2030年）》，确保政策在今后一个时期仍将继续得到长足发展。截至2021年底，我国建成高标准农田9.075亿亩，助力粮食产量连续稳定在1.3万亿斤以及全国农作物综合机械化率超过72%，为乡村振兴注入强劲动力。到2022年底全国已累计建成10亿亩高标准农田，稳定保障1万亿斤以上粮食产能，19.18亿亩耕地超过一半是高标准农田。2023年提出全国计划新建高标准农田4500万亩、改造提升高标准农田3500万亩、统筹发展高效节水灌溉1000万亩。

6.2.2 高标准农田建设成效

通过农田建设，建成"旱涝保收"的高标准农田，在提高粮食产量、保障国家粮食安全，促进农业机械化、规模化发展，增加农民收入等方面发挥了重要作用，同时在新增耕地、改善农田生态环境等方面也有积极影响。[①]

（1）提高粮食产能

通过高标准农田建设项目的实施，改善了农田基础设施条件，提高了粮食产能。农田项目的建设完善了灌排工程体系，有效减少灌溉输水过程中的渗漏损失，减少了用水量，改善了灌溉条件，实现了"旱能灌、涝能排"的目标，农业生产条件得到明显改善、农业综合生产能力得到明显提高、抗御自然灾害能力得到明显增强。在湖南等南方地区还能有效提高粮田复种指数。2020年

---

① 李俊杰，李建平，梅冬．新形势下高标准农田建设管理政策存在的问题及建议[J]．中国农业资源与区划，2022,43(05):84-92.

河北故城县高标准农田项目区比其他区土地增产小麦 750kg/hm^2、玉米 975kg/hm^2。山东建成后的高标准农田单位土地粮食产能提高 15%~20%，粮食单产增加 100kg/hm^2 左右。重庆山区县域进行高标准基本农田建设后，耕地连片度增加 13.56%，梯田化率明显提升，道路通达度提升 25%，灌溉保证率和沟渠密度显著增加，有效土层厚度明显增加。

（2）促进地区农业发展和农民增收

通过集中连片开展田块平整、配套设施建设，带动了农业机械化提档升级，推动了农业经营方式、生产方式、资源利用方式的转变。基础设施能够降低粮食生产成本，提高产品国际竞争力。通过农田建设增加耕地作为占补平衡补充耕地指标，以河北故城县为例，2019 年高标准农田建设项目建设规模 2600hm^2，新增耕地面积 33.67hm^2，2020 年高标准农田建设项目建设规模 2140hm^2，新增耕地面积 32.78hm^2，平均新增耕地面积占农田建设面积的 1.4%。通过改善农业生产条件、实现粮食增产增收，增加土地流转租金，推动农民就近就业打工，促进节能环保等，实现农民增收。以 2019 年河北故城县军屯镇项目区为例，该项目区 1.115333 万 hm^2 农田，立项前 3 年平均年粮食产量 845 万 kg，年总产值为 1768 万元；项目实施后平均年粮食产量 1092 万公斤，年总产值为 2282.8 万元，年新增种植业纯收入 541.8 万元，人均增收 515 元。山东高标准农田项目区单位土地节水、节电率分别可达 24.3% 和 30.8%，化肥农药使用量分别减少 14% 和 19%，综合节本增效可带动农民增收近 500 元。

（3）改善农田生态环境

通过高标准农田建设，有效提高耕地集约节约利用水平、缓解农业发展的水土资源约束，提高农药化肥利用效率，减轻农业面源污染，增强农田水土保持能力，有效减少农业灌溉用水，减少土壤养分的流失和地下水的污染，缓解区域水资源的紧张状况，维持地下水的采补平衡，增加植被覆盖率，涵养地下水源，改善田间小气候，防止畦田冲刷，有效改善和保护周边自然生态，促进农业绿色、可持续发展。

6.2.3 高标准农田建设存在的问题

（1）建设标准不科学，建设质量泛化，呈现规划实施与工程质量失谐

近年来，无论从国家还是地方层面，均制定了高标准农田建设标准。但是，

由于我国地形地貌复杂多样，为了保障国家粮食安全，高标准农田不仅要建设在平原上，还要有些建设在山区丘陵盆地等地形上。国家和地方制定的高标准农田建设标准大多有"集中连片"的规定，对于平原、山区、丘陵地区没有明确的区分，导致不论是平原丘陵山地区，还是滨湖平原或盆地，高标准农田建设的标准单一化，缺乏不同地形对高标准农田建设的多样性需求，没有做到因地制宜合理空间布局，导致引发水土流失等潜在的生态[1]破坏问题。无论是不区分地形，还是剩余的质量较差的耕地建设的高标准农田，均会影响建成的高标准农田质量，建设质量不高难以发挥其既定效用。

（2）资金投入不精准，资金来源固化，呈现配套资金与融资渠道错位

我国地区间实际情况复杂、地形地貌多样，建设高标准农田资金投入仍存在不精准的现象。例如，根据各地对高标准农田投入的区域差异，每亩投入3000元甚至更高的高标准农田明显要优于投入1500元甚至更低的高标准农田；此外，大多地区在投资建设高标项目过程中，并没有明确区分山区、丘陵、平原等地形的不同，在不同地形状况投入相同标准建设高标准农田，导致所建高标准农田难以发挥预期功能效果。目前高标准农田建设资金来源大多为国家一部分，地方配套的模式。部分地方对高标准农田建设资金主要依靠国家财政拨款，主动作为较少，社会资本参与度低，导致资金投入少，建设标准低。

（3）监督机制不健全，管护能力弱化，呈现监督管理与管护主体错配

从公开报道看，高标准农田建设领域出现一些贪腐现象。无论从初期规划、招标建设，还是后期管护，都存在一定的监管风险。梳理近年来出台的农田建设管理文件内容，大多以项目招标建设监管为主，缺乏对项目设计规划和后期管护阶段的监督，不能形成建设前、建设、建设后的全过程监督闭环，容易造成监管漏洞，滋生高标准农田建设领域腐败的土壤。从现实情况看，建成后的高标准农田一般由乡镇管理，乡镇又按照属地交给村委会管护，存在"重建设、轻管护"的现象。一般情况下，乡镇把高标准农田移交村干部后，就很少参与管护工作，而落实管护责任的村干部大多缺乏土地管护相关专业知识，无法对高标准农田开展科学的管护工作，甚至有的高标准农田的耕地质量比一般农田还要差而被撂荒。

---

[1] 陈美球,洪土林,刘桃菊.高标准农田建设的"困"与"解"[J].中国土地,2017(07):15-16.

6.2.4 广东省高标准农田建设

（1）广东省高标准农田建设主要成效

"十二五"以来，广东省坚决贯彻落实党中央、国务院决策部署，加强资金整合，加大投入力度，切实加强高标准农田建设，改善了农田基础设施，提升了耕地质量、农业生产水平和粮食产能。截至2020年底，全省累计建成高标准农田面积2352万亩。通过开展高标准农田建设，项目区内田、土、水、路、林等得到综合治理，农田基础设施和农业生产条件得到改善，大幅度提升了耕地抵御自然灾害能力和农业综合生产能力，提高了农业机械化水平，推动了土地流转，既保障了粮食安全，又促进了现代农业发展。

"十二五"尤其是"十三五"以来，广东省深入实施"藏粮于地、藏粮于技"战略，通过实施包括农业综合开发项目、土地整治项目、农田水利建设项目、新增千亿斤粮食产能田间工程建设项目在内的农田建设项目，持续推进高标准农田建设，不断夯实农业生产物质基础。

2018年新一轮机构改革后，广东省快速理顺管理职责，实行"统一规划布局、统一建设标准、统一组织实施、统一验收评价、统一上图入库"，打造广东省农田建设管理信息系统，在全国率先实现高标准农田统一上图入库，信息化建设走在全国前列，高质量推进了高标准农田建设。2018年至2020年广东省连续3年获农业农村部通报表扬，其中2019年以全国排名第一得到国务院督查激励，是全国受激励五省中唯一非粮食主产省，也是连续3年获全国通报表扬中唯一非粮食主产省。截至2020年底，全省累计建成高标准农田占耕地面积比重超过六成，远高于同期全国约40%的占比，居全国领先地位。

通过高标准农田建设夯实了农田基础设施，改善了农业生产条件，增强了农田防灾抗灾减灾能力，推动了耕地质量和地力提升，巩固提高了粮食综合生产能力，有效降低了粮食生产受灾损失，为粮食和重要农产品稳产保供提供了有力支撑。建成后的高标准农田，旱涝保收、稳产高产，亩均粮食产能增加10%~20%，提高了农民种粮的积极性，持续提升了全省粮食安全保障能力。2018年至2020年，全省粮食播种面积从3227万亩增加到3307万亩，粮食单产从亩均370公斤增加到383公斤，粮食总产从1193万吨提高到1268万吨，农作物受灾面积及其直接经济损失从823.40万亩、258.61亿元分别减少到126.15万亩、54.33亿元，高标准农田建设发挥了至关重要的作用。

（2）广东省高标准农田建设主要措施

高标准农田建设通过合理归并田块、土壤改良、配套设施建设等措施，有效解决土地碎片化、耕地质量下降、设施不配套等问题，促进了农业规模化、标准化、专业化经营，带动了农业机械化提档升级，加快了新型[①]农业经营主体培育，推动了农业经营方式、生产方式、资源利用方式的转变，提高了农业土地产出率、资源利用率和劳动生产率，提升了农业生产综合效益。建成后的高标准农田，耕地流转率平均提高15%~20%，耕作机械化水平平均提高15%~20%，部分地区农民直接流转土地亩均增收达到300元，增加了农民生产经营性收入，为我省全面建成小康社会做出了重要贡献。

高标准农田建设通过田块整治、秸秆还田、沟渠配套、节水灌溉、林网建设和集成推广绿色农业技术等措施，调整优化了农田生态格局，增强了农田生态防护能力，提高了农业生产投入品利用率，减少了农田水土流失，减轻了农业面源污染，防治了土壤酸化、潜育化和盐渍化，保持了耕地土壤健康，提升了农田生态系统碳汇能力，保护了农业生态环境。全省农业用水量、化肥施用量和农药使用量持续减少，高标准农田建设功不可没。建成后的高标准农田，节水高效、生态友好，亩均节水、节药、节肥率均在10%以上，推动了农业绿色低碳发展，有效促进了山水林田湖草整体保护和农村环境连片整治，为全省美丽乡村建设提供了有力支撑。

（3）广东省高标准农田建设规划及目标

2022年6月，为深入贯彻落实党中央、国务院和省委、省政府关于加强高标准农田建设的决策部署，统筹推进我省新一轮高标准农田建设，确保如期完成国家下达的高标准农田建设任务，广东省编制了《广东省高标准农田建设规划（2021—2030年）》，明确今后一个时期我省高标准农田建设的主要目标和建设任务，为广东各地开展高标准农田建设提供了重要依据和指导，为保障国家粮食安全和重要农产品有效供给树立广东样板、展现广东担当，为推进广东省农业农村现代化工作走在全国前列提供了更加有力支撑。《规划》提出要坚持政府主导、多方参与；科学布局、分区施策；建改并举、注重质量；绿色生态、协调发展；示范引领、整体推进；监管有力、良性运行；数字赋能、良田粮用七大原则。提出将全省高标准农田建设分区划定为"一核一带一区"。确保到2025年累计建成2670万亩高标准农田、改造提升213万亩。到2030

---

① 杨时云.吹响高标准农田建设集结号扛稳江苏粮食安全重大责任[J].中国农业综合开发,2022(07):11-13.

年累计建成2720万亩高标准农田、改造提升575万亩。规划期内统筹发展高效节水灌溉，建设面积不低于56万亩。

6.3 补充耕地

6.3.1 补充耕地的政策要求

（1）积极拓宽补充耕地途径，严格监管补充耕地落实

《自然资源部农业农村部国家林业和草原局关于严格耕地用途管制有关问题的通知》（自然资发〔2021〕166号）文件提出改进和规范建设占用耕地占补平衡，积极拓宽补充耕地途径，补充可以长期稳定利用的耕地。

①积极拓宽补充耕地途径

a.符合生态保护要求的前提下，经验收后能长期稳定利用土地整理复垦开发及高标准农田建设。

b.积极支持在可以垦造耕地的荒山荒坡上种植果树、林木。将在平原地区原地类为耕地上种植果树、植树造林的地块，逐步退出，恢复耕地属性（对于二调不是耕地的，新增耕地可用于占补平衡）。

c.除少数特殊紧急的国家重点项目并经自然资源部同意外，一律不得以先占后补承诺方式落实耕地占补平衡责任。经同意以承诺方式落实耕地占补平衡的，必须按期兑现承诺。到期未兑现承诺的，直接从补充耕地储备库中扣减。

d.垦造的林地、园地等非耕地不得作为补充耕地用于占补平衡。城乡建设用地增减挂钩实施中，必须做到复垦补充耕地与建新占耕地数量相等、质量相当。

e.对违法违规占用耕地从事非农业建设，先冻结储备库中违法用地所在地的补充耕地指标，拆除复耕后解除冻结。经查处后，符合条件可以补办用地手续的，直接扣减储备库内同等数量、质量的补充耕地指标，用于占补平衡。[①]

f县域范围内难以落实地占补平衡的，省级自然资源主管部门要加大补充耕地指标省域内统筹力度，保障重点建设项目及时落地。

②严格监管补充耕地落实

文件提出国家要建立统一的补充耕地监管平台，严格补充耕地监管。所有

---

① 柴世民.打造共富示范区的杭州乡村振兴样板 [J].新农村,2022(01):5-7.

补充耕地项目和跨区域指标交易全部纳入监管平台，实行所有补充耕地项目报部备案并逐项目复核，实施补充耕地立项、验收、管护等全程监管，并主动公开补充耕地信息，接受社会监督。

由上述文件要求可看出，国家对补充耕地项目实施、监管要求越来越严。通过监管平台的搭建，倒逼各地切实负起责任，加强补充耕地项目的管理，强化项目选址论证，严格验收核定和管护利用，强化补充耕地信息报备，确保补充耕地来源明确、数量准确、管护严格落实。补充耕地项目验收作为是核实补充耕地数量、质量的重要手段，因此在验收规程研究中须严格落实上级文件要求，通过制定严格、规范、标准的验收规程，把好补充耕地项目质量关。

（2）强化补充耕地过程管理，严格补充耕地项目实施和验收

根据《自然资源部办公厅关于进一步加强补充耕地项目管理严格新增耕地核实认定的通知》（自然资办发〔2022〕36号），项目竣工后，按照国土变更调查技术规程，逐地块调查测量新增耕地位置、面积和利用状况，通过日常变更机制报部核查通过后，核定新增耕地面积，并按规定评定新增耕地质量，形成明确验收意见。未达到国土变更调查耕地标准的地块，不得认定为新增耕地。对于归并田块、削减田坎新增耕地地块，以整理前后实测田坎净减少面积作为新增耕地面积。对于农村道路、沟渠等线状地物，未进行实质性工程整治的，不得以精度变化为由变更地类。

根据上述文件的要求，规程验收应落实国家进一步加强补充耕地项目管理，严格新增耕地核实认定，加强补充耕地项目全流程管理的要求。而新增耕地核实认定，是补充耕地项目验收过程的重要一环，在县级验收、市级验收阶段均需严格按照国家有关文件要求落实。因此，在验收规程编制中需把新增耕地核实认定纳入验收工作内容。其中，关于新增耕地的来源，需要通过采取内业审查与外业核查相结合的方式，对地类、面积、质量等别等进行认定和核算，严格核定新增耕地，确保新增耕地数量真实、质量可靠，确保补充耕地项目可长期稳定并能可持续利用。

（3）加强动态监管体系建设，严格补充耕地项目审核与监管

为落实《自然资源部农业农村部国家林业和草原局关于严格耕地用途管制有关问题的通知》（自然资发〔2021〕166号）和《自然资源部办公厅关于进一步加强补充耕地项目管理严格新增耕地核实认定的通知》（自然资办发〔2022〕36号）关于实施补充耕地立项、验收、管护全程监管的规定，利用国土空间规划

"一张图"构建监管体系，按照"统一底图、统一标准、统一规划、统一平台"要求，自然资源部对耕地占补平衡动态监管系统进行了升级改造，并出台《自然资源部办公厅关于改进耕地占补平衡动态监管系统的通知》（自然资办函〔2022〕2483号）。

该文件提出要实行新增耕地先变更地类再验收报备，要求各地补充耕地项目竣工后，新增耕地应通过日常变更机制报部核查，核查通过后按规定开展项目验收和报备工作。同时，新增耕地报备还需与国土变更调查工作衔接，确保新增耕地"地、数、图"一致。自然资源部将利用国土变更调查、日常变更核查结果对报备新增耕地进行套合比对分析，未变更地类的新增耕地不予报备入库。

在验收规程验收中要严格落实上级政策要求，把通过日常变更机制报自然资源部核查纳入验收流程内，确保项目验收过程中，严格按照国家要求落实该项工作。

6.3.2 广东省补充耕地的做法及成效

广东省人多地少，耕地资源稀缺，处于工业化、城镇化快速发展时期，建设用地供需矛盾十分突出，为了切实保护耕地，促进节约集约用地，必须探索出一条建设占地少、利用效率高的符合当前实际的土地利用新途径。

广东省为加强补充耕地项目管理，规范补充耕地建设行为，根据《中华人民共和国土地管理法》《中华人民共和国土地管理法实施条例》《中共中央国务院关于加强耕地保护和改进占补平衡的意见》《广东省土地管理条例》《广东省非农建设补充耕地管理办法》等法律法规和政策规定，结合广东省实际，制定了《广东省补充耕地项目管理办法》。

本办法为落实国家关于耕地占补平衡的要求，依据国土空间规划和相关专项规划，通过工程措施新增耕地（水田、水浇地、旱地），并产生补充耕地指标的土地整治项目。包括：

1. 将农用地中的非耕地、未利用地以及建设用地开垦为水田、旱地、水浇地的新增耕地项目；

2. 将耕地中的旱地、水浇地改造为水田，以及耕地地类未变化仅提升耕地质量的提质改造项目；

3. 其他需要产生补充耕地指标的土地整治项目应当按照本办法执行。

各地要落实耕地保护党政同责，按照"谁建设、谁管理"原则，加强项目整体谋划，对补充耕地项目选址立项、勘测设计、预算、实施、验收、报备入库、后期管护、资金使用等环节进行全流程管理，强化日常监管，确保新增耕地数量真实、质量可靠。

其中有以下 6 个重点需要注意：

（1）简化审批流程（下放评估论证权限至县级人民政府）

《办法》规定：县级自然资源主管部门组织有关部门和建设单位开展实地踏勘选址，土壤检测；涉及园地、坑塘水面等适宜开发的农用地以及未利用地等地类论证，由县级人民政府组织有关部门进行评估论证，出具论证意见。

（2）严控永久基本农田总量（确保总量不因项目建设而减少）

《办法》规定：因开展必要的基础设计配套建设占用或优化永久基本农田的，要在项目区内补足，项目区内难以补足的，由县级人民政府统筹在县域范围内落实补划任务；方案中增加永久基本农田平衡分析，说明永久基本农田占用和补划地块的具体位置、面积和质量等情况。

（3）严控方案审批（重大变更需评审备案）

《办法》规定：减少新增耕地或水田面积、降低工程建设标准或降低耕地质量所造成的变更属于重大变更，重大变更由建设单位向县级自然资源主管部门提出申请，县级自然资源主管部门按照本办法第十五条的规定，对变更规划设计方案组织评审和审批，并将变更批复报市级自然资源主管部门备案。

（4）细化验收流程（专家组需出具单项工程验收意见）

《办法》规定：组织行业专家（5 名以上单数）成立县级验收组，依据单项工程验收资料、建设标准、规划设计方案、土壤检测结果、新增耕地核定县级初审结果等资料，重点对新增耕地的范围、数量、质量以及土地平整、田坎、道路、沟渠、灌溉水源等单项工程是否达到规划设计要求和建设标准进行验收。

垦造水田项目还应对自流灌溉、防渗保水等指标是否达到建设标准进行验收。以上验收，需由验收组专家出具各单项验收意见。

（5）规范信息报备（实行全过程监管，明确填报时限）

根据《办法》，县级自然资源主管部门完成踏勘选址（数据预检）、项目立项（立项批复文件、地块坐标和计划新增耕地坐标等）、预算（规划设计和预算批复文件等）、实施（招投标信息、工程施工进度和重大变更信息等）、验收（验收意见函、验收地块坐标和新增耕地坐标、验收确认函等）、监管（后期管护协议）等各阶段信息报备，经市级审核，省级复查后推送到全国耕地占补平衡动态监管系统。

（6）严格指标认定（新增耕地多级审核，确保指标真实可靠）

《办法》提出，省、市、县三级自然资源主管部门要严格开展新增耕地核定与报备工作。

县级自然资源主管会同同级农业农村等相关部门完成新增耕地核定县级初审，市、省两级复核通过后，报自然资源部复核确认。

省、市两级自然资源主管部门应按照规定比例对新增耕地核定结果进行实地抽查复核，发现问题要督促及时整改到位。

县级自然资源主管部门应对新增耕地与日常变更核查结果进行套合比对分析，未通过日常变更的新增耕地不得报备入库。

《办法》进一步优化了补充耕地项目管理流程，在项目的选址和立项、设计和变更、实施、验收，以及资金使用要求等方面呈现以下新变化：

（1）项目选址和立项阶段

①新增耕地第二次全国土地调查（以下简称土地"二调"）以来非耕地（第七条）

②新增耕地前三年遥感影像或实地踏勘为非耕地（第七条）

③土地"二调"是水田或者三年遥感影像为水田的不能形成水田指标（第七条）

④禁止立项区域增加水土流失易发生区等生态敏感区域（第八条）

⑤增加立项坐标预检、立项规模和计划新增建设前高清影像图（第九条）

⑥园地、坑塘水面等适宜开发的农用地以及未利用地纳入整治范围的，论证等需出具各部门意见并将论证范围线上传监管系统（第九条）

⑦立项备案资料增加，即项目区空间规划图、项目灌溉规划图、地力培肥补贴方案（第十二条）

（2）项目设计和变更阶段

①项目规划设计新增耕地范围超出立项范围的，应按照本办法重新立项（第十三条）

②规划设计与预算未经批复的项目，不得开展施工单位招标（第十五条）

③项目投资预算增加至少三年的地力培肥补贴方案（第十五条、第十六条）

（3）项目实施阶段

①项目变更不得增加总投资预算，需要增加的要重新报批预算方案（第十八条）

②规划设计重大变更：重大变更类型增加"降低工程建设标准"（第十八条）

③施工前、中、后全流程管理，监理人员定时定位拍摄并上传能够反映实际工程量、工程质量、工程进度的影像资料，特别是要加强隐蔽工程和灌溉水系工程施工监管（第十九条）

④项目实施阶段，由县自然资源部门督促监理单位按照监理要求完成影像采集报备（第二十六条）

（4）项目验收阶段

①竣工测量须将项目区内的田面高程及田坎、道路、沟渠等地物的长、宽、高相关要素准确实测标绘（第二十一条）

②县级验收需要通过日常变更机制报自然资源部核查（第二十二条）

③县级增加新增耕地核定（第二十二条）

④市级验收增加对是否完成日常变更的核查（第二十三条）

⑤市级验收确认增加是否已形成耕地占补平衡指标和年度变更是否完成（第二十四条）

⑥市、县级验收资料增加实施前后水源对比图、2018土地利用现状表（第二十五条）

⑦验收确认申请需要有全国耕地占补平衡指标页面截图（第二十五条）

（5）资金使用要求项目无法报备入库形成指标的不予决算（第三十九条）

广东全域耕地都是"一年三熟"，平均质量比全国耕地平均质量等别高出4等多，其中水田占比超过七成，光照、水热条件都很好。广东自2017年起大规模实施垦造水田，累计已完成垦造36.6万亩，形成水田指标25万亩，彻底还清16.3万亩历史承诺，有力保障162个重大项目落实占补平衡。值得关注的是，通过推进垦造水田，省级累计出售垦造水田分成指标7.2万亩，粤东、粤西、粤北地区累计向珠三角地区售卖1.5万亩水田指标，获得收入112.82亿元，有力促进了区域资源优势互补和平衡协调发展。广东连续23年实现耕地占补平衡，连续两年实现耕地净流入，每年均超额完成国家下达的批而未供和闲置土地处置任务，节约集约用地水平在全国所有省区位列第一。

6.4 耕地整治建设成效与问题

6.4.1 耕地整治建设总体成效

当前，我国土地整治贯彻人与自然和谐共处的原则，践行习近平总书记提出的"绿水青山就是金山银山"的观念，将土地整治的目标从关注耕地数量转向加强耕地质量建设，从改善农田产出转向改善农田生态环境。新时代的土地整治将建设连片集中的高产稳产、抗灾能力强的高质量农田，兼顾"产业兴旺、生态宜居、乡风文明、治理有效、生活富裕"。

土地整治正朝着景观生态型土地整治转变，以生产空间、生活空间和生态空间用地的合理配置与景观生态规划相统一为发展目标。为适应我国正在推进的治理体系和治理能力的现代化，缓解或解决资源承载能力趋紧、生态安全与粮食安全等问题，满足生态文明建设与城乡一体化建设的需求，实现耕地与建设用地的科学规划、"三生"空间的合理配置和国土资源的空间布局优化，构建城乡一体化生态基础设施、保护生物多样性及提升生态系统服务功能，全域土地整治作为土地整治内涵功能变化的新特征，为指导土地整治实践提出了重要思想和亟待深化探索的重要举措，推进实现不同层次的土地管理，能够有效解决土地整治转型适应生态国土建设的重要问题，着力解决新农村建设中的农业经营分散、农民居住分散、农村公共服务分散等问题。中国土地整治从以乡村为主、以农地、废弃地等为主的传统整治格局迈向城乡全域土地整治的新局面。

当前，我国耕地总量下降势头得到扭转，高标准农田建成面积持续增加，农田基础设施持续改善。人均耕地少、高质量耕地少、后备耕地少是基本国情，我国仍需高度重视"耕地的数量保障、质量提升、生态修复和治理效能"四个方面的情况和问题。[①] 耕地数量方面，应改进耕地占补平衡制度，优化土地利用结构，保持耕地占补数量不减少，耕地总量动态平衡，坚决杜绝耕地"非农化"；耕地质量方面，永久基本农田坚持采用严格的用途管制制度，保护优质耕地，维持粮食生产能力不减弱；大力推进高标准农田建设，开展土地平整、土壤改良、灌溉排水等工程建设，全力提升耕地质量，"小田并大田"解决耕地"细碎化"；经济效益方面，全方位构建耕地经济补偿机制，激发耕地保护

---
① 韩杨.中国耕地保护利用政策演进、愿景目标与实现路径 [J].管理世界,2022,38(11):121-131.

6. 土地整治与农田建设

主体的积极性，有效遏制耕地"非粮化"。习近平总书记指出，要守住耕地这个命根子，坚决整治乱占、破坏耕地违法行为，加大高标准农田建设投入和管护力度，确保耕地数量有保障、质量有提升。

我国的土地整治在保护耕地面积与耕地质量、挖掘土地潜能并增加土地收益、发挥土地生态功能等几个方面发挥了重大作用并取得了重大成果。而乡村的土地整治在协调城乡二元结构、解决乡村空心化等社会问题上都有显著成效。乡村地区以优质的自然资源、自然环境以及相对充盈的土地面积增加了对资源的吸引，投身于乡村建设的人才数量、质量以及催化的产业与资金逐渐形成规模。在城乡一体化发展模式下，土地整治后的乡村土地所具备的生态性为其带来了巨大的康养旅游发展潜力，由"市民下乡"带动的新一轮消费模式在促进乡村发展方面已经取得了良好的收益。

在未来，土地整治的管理技术与方式将更加科学合理，土地整治工程将结合生态工程与测绘技术，组织农业、水利、国土资源等众多部门从产业发展、环境收益等多方面出发；土地整治的管理目标将更加清晰，工作展开将细化到县级单位，并且将资金使用的权力逐步下放，以基层需求确定土地整治各项目的资金预算。

信息化管理将成为未来土地整治的重点，通过信息化实现更为科学且可持续的农田建设、道路建设、村庄规划。基于 GIS 系统的土地整治信息化已经部分实现了土地潜力评估、土地整治能效评估与土地信息的三维可视化，为我国土地整治工作提供了巨大助力。"全国耕地灌溉面积有 10.55 亿亩，为高标准农田建设提供了有利条件。"

6.4.2 土地整治与建设存在的问题

（1）建设标准不科学，建设质量泛化，呈现规划实施与工程质量失谐

近年来，无论从国家还是地方层面，均制定了高标准农田建设标准。但是，由于我国地形地貌复杂多样，为了保障国家粮食安全，高标准农田不仅要建设在平原上，还要有些建设在山区斤砖盆地等地形上。国家和地方制定的高标准农田建设标准大多有"集中连片"的规定，对于平原、山区、丘陵地区没有明净的区分，导致不论是平原丘陵山地区，还是滨湖平原或盆地，高标准农田建设的标准单一化，缺乏不同地形对高标准农田建设的多样性需求，没有做到因

地制宜合理空间布局，导致引发水土流失等潜在的生态破坏问题。

（2）资金投入不精准，资金来源固化，呈现配套资金与融资渠道错位

我国地区间实际情况复杂、地形地貌多样，建设高标准农田资金投入仍存在不精准的现象。例如，根据各地对高标准农田投入的区域差异，每亩投入300元甚至更高的高标准农田明显要优于投入1500元甚至更低的高标准农用。此外，大多地区在投资建设高标项目过程中，并没有明确区分山区、丘陵，平原等地形的不同，在不同地形状况投相同标准建设高标准农田，导致建高标准农田难以发挥预期功自效果。目前高标准农田建设资金来源大多为国家一部分，地方配套的模式，部分地方对高标准农田建设资金主要依靠国家财政拨款，主动作为较少，社会资本参与度低，导致资金投入少，建设标准低。

（3）监督机制不健全，管护能力弱化，呈现监督管理与管护主体错配

从公开报道看，高标准农田建设领域出现一些贪腐现象。无论从初期规划、招标建设，还是后期管护，都存在一定的监管风险。梳理近年来出合的农田建设管理文件内容，大多以项目招标建设监管为主，缺乏对项目设计规划和后期管护阶段的监督，不能形成建设前、建设、建设后的全过程监督闭环，容易造成监管漏洞，滋生高标准农田建设领域腐败的土壤。从现实情况看，建成后的高标准农田一般由乡镇管理，乡镇又按照属地交给村委会管护，存在"重建设、轻管护"的现象。一般情况下，乡镇把高标准农田多交村工部后，就很少参与管护工作，而落实管护责任的村干部大多缺乏土地管护相关专业知识，无法对高标准农田开展科学的管护工作，甚至有的高标准农田的质量比一般农田还要差而被撂荒。

6.4.3 应对耕地建设利用问题的对策

（1）开展土地整治复耕

市、县级人民政府要采取有力措施组织开展撂荒耕地整治，对具备耕种条件的，立即组织复耕复种；对暂时不具备耕种条件的，制订整改方案，明确时间表和路线图，分期分批推进复耕复种。对因土地流转不畅导致撂荒的耕地，要采取转包（出租）、互换、转让、入股、代耕代种、联耕联种及托管等方式引导土地流转。① 鼓励和支持各类新型经营主体对撂荒耕地进行全程托管或主

---

① 肖乃花.遏制耕地"非农化"严格管控"非粮化"[N].中国自然资源报,2021-07-20(006).

要生产环节托管。对耕种基础设施差,特别是排灌设施瘫痪导致撂荒的耕地,要加强中小型水利、农机通道等设施建设,开展土壤培肥改良、退化耕地综合治理。对原属耕地特别是符合高标准农田建设选址条件的残次果园、残次林地地块进行梳理,结合资源条件、农民意愿等因素确定可整治复耕的地块,通过引导农业种植结构调整、高标准农田建设、垦造水田、土地综合整治及不实补充耕地整改等方式分期分批组织复耕。

（2）实施耕地综合整治提升

各地应在高标准农田建设、全域土地综合整治试点工作中,对耕地、永久基本农田进行综合整治提升。全域土地综合整治试点涉及调整永久基本农田布局的,必须按规定编制调整方案并经省自然资源厅、农业农村厅审核通过后,将相关内容纳入试点实施方案和相应的国土空间规划,待整治区域完成整治任务并通过验收后,更新完善永久基本农田数据库,确保数量有增加、质量有提升、生态有改善、布局更加集中连片、总体保持稳定。加强事中事后监管,防止出现调整补划地块以劣换优、划远不划近、以次充好等情况。

（3）拓宽补充耕地来源途径

市、县级自然资源主管部门结合高标准农田建设组织实施补充耕地或耕地提质改造项目的,要将新增耕地坐标等项目信息提供给同级农业农村主管部门,由其报经省农业农村厅同意后纳入高标准农田建设任务完成量。各地农业农村部门实施高标准农田建设项目涉及新增耕地和产能提升的,由县级农业农村主管部门向同级自然资源主管部门申请核定,并由县级自然资源主管部门逐级报至省自然资源厅复核认定,纳入全省耕地占补平衡年度计划管理。项目信息管理与相关核定规则由省自然资源厅、农业农村厅另行制定。

（4）强化补充耕地后期种植管护

市、县级人民政府要加强垦造水田等补充耕地项目后期种植管护,统筹项目垦造成本（即项目投资预算资金）、用于农业农村的土地出让收入、补充耕地指标调剂收益、完成考核任务后的涉农统筹整合资金等资金,按规定保障后期管护费用,并将垦造水田等补充耕地项目优先划入粮食生产功能区、安排用于落实本行政区域的粮食播种面积。县级人民政府要制定本行政区域补充耕地项目后期管护实施方案,明确管护职责、措施、标准及期限等要求,压实镇、村及土地承包经营者的管护责任。

（5）科学谋划因地施策，推进高标建设提质增效

结合各地实际，因地制宜的科学谋划高标准农田空间布局，综合评价平原山区等地形建设高标准农田的可行性，明确高标准农田建设在不同地形区域的建设内容，增强高标准农田在不同区域的适应性，使其建设更科学。高标准农田能否发挥既定效果，关键在于建设质量。首先，制定更加详尽的高标准农田建设质量评价标准，不仅需要国家制定区分地形地貌的高标准农田建设质量评价标准，各地方也要根据国家标准，制定指导本地区高标准农田建设切实可行的质量评价方案，做到既整齐统一又因地制宜，为建设质量提供实施依据，其次，成立高标准农田建设领导小组，提高对建设质量的重视为高标准农田建设提供组织保障。建立激励机制，对验收地方高标准农田建设质量好的效仿国家进行督查激励，严格落实"问责制"，对验收地方高标准农田建设质量差的进行责任划分处理。

（6）建立健全监督机制，促进管护能力提档升级一是建立健全监管机制

实行最严格的农田保护制度，加快修订高标准农田建设监督管理办法，将高标准农田建设监督向建设前、建设后延伸，注重运用大数据、遥感新技术等对建设项目开展实时监测、动态评估，建立智慧型高标准农田监管体系。二是大力提高管护能力。按照"谁受益、谁使用、谁管护、谁负责"原则，建立以"县级政府主导、乡镇负总责、村为主体"的高标准农田建后管护机制，建立起家庭农业农户、农业管护人员和专业合作社等地方协同的管护体系，把高标准农田管护工作纳入管护主体的考核范围，有效把管护范围、管护责任、管护费用等明纳入《农田建设项目管理办法》和《农田建设补助资金管理办法》之中。制定有效的管护标准，对参与管护工作的乡镇干部、村干部及其他管护人员给予一定程度的奖励，加大对管护主体的培训力度，让管护主体掌握农田管护的新技术、新技能，增强管护主体的管护本领，使管护工作可持续，确保高标准农田发挥长久效益。

7. 耕地生态管护

7.1 耕地生态管护概述

7.1.1 耕地生态管护的概念界定

耕地生态管护，最早来源于我国"十五"期间对耕地保护目的的阐述[1]，后来逐步在政策中发展完善。有学者认为耕地生态管护是指对耕地生态系统的管理和保护[2]，目的是使耕地能够持续利用。[3] 还有学者认为狭义的耕地生态管护对象仅为耕地，而广义的耕地管护对象则超越耕地本身，还涉及农田水利设施和防护林等，是更大尺度上的耕地生态系统。[4] 也有学者认为耕地生态管护需要综合运用法律、经济、行政和宣传教育等多种管理措施，构成系统的管护体系。[5]

基于现有研究，本文认为，耕地生态管护是指为维护耕地生态系统整体稳定、促进耕地可持续利用、实现耕地粮食生产能力，通过正确认识耕地生态系统的内涵和特征，在开垦耕地、利用耕地、修复耕地、退出耕地等环节采取的保护和改善生态环境、防治土壤污染、改良土壤生态功能、整治修复耕地生态系统、推动耕地生态产品价值实现等科学保护和管理措施。管护对象方面，从可实施管护措施等角度考虑，确定以耕地土壤为主要管护对象，兼顾气候、水

---

[1] 鹿心社. 统一思想 狠抓落实 切实做好"十五"期间耕地保护工作——在全国耕地保护工作会议上的总结讲话 [J]. 国土资源通讯，2001(07):32-38.
[2] 谢俊奇，郭旭东，李双成，等. 土地生态学 [M]. 北京：科学出版社，2014:343.
[3] 王万茂，李志国. 关于耕地生态保护规划基本问题的探讨 [J]. 中国生态农业学报，2001(04):58-61.
[4] 郝亮，汪晓帆，张丛林，等. 中国耕地生态管护制度碎片化困境与整体性治理研究 [J]. 干旱区资源与环境，2019, 33(08):26-35.
[5] 汪晓帆，郝亮，秦海波，等. 政策工具视角下中国耕地生态管护政策文本量化研究 [J]. 中国土地科学，2018, 32(12):15-23.

文、生物多样性等要素。

值得注意的是，虽然耕地生态系统是生态系统的组成部分，但不同于森林、草原、湿地等自然生态系统，耕地生态系统是受人工高度干预和调控的自然—人工复合生态系统。[1] 耕地的主体功能是粮食生产功能，耕地生态系统所具备的气候调节、水源涵养、净化环境、养分循环等生态功能是耕地行使农产品生产功能时附带产生的，其生态系统的结构应主要向着满足人类食物需求功能的方向转化。[2] 因此，耕地生态管护应该将耕地视为一个"活"的生命系统[3]，以耕地生态系统稳定为前提恢复与修复生态功能，促进耕地可持续利用和粮食生产。

7.1.2 耕地生态管护的研究综述

自1935年Tansley提出"生态系统"概念以来，有关生态系统功能（Ecosystem functions）研究就成为学者们关注的重点，并且随着全球性和区域性生态危机日益显现，其研究热度也在不断升温。耕地生态系统作为陆地生态系统重要组成部分，不仅能够为人类提供具有经济价值的产品，其水源涵养、碳储存等服务对人类社会发展也是极其重要的。长期以来，耕地生态系统问题备受国内外学者的关注。美国学者FOLEY从全球尺度分析了耕地资源高强度利用带来的生态代价，提出了耕地功能失衡的理论框架，并归纳出社会发展不同阶段下的土地利用结构转型规律。[4] 国内学者张凤荣等提出了土地生态保护的概念[5]，对耕地生态保护的内涵进行了辨析[6]，并出版了《土地保护学》。自中华人民共和国成立以来，为满足大规模开垦土地资源的国家粮食安全战略要求，李连捷牵头在西北[7]、东北地区进行耕地资源适宜性调查与评价[8]；石玉林等制作

---

[1] 胡月明，杨颙，邹润彦，等.耕地资源系统认知的演进与展望[J].农业资源与环境学报，2021，38(06):937-945+932.

[2] 张凤荣.厘清耕地生态保护的内涵[J].青海国土经略，2021(05):37-39.

[3] 汤怀志，郧文聚.新时期耕地保护需要"生态良田工程"[J].中国农业综合开发，2022(01):11-13

[4] JONATHAN A F, RUTH D, GREGORY P A, et al. Global consequences of land use[J]. Science, 2005, 309(5734): 570 -574.

[5] 张凤荣，吴克宁，宋乃平.土地保护学的基础理论与学科前沿[C]// 中国土地学会.21世纪中国土地科学与经济社会发展——中国土地学会2003年学术年会论文集.北京：中国土地学会，2003:41 - 45.

[6] 张凤荣.厘清耕地生态保护的内涵[J].青海国土经略，2021(05):37-39.

[7] 李连捷，辛德惠.内蒙河套地区灌溉农业的发展和和盐土改良分区[J].中国农业科学，1964(4):14 - 21.

[8] 张凤荣.回顾中国土壤分类历史，缅怀一代宗师李连捷教授[J].第四纪研究，2002(1):57 - 66.

完成了《中国 1 : 100 万土地资源图》。①

由于我国正式提出耕地生态管护概念的时间较晚,国内学者对耕地生态管护的研究成果较少。汪晓帆等量化研究了我国耕地生态管护政策文本,探讨其政策工具的类型及影响领域,为耕地生态管护政策的优化提供支持。② 郝亮等研究了我国耕地生态管护制度碎片化困境与整体性治理,指出我国耕地生态管护呈现主体与政策双重碎片化倾向。③ 孔祥斌研究了我国耕地保护生态治理内涵及实现路径,指出我国耕地存在空间适宜性差、作土垂直关系紊乱、生产生态功能失衡等问题。④ 李超等则对耕地生态建设与保护问题开展了探讨,提出了永久基本农田保护红线与生态保护红线不够协调,耕地保护与国土绿化、生态退耕之间存在矛盾,轮作休耕地块存在耕地认定风险,农田生态系统建设存在难题,"三位一体"的耕地占补平衡体系尚未完全形成等常见问题,并分析提出有关建议。⑤ 与此同时,我国对耕地生态管护也开展了一系列探索性的工作。20 世纪 70 年代开展的中低产田改造工程则以黄淮海盐碱地改良与综合治理最为突出;1997 年以来,中国逐步实施了以推动耕地占补平衡为核心的土地整治工程;2019 年 11 月,国办印发的《关于切实加强高标准农田建设提升国家粮食安全保障能力的意见》明确了到 2022 年全国建成 10 亿亩高标准农田的目标。正是这一系列工作的推进和工程的实施,中国保障耕地资源安全的能力得以显著提高。为加强对耕地资源的保护和生态治理,国家在 2014 年开始实施休养生息政策,包括黑土地保护工程、华北地下水治理和南方重金属污染治理等工程⑥;随后在 2016 年提出了"藏粮于地"战略,实施第二轮退耕还林还草工程。尽管国家对耕地数量、质量、生态三位一体的保护目标做出了顶层设计,但在生态文明背景下如何由被动保护耕地转向主动实施耕地生态管护,还有一系列重大理论和政策问题亟须回答,具体表现为在理论上缺乏思想指导、在部门之间缺乏统筹、在区域之间缺乏有效协同、缺乏政策实施的具体路径。

---

① 石玉林. 关于《中国 1/100 万土地资源图土地资源分类工作方案要点(草案)》的说明 [J]. 自然资源, 1982(1):63–69.

② 汪晓帆,郝亮,秦海波,等. 政策工具视角下中国耕地生态管护政策文本量化研究 [J]. 中国土地科学, 2018, 32(12):15–23.

③ 郝亮,汪晓帆,张丛林,等. 中国耕地生态管护制度碎片化困境与整体性治理研究 [J]. 干旱区资源与环境, 2019, 33(08):26–35.

④ 孔祥斌. 中国耕地保护生态治理内涵及实现路径 [J]. 中国土地科学, 2020, 34(12):1–10.

⑤ 李超,程锋,郧文聚. 耕地生态建设与保护问题探讨 [J]. 中国土地, 2022(03):30–32.

⑥ 孔祥斌. "休养生息"意在提质增效 [J]. 国土资源, 2016(2):9.

因此，当前中国迫切需要对耕地生态管护面临的新问题、新需求作出科学研判，并在此基础上明确耕地生态管护内涵，构建实施路径，为提升耕地生态管护水平提供科学依据。

7.1.3 耕地生态管护的制度意义

建设生态文明，关系人民福祉，关乎民族未来。面对资源约束趋紧、环境污染严重、生态系统退化的严峻形势，必须树立尊重自然、顺应自然、保护自然的生态文明理念。生态文明建设是关系中华民族永续发展的根本大计，良好的生态环境是耕地资源可持续利用的根本基础。耕地具有涵养水源、循环养分、调节气候、净化环境、生物多样性保护、景观构造等功能，是生态系统的重要组成部分，是国家粮食安全的根本保证，是发展绿色农业、发挥土地生态景观功能的根基和命脉。

新时期对耕地生态管护提出新要求。现行《中华人民共和国土地管理法》《中华人民共和国基本农田保护条例》等法律法规确立了耕地保护的基本制度。2022年9月，《耕地保护法（草案）（征求意见稿）》发布征求意见，从法律制度层面强化了对"耕地生态"的笔墨，将耕地"三位一体"保护的新要求上升为法律制度，确立科学规划、保护优先、从严管控、用养结合的耕地保护原则，和耕地数量不减少、质量有提高、生态功能稳定的耕地保护目标。

耕地生态管护是落实耕地"三位一体"保护的关键一环。与耕地数量、质量管控政策相比，耕地生态管护起步较晚且基础薄弱，仍然是耕地保护工作的短板。地方政府主要关注耕地"数量、质量"造成耕地"占优补劣""占近补远"的现象，导致水土流失、生态退化等新问题。以牺牲土地资源的生态服务价值为代价来保证耕地质量平衡，让耕地占补平衡的政策绩效大打折扣，亟待加强耕地生态管护研究，深入完善相关政策、制度设计，探索形成具有广东特色的耕地生态管护经验。

高度城镇化地区对耕地生态功能的需求尤为迫切。随着社会经济发展，人民日益增长的物质生活和精神生活不断提高，从只追求耕地的单一生产功能，转换为追求耕地生产、生态、文化等多种功能的结合。耕地作为优化城市和乡村生态网络的基本单元，在保持城乡空间平衡发展、净化空气、调节气候、保护生物多样性等方面具有不可替代的作用。特别是在城市，耕地作为开敞空间，可以与城市内部及其周边的山体、湖泊、河流、森林等共同构成生态屏障。[①]以广东省为例，平均一亩水稻田产量为400—500公斤，每公斤按1.5—2元的价格计算，其经济价值可能只有600—1000元，但其排涝、保湿和净化水质等方面的生态价值估值却远远不止几百元。

7.2 耕地生态管护政策与实践

相比于耕地保护的数量管控和质量管理，我国耕地生态管护工作起步较晚且基础薄弱，以牺牲耕地生态为代价来保证耕地占补平衡，引发农药与化肥过量使用、水土流失加剧、土地退化严重、生态环境恶化等新问题。纵观我国耕地生态管护政策发展，可以将其分为三个阶段，即耕地生态管护政策出台早期探索（1978—2000年）、耕地生态管护概念正式提出阶段（2001—2010年）、耕地生态管护制度完善阶段（2011年至今）。

萌芽与早期探索阶段（1978—2000年）
- 1981年，《政府工作报告》
- 1983年，《当前农村政策的若干问题》
- 1986年，《关于制止侵占耕地建议的通知》
- 1987年，《中华人民共和国土地管理法》《关于农业结构调整中严格控制占用耕地的联合通知》
- 1997年，《关于进一步加强土地管理切实保护耕地的通知》
- 2000年，《关于加大补充耕地工作力度确保实现耕地占补平衡的通知》

正式提出阶段（2001—2010年）
- 2001年，《关于进一步加强和改进耕地占补平衡工作的通知》
- 2003年，《关于清理整顿各类开发区加强建设用地管理的通知》
- 2004年，《关于深化改革严格土地管理的决定》
- 2005年，《省级政府耕地保护责任目标考核办法》
- 2008年，《耕地占用税暂行条例》《全国土地利用总体规划纲要（2006—2020年）》《关于土壤污染防治工作的意见》《关于印发〈全国土壤污染状况评价技术规定〉》

制度完善阶段（2011年至今）
- 2012年，《关于提升耕地保护水平全面加强耕地质量建设与管理的通知》
- 2013年，《中华人民共和国农业法》
- 2015年，《中共中央 国务院关于落实发展新理念加快农业现代化实现全面小康目标的若干意见》
- 2016年，《探索实行耕地轮作休耕制度试点方案》《关于全面划定永久基本农田实行特殊保护的通知》
- 2018年，《土壤污染防治法》
- 2019年，《土地管理法》《关于切实加强高标准农田建设提升国家粮食安全保障能力的意见》
- 2020年，《建设项目环境影响评价分类管理名录》
- 2022年，《高标准农田建设通则》

萌芽与早期探索阶段（1978—2000年）
- 注重耕地保护与耕地数量管控的协调，**开始宣传生态理念**
- 以宏观文件进行管控，逐步明晰耕地保护的基本概念，并有意识地注重耕地生态保护
- 缺少可操作的具体举措，对生态环境的认识不够

正式提出阶段（2001—2010年）
- 以保护和改善生态环境为基本原则，以耕地质量管护的治理为重点，**耕地生态管护概念正式提出并实施**
- 耕地生态管护以土壤污染防治开始了有关探索
- 各部门从各自职能出发开展了有关耕地生态管护的工作

制度完善阶段（2011年至今）
- 更加注重耕地质量和生态保护，构建了**数量、质量、生态"三位一体"的耕地保护格局**
- 耕地生态保护工作越来越受到重视（土壤污染防治立法、高标准农田绿色发展、轮作休耕等）
- 耕地保护纳入国土空间管理

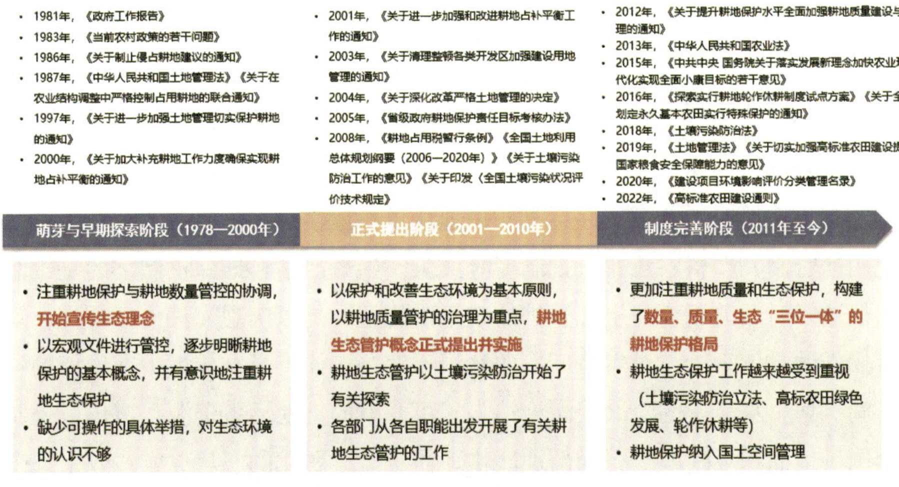

图7-1 我国耕地生态管护政策历程

7.2.1 耕地生态管护萌芽与早期探索（1978—2000年）

这一阶段政策明确，注重耕地保护与耕地数量管控的协调，开始宣传生态理念，是耕地生态管护政策的早期探索。1978年改革开放后，由于地方政

[①] 周怀龙，郭琳琳，王春磊. 大城市周边耕地的功能性与民生需求保障调查[J]. 中国土地，2023(1):4.

府对耕地投入不够、盲目开垦，加上随着经济不断发展、工业化程度提高，使得耕地污染、土壤肥力下降、耕地数量快速减少和质量下降等问题频发，其中1986至2000年间耕地转为草地和林地现象占耕地减少的47%[①]，耕地保护引起社会广泛关注。20世纪80年代，我国开始实施生态农业工程，组织生态农业试点县建设，宣传推广生态循环理念，在我国南方形成了"猪—沼—果"等模式，北方形成了"大棚—养猪—厕所—沼气"等模式，改善了农业生态环境。1981年，《政府工作报告》提出"十分珍惜每寸土地，合理利用每寸土地"的国策；1982、1983年中央一号文件均强调保护耕地；1986年《关于制止侵占耕地建议的通知》指出限制农用地随意被占用、征用，中央首次提出"耕地保护"的概念；1987年施行的《土地管理法》明确各级人民政府应当采取改良土壤、提高地力等措施保护耕地，防治土地沙化、盐渍化、水土流失。1997年，中共中央 国务院印发《关于进一步加强土地管理切实保护耕地的通知》明确，开发耕地应当以保护和改善生态环境为前提。1998年修订的《土地管理法》要求各级政府在耕地保护中防止土地污染，通过土地整理改善农业生产条件和生态环境，并明确了耕地占用补偿。2000年，原国土资源部发布，《关于加大补充耕地工作力度确保实现耕地占补平衡的通知》提出具体规定履行耕地"占一补一"的法定义务。

可以看到，中央政府连续出台政策文件，逐步明晰耕地保护的基本概念，丰富了多类耕地保护政策，并且有意识地注重耕地生态保护，耕地占补平衡、土地用途管制、严格农转非审批制度等成为实施最严格耕地保护制度的基本制度。但这一时期关于耕地生态管护的政策措施主要是以宏观文件进行管控，缺少可操作的具体举措，对生态环境的认识不够，例如将具有较大生态价值的江河、湖、塘、水库等的滩涂及海涂纳入了可开发的土地后备资源，也仍未遏制住全国耕地面积不断减少、局部地区耕地质量持续恶化的态势，实践效果远未达到预期目标。

7.2.2 耕地生态管护概念正式提出阶段（2001—2010年）

这一阶段政策以保护耕地为目标，以保护和改善生态环境为基本原则，

[①] Deng X, Huang J, Rozelle S, et al.Cultivated Land Conversion and Potential Agricultural Productivity in China [J]. Land Use Policy, 2006(4):372-384.

以耕地质量管护的治理为重点，耕地生态管护概念正式提出并实施。加入WTO后，我国城镇化工业化进入快速发展期，地方政府"土地财政"持续推进，非农建设的用地需求长期居于高位，大量耕地被侵占、耕地占优补劣现象持续发生，带来耕地数量、质量持续降低，耕地生态环境遭受巨大破坏等一系列问题。2001年，原国土资源部印发《关于进一步加强和改进耕地占补平衡工作的通知》（国土资发〔2001〕374号），提出要按照耕地数量、质量和生态管护三方面协调统一的要求开展耕地占补平衡，首次在政策文件中提出耕地生态管护的概念。

（1）国家层面

为应对地方政府"跑马圈地"式土地经营模式，国家于2004年《关于深化改革严格土地管理的决定》提出"禁止圈占土地、乱占滥用耕地"，从土地利用规划、基本农田保护、土地集约利用、耕地保护责任制度等多个方面完善了耕地保护政策体系。2005年，《省级政府耕地保护责任目标考核办法》实施耕地保护第一责任人制度；《国务院关于落实科学发展观加强环境保护的决定》（国发〔2005〕39号）提出，开展全国土壤污染状况调查和超标耕地综合治理，污染严重且难以修复的耕地应依法调整；合理使用农药、化肥，防治农用薄膜对耕地的污染；积极发展节水农业与生态农业，加大规模化养殖业污染治理力度。2006年开始，国家印发《关于推进社会主义新农村建设的若干意见》正式实施征收耕地占用税，并提倡科学使用化肥；2007年《政府工作报告》要求守住18亿亩耕地"红线"。

2008年中共十七届三中全会提出"永久基本农田"概念，《耕地占用税暂行条例》正式确立耕地保护共同责任制；国务院印发的《全国土地利用总体规划纲要（2006—2020年）》进一步要求将耕地保护由单纯的数量保护转向数量、质量和生态全面管护，因地制宜改善土地生态环境，对快速城镇化地区发挥耕地的生产、生态功能，对平原农业地区大力发展生态农业、防治农田面源污染，对山地丘陵稳步推进陡坡耕地的退耕还林还草，对能源矿产资源开发地区加强土地复垦的生态环境监测。原环保部门印发《关于土壤污染防治工作的意见》（环保部环发〔2008〕48号），提出完善农用土壤环境保护监管，积极引导和推动生态农业、有机农业，规范有机食品发展，组织开展有机食品生产示范县建设，还出台了《关于印发〈全国土壤污染状况评价技术规定〉的通知》（环发〔2008〕39号）等文件。

在一系列政策的引导下，耕地生态管护概念基本形成，体现在：一是国家政策首次提出"耕地生态管护"概念，要求耕地占补平衡要体现数量、质量和生态管护三方面协调统一，耕地保护手段从单纯的数量管控转向数量质量并重，并要求因地制宜改善土地生态环境；二是耕地生态管护以土壤污染防治开始了有关探索，提出要开展土壤污染调查、超标耕地综合整治、防治农用薄膜的污染等；三是各部门从各自职能出发开展了有关耕地生态管护的工作，如各级人民政府主要负责人对耕地保有量和基本农田保护面积等负责，原环保部门出台了土壤污染状况评价技术规程、开展了土壤污染调查等工作。另外，基本农田保护、建设用地增减挂钩等政策也不断完善，但是相关制度仍然缺乏系统性与整体性，缺乏对耕地生态管护的有效措施，经济发展与资源环境的矛盾仍较为尖锐。

（2）广东省层面

广东省根据国家《关于进一步加强和改进耕地占补平衡工作的通知》提出的耕地生态管护概念，在早期农业发展中开展部分探索，体现了耕地生态环境保护的理念。

2005年以来，按照原农业部的工作部署，广东省为指导全面实施测土配方施肥工作开展了有关探索。其中，《2007年广东省测土配方施肥工作方案》（粤农〔2007〕77号）提出，以发展环境友好型、资源节约型农业为目标，结合不同经济作物的需肥规律、土壤供肥性能和肥料效应，在合理施用有机肥的基础上，提出氮、磷、钾和中、微量元素等肥料的施用数量、施肥时期和施用方法，有针对性地补充作物所需营养元素，解决作物需肥与土壤供肥之间的矛盾，从而在保障作物肥力需求的同时，改善农产品品质，保护土壤的生态安全。②病虫害治理优化耕地生态环境。《广东省水稻"两迁"害虫治理方案》（粤农办〔2007〕148号），以"合理使用化学农药，减缓害虫抗药性产生，保护稻田生态环境"为出发点，提出高毒农药及害虫治理的管理举措。此后数年，广东省农业厅均更新印发了关于耕地土壤肥力、农药使用等耕地生态环境保护的政策文件。可以看出，该阶段主要从农产品质量和安全的角度，对耕地生态环境保护提出了要求，开展了耕地生态环境优化的有关探索，达到维护耕地生态系统整体稳定、促进耕地可持续利用的目的。③补充耕地开始注重生态保护。《广东省土地开发整理补充耕地项目管理办法》（粤府办〔2008〕74号）提出，项目选报原则之一是"保护和改善生态环境，发挥耕地的生产、生态双重功能，防止水土流失，达到经济效益、社会效益和生态效益的统一，促进土地资源可持续利用"；项目验收质量评定标准体现生态要求，包括表土层有机质含量、农田防护与生态环境保持等8项评定标准。《广东省易地开发补充耕地管理规定》要求易地开发补充耕地应注意保护生态环境，不得位于江河源头保护范围等区域，建设标准应达到地块方格化、灌溉硬底化、耕作机械化、环境园林化的要求，并将生态环境工程纳入项目设计方案一并考虑。

7.2.3 耕地生态管护制度完善阶段（2011年至今）

十八大提出促进工业化、信息化、城镇化、农业现代化同步发展，实现社会生产力的跨越融合式发展，在生态文明背景下，为切实保证耕地质量和修复生态环境，国家出台系列文件助推耕地生态管护政策体系的规范和完善，耕地保护内涵实现了由数量管控，到数量、质量并重，再到数量、质量、生态"三位一体"的演变。

（1）国家层面

2011年，我国对耕地的保护逐步进入数量质量并重，国务院时任总理温家宝在视察原国土资源部时提出"在做好数量管控的同时，加强质量管理和生态管护"。2012年原国土资源部印发《关于提升耕地保护水平全面加强耕地质量建设与管理的通知》，明确了耕地土壤重金属污染监测、被污染耕地治理等内容，对耕地保护初步赋予了"耕地数量管控、质量管理和生态管护"的新内涵。2013年《中华人民共和国农业法》明确各级人民政府在预防和治理水土流失、土地沙化、保护林地、草原等方面的责任，逐渐重视农业生态。

其次，在加快高标准农田建设保护耕地生态系统上，2014年《中共中央 国务院关于全面深化农村改革加快推进农业现代化的若干意见》指出"实施全国高标准农田建设总体规划"，2019年《关于切实加强高标准农田建设提升国家粮食安全保障能力的意见》对建设目标、管理体制、保障措施等做出规定，并提出要开展绿色农田建设示范，推动耕地质量保护提升、生态涵养、农业面源污染防治和田园生态改善有机融合，提升农田生态功能。

再次，在建立耕地轮作休耕制度维持地力方面，2015年《中共中央 国务院关于落实发展新理念加快农业现代化实现全面小康目标的若干意见》提出"耕地轮作休耕制度试点"，2016年农业部等十部委办局印发了《探索实行耕地轮作休耕制度试点方案》，探索通过实行耕地轮作休耕制度促进耕地休养生息和农业可持续发展。

最后，随着生态文明建设的深入推进，提出耕地数量、质量、生态"三位一体"保护。2015年中共中央、国务院印发《关于落实发展新理念加快农业现代化实现全面小康目标的若干意见》，明确提出"推进耕地数量、质量、生态'三位一体'保护"，标志着我国耕地保护正式进入耕地"三位一体"保护新阶段。2016年原国土资源部、原农业部印发的《关于全面划定永久基本农田实行特殊保护的通知》提出"全面划定永久基本农田"，2017年印发的《关于加强耕地保护和改进占补平衡的意见》，再次强调着力加强耕地数量、质量、生态"三位一体"保护。2018年全国人大常委会通过《土壤污染防治法》，要求未利用地、复垦土地等拟开垦为耕地应当依法进行土壤污染状况调查，并将耕地轮作休耕等内容纳入2019年新修正的《土地管理法》中。2020年，生态环境部发布《建设项目环境影响评价分类管理名录》，要求永久基本农田范围内的农产品基地项目应按规定提交环境影响评估报告表，就项目对环境敏感区的影响做重点分析。2022年，农业农村部修订《高标准农田建设通则》（GB/T 30600—2022）后实施，增加了"绿色生态原则"，要求高标准农田建设应遵循绿色发展理念，促进农田生产和生态和谐发展；将绿色生态理念贯穿于高标准农田建设全过程，明确高标准农田建设田块平整时不宜打乱表土层与心土层、应推广节水灌溉技术、农田防护与生态环境保护工程等；鼓励应用绿色材料和工艺，建设生态型田埂、护坡、渠系、道路、防护林、缓冲隔离带等，减少对农田环境的不利影响。

表7-1 耕地生态管护部分指导性政策

颁布时间	政策名称	制定或牵头部门
2012年	《中华人民共和国清洁生产促进法》	全国人民代表大会常务委员会
2013年	《中华人民共和国农业法》	全国人民代表大会常务委员会
2014年	《中华人民共和国环境保护法》	全国人民代表大会常务委员会
2015年	《关于加快推进生态文明建设的意见》	中共中央 国务院
2015年	《生态文明体制改革总体方案》	中共中央 国务院

这一时期我国耕地保护内涵得以深化，延伸至数量、质量和生态三位一体综合保护，使我国的耕地保护体系上升到更高的高度，耕地生态管护制度建设不断完善。一是更加注重耕地质量和生态保护，多个部门、多个政策提到了耕地的生态保护问题，构建了数量、质量、生态"三位一体"的保护格局。二是耕地生态保护工作越来越受到重视，如土壤污染防治以立法的形式进行了确认、环境影响评估报告作为永久基本农田范围内的农产品基地项目实施的要件、高标准农田建设应遵循绿色发展理念等。三是将耕地保护纳入国土空间管理，2018年自然资源部成立，统一行使全民所有自然资源资产所有者职责，2019年《中共中央 国务院关于建立国土空间规划体系并监督实施的若干意见》提出"建立国土空间规划体系并监督实施"，并将耕地轮作休耕、高标准农田、国土空间规划等内容以法律形式确定下来，制度体系建设逐渐完善。

（2）广东省层面

2011年以来，为响应"在做好数量管控的同时，加强质量管理和生态管护"的要求，广东省按照数量管控、质量管理和生态管护的"三位一体"，逐渐重视耕地生态管护与耕地数量管控、质量管理的协同性。

①耕地质量要求注重生态保护。《关于加大耕地提质改造力度严格落实占补平衡的通知》（粤国土资规字〔2016〕2号）提出，在有利于保护生态环境、有利于现代农业建设的前提下，将耕地开垦和提质改造工作纳入各级土地整治规划，作为重要规划内容等；《广东省土地整治垦造水田建设标准》（粤农〔2016〕180号）对垦造水田项目的农田防护与生态环境保持工程提出了要求。《广东省耕地质量管理规定》（粤府令〔2020〕第273号），强调"耕地质量建设与保护应当坚持政府主导、科学规划、用养结合、综合治理、严格监管的原则，通过增施有机肥、种植绿肥、秸秆还田等技术提升耕地质量"等。《关于进一步加强和改进耕地保护工作若干措施的通知》（粤府函〔2021〕130号）实施耕地综合整治提升，要确保数量有增加、质量有提升、生态有改善、布局更加集中连片、总体保持稳定。

②实施耕地土壤环境质量分类管理。《广东省人民政府关于印发广东省土壤污染防治行动计划实施方案的通知》（粤府〔2016〕145号）《广东省环境保护厅关于土壤污染治理与修复的规划（2017—2020年）》（粤环发〔2017〕12号）等文件提出，开展以耕地为重点的土壤环境质量详细调查，将农用地土壤环境质量划定为优先保护类、安全利用类、严格管控类等3个类别，并实

施分类管理，如将符合条件的优先保护类耕地优先划为永久基本农田或划入永久基本农田整备区，确保土壤环境不下降，加强优先保护类耕地高标准农田建设；着力推进中轻度污染耕地安全利用，重点探索农艺调控、替代种植、治理与修复等。此外，还要求未利用地拟开发为农用地前，应开展土壤环境质量状况评估，并对耕地土壤环境质量下降的地方政府进行预警提醒并依法采取环评限批等限制性措施。

③建设生态型高标准农田。2018年以来，广东在全国率先出台了《广东省农业综合开发绿色生态高标准农田建设项目规划设计指引》（粤财农综〔2018〕1号），配套《广东省高标准农田建设项目初步设计文件编制技术规程》（粤农农办〔2022〕150号）等技术规程，探索了绿色生态高标准农田建设。广州、惠州、清远、江门等地市结合当地农业生产实际，通过渠道不完全硬底化、生态护面砖、生物通道等形式，促进了生态涵养、农业面源污染防治和田园生态改善有机融合，推动耕地质量提升，减轻了对耕地生态系统的干扰，提升了田间生态环境，减少了庄稼病虫害发生。

④试点耕地轮作休耕。2016年，原农业部、财政部等联合印发的《探索实行耕地轮作休耕制度试点方案》。为推动粮食种植面积和粮食产量稳中有进，广东省农业农村厅印发《关于开展双季稻扩面增产提质行动的通知》（粤农农办〔2020〕160号），在韶关仁化、阳江阳春等地探索双季稻轮作休耕试点工作，结合撂荒耕地整治、美丽乡村建设和农业休闲旅游实施轮作试点建设，通过"稻—稻—绿肥"用地养地相结合的生态技术模式，不断提升土壤肥力和耕地质量等级，实现化肥减量增效，助力当地粮食绿色高质增产高效发展。

⑤探索耕地生态价值显化机制。耕地具有重要的生态价值，为激发耕地生态管护的积极性，促使"绿水青山"有效转化为"金山银山"，广东省开展了耕地生态价值的实现路径。一是探索耕地生态补偿机制。2012年，《广东省人民政府转发国土资源厅 财政厅关于建立基本农田保护经济补偿制度意见的通知》（粤府办〔2012〕98号）提出，耕地保护事关国家粮食安全和生态保护，要探索建立耕地和基本农田保护新机制。《广东省人民政府办公厅关于健全生态保护补偿机制的实施意见》（粤府办〔2016〕135号）提出，建立以绿色生态为导向的农业生态治理补贴制度，对在地下水漏斗区、重金属污染区、生态严重退化地区实施耕地轮作休耕的农民给予资金补助。中山市从2014年开始制定和实施生态补偿机制，对耕地等资源实施生态补偿，提出由市、镇财政筹

7. 耕地生态管护

集生态补偿资金，统筹用于全市耕地保护补贴。二是发展休闲生态农业旅游。近年来，随着耕地生态管护呈现的生态景观功能逐步凸显，以及农村公共基础设施和公共服务日趋完善，广东省休闲生态农业得到了快速发展，广州市增城区稻梦空间农业公园、云浮市新兴县云座农场田园综合体[①]等休闲生态观光、农耕体验等农业新兴业态兴起。《广东省建立健全生态产品价值实现机制实施方案》（粤府办〔2022〕30号）规定，健全生态产品经营开发机制，打造农耕等特色文化体验方式，发展生态文化旅游。《广东省乡村休闲产业"十四五"规划》（粤农农〔2022〕92号）提出，可结合春耕播种等农事活动，依托农田劳作、梯田等资源，开发劳作体验、稻田景观等产品，引导美丽田园、高标准农田增加旅游休闲功能，开发生产季节自然课堂产品。

可见，在国家提出"三位一体"的战略定位后，广东省在耕地保护中，也是逐步探索了符合广东省实际的耕地生态管护政策和实践。

- 2001年，《关于进一步加强和改进耕地占补平衡工作的通知》首次提出耕地生态管护概念
- 2005年，《广东省测土配方施肥工作方案》
- 2007年，《广东省水稻"两迁"害虫治理方案》
- 2008年，《广东省土地开发整理补充耕地项目管理办法》
- 2008年，《广东省易地开发补充耕地管理规定》

- 2012年，《关于建立基本农田保护经济补偿制度意见》
- 2016年，《关于加大耕地提质改造力度严格落实占补平衡的通知》《广东省土地整治垦造水田建设标准》《关于健全生态保护补偿机制的实施意见》《广东省土壤污染防治行动计划实施方案》
- 2017年，《广东省环境保护厅关于土壤污染治理与修复的规划（2017—2020年）》
- 2018年，《广东省农业综合开发绿色生态高标准农田建设项目规划设计指引》
- 2020年，《广东省耕地质量管理规定》《关于开展双季稻扩面增产提质行动的通知》
- 2021年，《关于进一步加强和改进耕地保护工作若干措施的通知》
- 2022年，《广东省高标准农田建设项目初步设计文件编制技术规程》《广东省建立健全生态产品价值实现机制实施方案》《广东省乡村休闲产业"十四五"规划》

耕地生态管护探索阶段（2001—2010）	耕地生态管护政策完善阶段（2011至今）
- **土壤培肥优化耕地生态环境**：在合理施用有机肥的基础上，有针对性地补充作物所需营养元素 - **病虫害治理优化耕地生态环境**：以保护稻田生态环境为出发点，提出高毒农药及害虫治理的管理举措 - **补充耕地开始注重生态保护**：项目选报原则提出发挥耕地的生产、生态双重功能，防止水土流失；项目验收质量评定体现生态要求	- **耕地质量要求注重生态保护**：通过增施有机肥、种植绿肥、秸秆还田等技术提升耕地质量 - **实施耕地土壤环境质量分类管理**：将农用地土壤环境质量划定为优先保护类、安全利用类、严格管控类等3个类别 - **建设生态型高标准农田**：广州、惠州、清远、江门等探索生态护面砖、生物通道等形式，促进了耕地生态涵养 - **试点耕地轮作休耕**："稻-稻-绿肥"用地养地相结合 - **探索耕地生态价值显化机制**：耕地生态补偿机制；发展休闲生态农业旅游

图 7-2 广东省耕地生态管护政策

---

① 《关于公布 2021 年度省级休闲农业与乡村旅游示范单位和前八批示范点监测合格名单的通知》

7.3 广东省实施耕地生态管护典型条例

7.3.1 江门新会区生态型土地整治项目

（1）案例背景

沙仔岛是江门市新会区银洲湖上的江心岛，隶属于三江镇和双水镇，岛屿总面积3685亩，其中堤内2486亩、堤外滩涂1199亩。岛上与外界交通连接依靠渡船来往，周边拥有珠江高速、新中公路、银湖大道、双水迎宾大道等交通设施。沙仔岛历史上是一个草木茂盛、鸟类众多、锦鲤洄游的岛屿，也是原新会县的知青农场，后期由于过度开垦、渔猎，导致岛上生态系统受到严重破坏，田地荒芜、杂草丛生。2017年前，岛上农业生产结构单一、灌排设施不完善、村容村貌破旧、农村生活污水乱排、大量危房闲置、环卫系统不完善，器械电鱼和拉网捕鸟等情况时有发生。

新会区自然资源局在新会区委、区政府的指导下，高位谋划，精心组织，以垦造水田为契机，以保护生态、保护耕地为主旨，按照"河心舟，舟中田，田成景"的愿景，通过土地整治逐步恢复岛内原有生态，将岛内散乱的旱地、坑塘水面、园地等土地改造为规模化水田，并盘活低效闲置土地。同时，采取"平台化运作、产业链运营"开发模式，将土地整治与乡村振兴等工作有机整合起来，融入现代农业、乡村旅游等产业，致力于将沙仔岛打造为兼具耕种养殖、田园观赏、人文旅游等功能的绿色生态系统。

（2）具体做法

"侨都锦田"土地综合整治项目，主要围绕农田生态系统修复、耕地提质改造、生态环境治理为核心，开展系统整治修复：

利用高低田设计调节水文。综合考虑项目区原有地形，创新提出高低田的设计布局，构建了种养结合的自然生态循环系统。高田建设工程主要规划了禾虫养殖基地，用于发展当地的特色农产业；低田建设工程主要规划了莲藕塘、水稻田两个板块，完成收割的水稻田可成为候鸟停歇觅食的去处。同时，利用了低田的吞吐调节能力，可以提升岛内蓄滞洪能力，减少水旱、土壤盐渍化等次生灾害。

以生态举措提升耕地生态环境。以保护生态、保护耕地、恢复水系景观为主导，探索了系列生态举措提升耕地生态环境。一是为减少对原生态的破坏，沟渠、护坡等田间基础设施尽量采用生态土质夯筑而成，提升灌排能力。二是修建鲤鱼洄游通道，采用生态渠搭配水生植物的方式，为鱼类产卵和休憩提供空间。

禾虫种养结合减少化肥农药使用。划分禾虫养殖区，配套独立排灌系统，保护禾虫养殖免受农药化肥的影响。充分利用水稻与禾虫的共生关系，选择再生能力较强的水稻品种，在有效减少生产投入，提高种粮效益的同时，减少耕作对禾虫的影响，提高禾虫的产量。禾虫投苗后60天，通过养鸭子等方式防治福寿螺、草蜢等田间害虫及杂草。

引入文农旅显化耕地生态价值。统一建筑外立面，推进休闲广场、村道绿化美化等改造，实施乡村水体和鱼塘生态治理，推进厕所污水处理。粪便有效处理和资源化利用等，通过构建生态水体缓冲带避免生产生活污水直接排放入河；打造集农业生产、生态景观、乡村旅游等多功能于一体的国土空间整治修复项目。

图7-3 侨都锦田规划图

（3）主要成效

该项目综合考虑区域本底条件，充分挖掘区域优势，开展以生态修复治理为核心的整治工程，带来显著效益：

耕地生态环境明显改善，生物多样性显著提高。2019年，沙仔岛吸引了

109 种候鸟在岛内生活，同比增长 170%；同年 12 月，经广东省林业局组织的专家现场核查确认，岛上有 9 只国家一级保护动物白鹤停歇觅食（广东历史上首次观测记录到白鹤）。此外，鲤鱼洄游通道的重塑，改善和恢复了沟渠的生境条件，为洄游的鱼类提供产卵和休憩空间，同时形成了兼具保育、乡野、科普、休闲的耕地生态系统。通过禁渔猎、复湿地、植花草、撒虫卵等一系列措施，岛上生态环境和生物多样性得到逐步恢复，生态修复土地面积完成率约 90%。

农业生产提质增效，促进农业集约化生产。通过高低田分排，利用低田和洼地打造自然蓄滞洪水场所，提升岛内蓄滞洪能力。堤围的加固和生态环境整体提升，有利于排除安全隐患，提高当地防汛排涝等抗灾能力，保护人身和财产安全；项目新建田间路网 15 公里、新修泵站 4 座、栽植防护林约 1 万株，初步形成了"路相通、渠相连、旱能灌、涝能排、田成方、林成网"的景观布局，为规模化、集约化农业生产创造了条件，促进农业生产提质增效，提升附近居民生产生活便利性。

规模化农业生产提高经济收益。通过对耕地土壤、生物多样性以及耕作条件进行管护修复，全岛获得优质水田 1600 余亩，每亩水田承包价格由原来 500 元左右上升至现在每亩 1500 元，水稻年均亩产超 800 公斤；禾虫养殖面积达 500 亩，禾虫田间收购价约 200 元/公斤。以禾虫养殖、有机蔬菜种植为特色的生态农业初具规模，成为村民的重要收入来源，迈开绿色的发展步伐。

7.3.2 韶关仁化垦造水田稻稻油与稻鸭共作

（1）案例背景

仁化县是广东北部生态发展区重要组成部分、粤港澳大湾区生态屏障的重要支撑，是全国城市环境综合整治优秀县城、全国绿化模范县，五年来国家重点生态功能区县域生态环境质量考核位列全省前列。农特产品丰富，是国家现代农业示范区，拥有省级和粤港澳大湾区"菜篮子"基地、"一镇一业、一村一品"省级专业镇专业村等示范点，实践探索现代农业生态模式，如扶溪大米"稻鸭共作"的生态种养模式、夏富"稻稻油"轮作模式。

仁化县垦造水田项目区经过实施田型调整、田间排灌、田间水源、田间机电提灌、田间道路和耕地地力六大建设工程，建成了"田成方、渠成网、路相通、沟相连、旱能灌、涝能排、土壤肥、无污染、产量高"的高标准农田,实现"旱涝保收、高产稳产、节水高效"的建设目标,适合开展"稻鸭共作""稻—稻—油"的生态绿色种植模式。

（2）具体做法

"稻鸭共作"提升土壤肥力。"稻鸭共作"是指早、晚稻种植采用稻鸭共作模式,将鸭子圈养在水田内,让鸭子与水稻"全天候"地同生共长,以鸭子捕食害虫代替农药,以鸭子踩食杂草代替除草剂,以鸭子粪便作为有机肥料代替化肥,减少施用化肥和化学农药。再辅以太阳能杀虫灯、有机肥、统防统控等,从而实现稻米绿色、有机生产。"稻鸭共作"在提升了垦造水田土壤的肥力的同时,实现稻米和鸭子的绿色生产,有效提高了稻米和鸭子的质量和价值。

创新"稻稻油"轮作休耕提升耕地生态。"稻—稻—油"是指在完成晚稻种植后,在冬春季休耕期间播种高产油菜花。在种植油菜花时,起畦晒田能减少水稻越冬虫源;春节期间正值油菜花开花期,因为垦造水田集中连片面积大、土地平整,具有很强的观赏价值,能够结合农旅产业发展增加农户收入。同时,通过在冬季农田闲置期,换茬轮作油菜、紫云英等绿肥,不同作物轮作能有效改善土壤质量,如轮作豆科植物能有效增加土壤固氮能力;适度的休耕能让土壤肥力、生物多样性得到有效的恢复。

引进轮作新品种提高耕作经济产出。仁化县实施双季稻轮作休耕项目,有效提高土壤有机质,提升耕地地力和肥力,降低田间病虫草害基数,促进早稻增产。引进了彩色油菜新品种来提亮景色,以及引进菜油两用型的油菜新品种来增加春种的油菜菜心的供应,提高经济效益。同时,大面积科学种植油菜赏花、菜薹采摘有助于农民拓宽收入渠道,实现观赏价值与经济效益的双丰收,助推仁化县绿色农业的可持续发展。

（3）主要成效

通过轮作休耕进一步提升耕地质量。韶关市仁化县通过"稻—稻—油"的轮作休耕模式,相比于传统的一年两熟制,不仅村集体收益得到了提升,同时也提高了耕地的肥力。从仁化县的做法中可以得出,科学休耕不仅能有效提高土壤肥力,保留土壤有机质与地力,促进来年早稻高产;同时,能够降低田间病虫草害基数,减少化肥及农药的使用,环境友好维护当地生态环境的多样性,实现土壤的可持续利用。

良好的耕地生态环境能正向反馈社会服务价值。耕地生态系统服务价值中，社会服务价值是不可忽视的一个贡献因素，仁化县通过"稻鸭工作""稻—稻—油"的耕地利用方式，在保护耕地质量，提升耕地生态环境的同时，更能正向赋予耕地生态系统的社会服务价值。仁化县通过大面积科学种植油菜赏花、菜薹采摘，可以在休耕时期拓宽居民收入来源，一定程度上促进当地发展旅游观光农业。

促进耕地生态价值实现。结合仁化当地特色，运用双季稻轮作模式实现由"休耕田"向"增产田"的转变。生态种养模式相比传统水稻种植，每亩地效益翻倍，同时增加养殖的收入，极大提高了农民种粮养殖的积极性。

7.3.3 东莞洪梅镇千亩稻田项目

（1）案例背景

洪梅镇于2021年谋划实施千亩稻田项目，项目选址位于洪梅镇洪屋涡村，土地原貌主要是人工草皮场、坑塘水面和香蕉地，总规划面积4550亩，计划投资约3.64亿元。一期项目区位于漠洲、本洲（土名），建设面积约2350亩；二期项目区位于钱公洲（土名），建设面积约2200亩。通过连片稻田的整治耕作，逐步修复了耕地生态系统，乡村又重新恢复六七十年代水乡特有的螃蟹满地、稻香虫鸣的"香飘四季"景色。

（2）具体做法

推进耕地保护集聚区建设。"千亩稻田"项目，是东莞推进耕地保护集聚区概念"落地开花"的创新实践。为完成耕地保护任务、提高耕地保护质量，东莞市基于耕地自然禀赋，按照相对连片、易于恢复耕作的原则，通过耕地整合整治（耕地恢复、补充耕地、垦造水田、高标准农田建设等方式）形成布局合理、数量适度、设施完善、产能提升、服务健全、管护到位的耕地集聚区。

开展耕地土壤生态改良。受粮食作物经济效益较低的影响，洪梅镇部分耕地长期被用于草皮种植，由于化肥的过度施用以及地皮的移栽，导致土壤质量严重退化。为恢复耕地、提升耕地质量，洪梅镇按照"排灌良好、耕层深厚、有机质含量丰富、有益微生物活动旺盛以及蓄水、爽水、保肥、供肥性能良好"的生态水稻土壤标准，实施"犁底层土壤重构"和"耕作层土壤重构"两大改良工程。重点对土壤退化的耕地进行整治修复，增加土壤有机质、丰富有益微生物，从而改良土壤质量，完善耕地生态系统功能。

实施规模化、生态化的整理与运营。为确保耕地所需水资源，洪梅镇按照自流灌溉、自流排水的要求，对项目区内的坑塘、低洼地等零星地块统一平整，就近进行田间土方供需调配，以田埂、道路、灌排沟渠为界修建格田。同时，开展一系列基础设施建设，包括生态蓄水塘、蓄水渠、输水管道、水泵、排水闸、环田沟、输配电工程以及田间道路工程。由镇属公司（东莞市洪梅农业发展总公司）作为项目主体，代表镇政府与洪屋涡村签订合同，分期统租洪屋涡村 4550 亩连片农地，租期 10 年，年租金 2500 元/亩。镇属公司招标引进了两家农业龙头企业开展种植运营，建设稻田整治试验田和巨型稻种植试验田。

（3）主要成效

推动稻田集中连片生产利用。洪梅镇至 2022 年 6 月，已建成位于洪屋涡村菠洲的约 366 亩稻田整治试验田和位于本洲的约 220 亩巨型稻种植试验田，且已经在 2021 年度的变更调查中申请地类变更，由人工草皮场变更为耕地，目前市局和省厅已通过系统审查。

实现耕地规模化生产经营。为避免耕地碎片化以及耕地撂荒的现象，洪梅镇通过引进农业公司进行专业化、规模化的生产，实现高标准推进种植工作，达到耕地生态化可持续利用。同时，引进专业的农业种植机构，通过规模化的生产经营模式，在保护耕地生态系统的同时，能够进一步提高耕地的开发利用水平。

图 7-4　整治前后现状对比

7.3.4 江门台山生态农田试点项目

（1）案例背景

江门市台山市海宴镇春场村，农业生产颇具规模，拥有粮食生产基地、对虾与鳗鱼养殖生产基地、水果基地，但由于耕地多为'砂质田'，且耕地的过度开发、养殖废水的无序排放，加剧了耕地的酸化、板结，耕地生态系统遭到严重破坏。为保护耕地土壤环境可持续发展，经土壤改良后，亩产达到了 1000 多斤，稻米品质显著提升。自 2018 年起，广东引导各地开展绿色农田试点，践行绿色生态理念，积极探索生态沟渠建设，推动耕地质量保护提升，成功打造了一批"生态好、土地沃、产品优、农民富"的绿色农田样板。

（2）具体做法

创新建设生态灌溉农渠。与常规高标准农田"三面光"水泥渠不同，台山市海宴镇春场村采取了生态灌溉农渠建设，为鱼类、虾类、蛙类、蛇类等设计逃生通道。同时，在渠道底部，每隔 200 米就有一个低洼水池，干旱时为鱼虾提供栖息场所，斜坡可以为跌入渠中的蛇蛙提供逃生通道。此外，传统高标准农田项目，主要通过对排灌渠道、田间道路的改造，以顺畅水流、提高排灌率和水资源利用率为主要目标，突出的是农田基础设施生产功能，而台山市海宴镇春场村的生态农渠更凸显农田生态系统的生态功能。

实施秸秆还田改良土壤。通过生物通道、生态沟渠等工程设施保护农田生态基础上，进一步推广土壤调理剂和秸秆还田等绿色生态种植技术。政府每年免费为村民每亩提供 4 包有机肥（50 公斤/袋），并指导村民进行秸秆还田，通过实施绿色生态种植技术，在减少化肥施用的同时，能避免土壤出现板结、酸化的现象，还能进一步丰富土壤的有益生物多样性。

以生态化措施打造生态田园。为防治虫害，同时降低农药使用带来的二次生态环境污染，台山市海宴镇春场村在项目区安装了智能识别虫情测报系统、生态远程实时监控系统、农林害虫性诱测报设备、农林小气候监测系统等农业智能装备，采取生物防治、提前预警等措施，实现对农田病虫情、土壤墒情、小气候等影响生产的关键因素实现自动化、智能化监控和生态防控。另一方面，项目规划紧密对接当地美丽乡村建设，让工程建设内容与山水林田湖草自然和谐，工程外观形象与美丽乡村建设理念保持契合。

图 7-5 生态田园图

（3）主要成效

改善了农田生态环境。不同于以往耕地高标准农田建设的做法，江门市台山市海宴镇春场村通过建设生物通道、生态沟渠，进一步丰富了耕地生态系统的生物多样性，提升了田间生态环境。借助生物防治的方式，如鱼、蛙、蜂捕食虫害，在降低农药使用的同时，也减轻了庄稼病虫害发生，绿色的生态技术有助于农田生态环境的平衡稳定。

提升了耕地质量。针对江门市台山市海宴镇春场村土壤退化严重的情况，在建设生物通道、生态沟渠等工程设施保护农田生态的基础上，摒弃了传统的化肥施用做法，以政府补贴的形式推广土壤调理剂和秸秆还田等绿色生态培肥技术。经过三年的土壤改良，如今升平村的贫瘠"砂质田"已变身良田，水稻亩产还达到 1000 斤，较改良前翻了一番。

提高了耕地生态价值产出。在项目区的田埂种植波斯菊等显花植物和释放赤眼蜂、安装水稻螟虫诱捕器，提高了示范区病虫防治效果，减少了农药使用量；安装昆虫性诱智能测报系统，提高了病虫防控能力水平，节省人工防控成本。将绿色农田与美丽乡村有机融合，实现治一方农田，富一方百姓，美一方家园。

7.4 小结

7.4.1 广东省耕地生态管护的经验总结

（1）实施生态技术改良耕地土壤生态

以提升耕地土壤肥力为目标，在土壤整治中，积极探索实施绿色生态的土壤培肥技术。一是江门市划分禾虫养殖区、推广土壤调理剂和秸秆还田技术，通过实施生态型的土壤治理，有效地提升土壤长效肥力。二是东莞市实施犁底层、耕作层土壤重构改良耕地土壤，增加土壤有机质、丰富有益微生物等，使耕地土壤达到生态水稻土壤的标准。通过生态技术的使用，在提升耕地土壤肥力的同时，改良耕地土壤的生态环境与生态功能。

（2）开展生态型土地整治优化耕地生态

实践中，广东省充分考虑区域自然生态环境，综合运用生态型技术改良耕地生态。一是注重生物多样性保护的工程设施建设。如台山市在开展高标准农田建设中，注重生物通道、生态沟渠等工程设施建设，除了保护本地生物多样性的同时，保留了生存条件的鱼类、蛙类能解决耕地利用中的虫害问题，进而降低农药的使用。二是探索建设生态缓冲带。耕地生态系统对于水资源的需求极大，同时耕地利用过程中化肥及农药的使用会对水资源造成一定的污染。因此，对于耕地生态系统的水资源流入及排出，江门市探索建设生态缓冲带，对流入耕地的水资源实施厕所污水、粪便有效处理和资源化利用；对耕地用水排入河湖的水资源，构建乔灌草相结合的立体植物带，进一步净化水资源。

（3）创新综合种养模式完善耕地生态系统

地方实践证明，单一作物的种植模式对于土壤具有一定的负面影响，容易导致土壤板结、酸化，引起土壤肥力退化。广东省各地市积极探索了多种类型的生态综合种养模式。一是种养结合。动物在耕地生态系统中扮演着重要的角色，合理地引入稻鸭、稻鱼、禾虫有利于减少耕地虫害、提高耕地经济效益，同时动物的排泄物更是不可或缺的有机肥料，如韶关市的"鸭稻共作"、江门的禾虫养殖等。二是多类型作物的轮作休耕。充分借助不同植物对微量元素的吸收及固定能力，实施多种类型作物的轮作休耕，不仅能改善土壤的酸碱失衡现象，还能进一步提升土壤的有益微量元素含量，如韶关市的"稻油稻"耕作模式，有效地借助了豆科植物的固氮能力；江门市将部分耕地进行退耕还湿，解决土地酸化的问题。实践表明，该综合种养模式在增产增效、改善水质等方面具有明显优势，可以提高水稻种植面积，提高粮食自给率，有效保障粮食安全，增加综合效益，减少养殖水环境污染，具有良好的经济效益、生态效益、社会效益。

（4）引进专业化农业公司打造生态耕地

耕地生态系统需要具备长久的稳定性，才能促进耕地的可持续发展，对于整治修复后的耕地，一方面要防止耕地开发利用遭受二次破坏；另一方面需要进一步对耕地进行投入及保护，才能确保耕地的可持续利用。广东省各地已探索通过招商引资、土地整体流转等政策措施，引进规模化、专业化的现代农业公司参与耕地生产经营中。一是运用现代化种植和管理模式，以机械化、智能化手段，降低耕地化肥、农药的施用量。台山为防治虫害、降低农药使用带来的二次生态环境污染，实施规模化运营，由专业的农业公司运用智慧农业智能装备，实现对农田病虫情、土壤墒情、小气候等影响生产的关键因素实现自动化、智能化监控和生态防控。二是规模化保护与运营显化耕地生态价值。推进耕地保护集聚区建设，通过引入专业化农业公司，推动耕地集中连片生态利用，并对接美丽乡村建设、田园综合体建设等工作，打造农文旅一体化的生态农田建设，提升耕地开发利用收益，显化耕地生态价值。引进规模化、专业化的现代农业公司等社会主体，为农业生产赋能，实现耕地集中连片的高效可持续利用，确保粮食安全的同时，优化耕地生态环境。

7.4.2 广东省耕地生态管护制度存在的问题

（1）耕地生态管护制度未形成完整体系

耕地生态是一个系统的概念，涉及农业、资源、环境等多重维度。广东省自然资源、农业农村、生态环境等分别从部门职责的角度对耕地生态进行管护，但并未明确耕地生态的主管部门。自然资源部门主要关注耕地的资源属性，确保耕地的用途不发生变更；农业农村和水利部门主要关注耕地的农业属性，确保耕地的粮食生产能力不降低；生态环境部门主要关注耕地的环境属性，确保耕地的环境质量不下降；林业部门主要关注耕地的生态属性，确保耕地的水土保持功能。耕地生态管护职能的分解致使耕地的部分生态功能无人管理，如土壤中的生物群落及其多样性是衡量耕地生态的重要指标，但目前尚未明确其主管部门；再如受污染耕地修复治理中生态补偿政策的制定也缺乏明确的责任部门。

（2）粮食安全与耕地生态管护存在冲突

广东粮食缺口大，优质农产品供给不足。作为全国第一人口大省，也是我国内陆第一缺粮大省，粮食承载的消费人口超过1亿，2018年粮食消费量约5400万吨（同比增长3.1%），从外省采购和进口粮食合计约4100万吨，自给率仅 22%，外向依存度高达 60% 以上。缺口粮食约 80% 由外省购入、20% 依靠进口，粮食外向依存度高、市场调运压力大。当前，广东省水产品、园林水果等农产品供应充足，但部分农产品供给总量有缺口，供给结构不平衡。一方面，蔬菜供给结构性失衡，总量足够供应本省并部分北运及出口港澳和东南亚等地区和国家，但因季节性供需不平衡导致菜价起伏，且由于区域间种植结构趋同、产期集中，出现季节性、结构性供求失衡。另一方面，高质量、高附加值的农产品供给相对不足，比如农药残留、非法添加、制假售假、环境污染等问题在部分地区、部分品种上还比较突出，导致广东农产品低质化、同质化情况普遍，据广东省农业厅估算，每年优质果蔬的结构性缺口超过 400 万吨。①

高强度利用导致耕地生态环境恶化。耕地水土流失严重，重金属污染。根据水利部审核通过的水土流失动态监测成果，2020 年全省水土流失面积共计 17636.4 平方公里，占全省土地总面积的 9.88%。按土壤侵蚀强度分，轻度、中度、强烈、极强烈、剧烈侵蚀面积分别为 14349.88 平方公里、2088.06 平方公里、755.46 平方公里、312.22 平方公里、130.78 平方公里，占全省水土流失总面积的 81.37%、11.84%、4.28%、1.77%、0.74%，水土流失面积以轻度侵蚀为主，其次为中度侵蚀面积，剧烈侵蚀面积最小。水土流失不仅直接减少现有耕地面积，还大大降低了耕地的质量，导致耕地耕作层变薄，保土、保肥、保水能力下降，造成土地贫瘠化、水域富营养化和水体污染。在珠三角地区，多部门开展的土壤污染情况调查结果均表明，有相当比例的耕地和灌溉水已不同程度遭受重金属的污染，严重威胁粮食生产和农产品质量安全。②

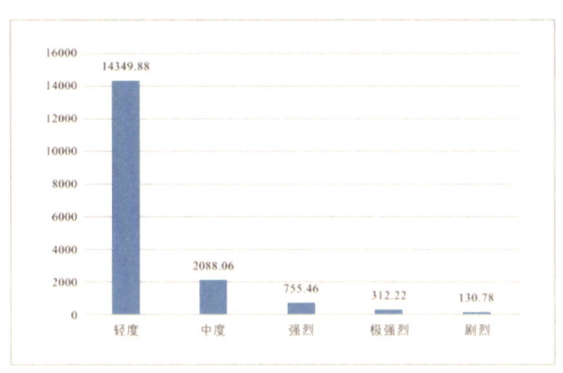

图 7-6 广东省 2020 年全省各强度等级水土流失面积图

---

① 刘丽辉 . 农业技术选择与供给效率评价：基于广东新型农业经营主体视角 [M]. 九州出版社 . 2021.
② 2020 年广东省生态环境统计公报 .

农药、化肥过度使用破坏耕地土壤生态。广东省农业资源利用效益较高，但同时农药与化肥使用强度也较高，对农业生态环境负影响较显著。从农业化学投入来看，广东省农药与化肥的使用强度均较高，以化肥为例，广东省单位耕地面积的化肥用量达 915.30kg/ha，远高于全国平均水平的 443.00kg/ha。此外，根据 2018 年数据统计，广东省农药施用强度为 36.04kg/ha，高居全国第二，部分地区农业残留较大。由于化肥无法补偿土壤有机质的缺失，大量施用化学氮、磷肥，不仅会造成土壤有机质存量的下降、土壤酸化，影响土壤微生物的生存，更会降低土壤肥力、造成农业面源污染等问题（2021 年广东省生态环境状况公报）。

这在一定程度上表明：广东农业发展仍依赖于高密集劳动力和高强度化肥、农药投入，科技及装备等现代要素投入的贡献率较低，也说明广东省农业绿色发展有待进一步加强，耕地生态管护力度亟须进一步加大。

（3）生态保护与耕地保护的协调管理有待加强

耕地的生态属性与资源、农业、环境等属性相互交织，自然资源、农业农村、生态环境等部门间的多头管理造成了耕地生态管护中的职能交叉，存在各个部门给予职责定位有着不同侧重点，存在缺乏统筹协调、各自为政的问题。

不同地区的耕地生态风险存在差异，耕地保护对耕地生态管护的关注不够。广东省位于沿海季风性气候区，粤北山区季节性降水导致的洪涝和干旱并存，耕地水源不足和易受季节性洪水冲刷；珠江三角洲平原区耕地利用强度高、人口密度高，这些城镇空间快速扩展的区域中人地矛盾仍是影响耕地生态安全的重要因素[1]，耕地景观敏感性较高，废污水排放等人类活动干扰较多[2]；红壤丘陵台地区耕地破碎化、矿山损毁、水土流失、与生态用地冲突[3]等问题并存；沿海台地、平原地区还会受风暴潮导致的海水倒灌等冲刷耕地土壤，影响耕地生态。因此，不同耕地分区水热条件不同，耕地土地特性不同，其耕地生态管护的要点也存在差异，目前耕地保护相关工作对耕地生态管护的关注不够。

耕地保护与生态用地的管理存在冲突。《关于进一步加强和改进耕地保护工作若干措施的通知》提出，要统筹处理好生态保护红线、自然保护地范围内

---

[1] 李久枫，刘艳艳，吴大放，等. 近 30 年珠海市耕地生态安全评价及未来预测 [J]. 广东农业科学，2017,44(1): 156−166.

[2] 赖焕明，吴大放，黎怡姗，等. 广州市耕地生态风险评价与预测研究 [J]. 广东农业科学，2023,50(01):164−176.

[3] 王晓燕，宁佳，史文娇. 南方红壤丘陵区耕地生态问题识别与修复分区 [J]. 农业工程学报，2022,38(24): 197−206.

的耕地生态退耕及上图入库工作，实现国土空间整体保护、系统修复和综合治理；《关于严格耕地用途管制有关问题的通知》提出，农田防护林等配套建设涉及少量占用和优化永久基本农田布局的，要在项目内予以补足。在广东省人均耕地不足全国平均水平的五分之一的现状情况下，对于生态保护红线内的耕地进行生态退耕、必要的农田防护占用补充耕地等，将对永久基本农田调整和实现耕地保有量目标带来压力。

耕地生态管护与国土空间用途管制不协调。长期以来，广东省在实践中探索形成了桑基鱼塘、油稻轮作、农业文旅等因地制宜的耕地生态种养管护模式，由于独特的水热条件及地貌特征，广东省的种植结构颇具特色，全域耕地种植以"一年两熟"为主，部分地区可"一年三熟"，轮耕及间套种等种植方式较为普遍。实践和研究均表明，不破坏耕作层的耕地轮作休耕可以调节土壤理化性状、改良土壤生态，有利于恢复耕地地力，但与耕地保护政策存在一定冲突。根据《关于严格耕地用途管制有关问题的通知》，永久基本农田重点用于粮食生产，高标准农田原则上全部用于粮食生产；禁止闲置、撂荒耕地。对于轮作休耕的耕地，虽具备土地平坦、土壤肥沃、土层深厚、农田水利设施完备的条件，且符合轮作休耕的科学利用条件，但可能因季节性轮作休耕或农业产业结构调整等原因，在轮作休耕期间没有种植水稻等粮食作物，面临被作为耕地"非粮化"治理、撂荒地整治对象的风险。

耕地整治对生态管护的关注不够。广东省在开展生态型高标准农田建设、宜耕后备资源开发、垦造水田等土地整治活动中对生态型土地整治有一定探索，但政策机制上缺乏对生态型土地整治的顶层设计，未能明确耕地生态管护的强制性政策约束，导致部分项目未能充分尊重耕地生态系统和自然规律，片面追求耕地数量，对开展生态型土地整治缺乏积极性。一是土地整治设计环节，部分地市探索引入生态工程设计，由于耕地生态要素不是土地整治的强制性约束条件，仅部分项目会综合考虑生态因素，对耕地生态系统进行整体规划设计，但规划设计深度有限。二是土地整治后管护环节，受管护不够精准、管护资金有限、激励约束缺少刚性等因素影响，土地整治后的耕地数量和质量管护落实还存在难度，相比数量和质量的管护，耕地的生态管护对资金投入、专业化程度都有更高的要求，在管护主体、权责不明晰的现实情况下，较难真正落实土地整治后的耕地生态管护工作。

（4）耕地生态价值实现与补偿机制有待完善

虽然广东省提出探索建立以绿色生态为导向的农业生态治理补贴制度，中山等地市实践了耕地生态补偿，但未充分考虑耕地作为公共型生态产品的保护水平，还存在以下问题有待进一步完善。

生态保护补偿未覆盖耕地，且补偿方式单一。《广东省生态保护区财政补偿转移支付办法》（粤财预〔2019〕78号）明确中央、省的生态保护财政补偿的使用，仅将转移支付与高质量发展综合绩效评价及生态环境评估结果挂钩，未充分考虑耕地等不同自然资源的保护水平，也未实现耕地生态保护补偿的全覆盖，且以政府财政资金为主，补偿方式单一。

依托耕地开展的农文旅项目受季节性、区域性等影响较大。现阶段，广东省各地的耕地农文旅项目，以春耕秋收的劳作体验、稻田景观为主，仅广州、深圳等珠三角地区的城郊地区，客流量较大，能带动一定的价值实现，其他地区的耕地生态产品价值难以显现。

耕地生态功能的重要性未真正体现。目前，耕地生态产品价值实现仍存在障碍，主要表现为生态产品价值难以识别，以补充耕地指标交易为例，《广东省补充耕地指标交易管理办法》规定，补充耕地指标包括耕地数量指标、水田规模指标和粮食产能指标，未体现耕地的生态价值。

8. 耕地保护监督考核

8.1 耕地卫片监督

近年来,卫星遥感(简称"卫片")等现代信息技术在耕地保护动态监测监管、国土调查、辅助土地督察执法等方面发挥了重要技术支撑作用。2021年,自然资源部办公厅印发《耕地卫片监督方案(试行)》,贯彻落实党中央国务院关于遏制耕地"非农化"、防止"非粮化"、"坚决守住18亿亩耕地红线"的决策部署,采取"长牙齿"的硬措施,落实最严格的耕地保护制度,自然资源部决定运用卫星遥感等现代信息技术,动态监测监管耕地(包括永久基本农田,下同)变为林地、园地、草地等其他类型农用地及农业设施建设用地等情况(简称耕地卫片监督),建立耕地卫片监督工作机制。2021年10月,广东省自然资源厅印发《广东省耕地保护动态监测监管工作方案(试行)》(以下简称《方案》),结合自然资源部卫片监督要求,充分发挥广东省测绘技术优势,全面部署开展广东省耕地保护动态监测监管工作,提出在自然资源部耕地卫片监督每半年开展一次动态监测的基础上,增加第一、第三季度监测预警,通过自然资源卫星遥感云服务平台、国土调查云、执法综合监管平台、广东省自然资源在线巡查系统,进行耕地变化预警及疑似问题图斑下发、内外业核查举证、成果审核及数据管理工作。同时,把耕地卫片监督图斑整改及信息报送工作情况纳入耕地保护责任目标考核。在自然资源部和广东省自然资源厅的工作部署下,广东省各地开展对耕地疑似转为其他农用地的变化图斑核实整改工作,省级自然资源主管部门对本省(区、市)范围内的耕地卫片监督工作负总责,市、县级自然资源主管部门在其指导下有序开展工作,卫星遥感(简称"卫片")等现代信息技术在耕地保护动态监测监管、国土调查、辅助土地督察执法等方面发挥了重要技术支撑作用。随着耕地卫片监督工作推进，在实际工作中存在监测图斑下发统筹不够、频次过高、核实举证多的问题，有的地方还存在工作简单化、"一刀切"、层层加码等现象，2023年，自然资源部印发《自然资源部关于统筹规范耕地保护卫星遥感监测工作的通知》（自然资发〔2023〕258号），进一步统筹规范耕地保护卫片监测工作。

8.1.1 定位与作用

卫片监测是及时掌握耕地变化情况的辅助工具，是监测预警耕地不合理流出的技术手段，是快速发现违法违规占用耕地问题线索的辅助方法。一方面卫片监测对加强耕地保护工作的重要支撑作用，发挥好技术优势；另一方面卫片监测发现耕地变化情况，只是提供问题线索，不能直接作为作出行政处罚的依据。

8.1.2 监管内容

耕地卫片监督是以第三次全国国土调查确定的真实耕地状况为本底，以国土空间规划确定的耕地保有量和永久基本农田保护任务为目标，动态监测监管耕地和永久基本农田变为林地、园地、草地等其他类型农用地及农业设施建设用地等情况。

（1）全面监测监管

为了贯彻落实党中央国务院关于遏制耕地"非农化"、防止"非粮化"的决策部署，自然资源部明确耕地卫片监管内容如下：

1）在耕地上绿化造林情况；

2）在耕地上建设绿色通道情况，含铁路、公路、河渠两侧和水库周边等植树情况；

3）在耕地上种植果树、茶树，兴建坑塘水面等情况；

4）在耕地上种植人工草皮情况；

5）在耕地上挖湖造景情况，含人工湖、湖库塘拓宽等情况；

6）在耕地上修建乡村道路，建设种植设施、畜禽养殖设施、水产养殖设施等情况；

7）年度国土变更调查工作中监测发现但未纳入土地卫片执法的其他耕地变化。

其中第（5）、（6）项内容与土地卫片执法做好衔接。

耕地卫片监督重点关注绿化造林、种植果树茶树、兴建坑塘水面、种植人工草皮等耕地"非粮化"，挖湖造景、修建道路、修建构筑物、人工堆掘地等耕地"非农化"情况统一纳入土地卫片执法工作体系。

（2）专题监测监管

广东省在自然资源部耕地卫片监管内容基础上，增加了4个专题监管内容：

1）永久基本农田专题。已划定（含补划）永久基本农田范围内的耕地变化情况。

2）垦造水田专题。已验收并报备入库的垦造水田项目范围内耕地变化尤其是水稻种植情况。[①]

3）补充耕地专题。已验收并报备入库的补充耕地项目范围内耕地变化情况。

4）设施农业用地专题。已备案并上图入库的设施农业用地范围内的耕地变化尤其是变为农业设施建设用地情况。

8.1.3 监督方法

整合目前开展的支撑服务耕地保护的上半年地类变化监测、年度国土变更调查、土地卫片执法、"长牙齿"硬措施测绘遥感监测、耕地卫片监督等工作，把涉及的卫片监测任务统筹为季度卫片监测和年度卫片监测（全国国土利用动态全覆盖遥感监测）两项，监测图斑由多频次下发调整为季度下发。

（1）季度卫片监测，及时发现违法违规用地问题线索

部每年第一至三季度各开展一次全国范围卫片监测，提取变化图斑，套合备案信息，形成疑似违法违规图斑，下发各地，辅助地方早发现、早处置，不需要向部反馈核实举证信息。在本年度内完成整改、消除违法状态的，不计入年度相关考核的违法违规总量和比例。按照耕地和生态保护"长牙齿"硬措施工作机制要求，涉及违法违规占用破坏耕地和永久基本农田以及生态敏感区的重大疑似问题图斑，同步交由自然资源督察机构直接开展实地核查，对于核准

---

① 洪曙光.安徽：林业保护发展"十四五"规划出炉[J].浙江国土资源,2021(10):16-17.

后的重大违法问题，部将采取直接立案查处、挂牌督办、督察督促等方式进行处理。

（2）开展年度卫片监测，支撑国土变更调查和土地卫片执法

部每年第四季度开展年度卫片监测，与上年度国土变更调查成果进行比对，结合自然资源管理信息，提取年度疑似变化图斑，下发各地开展年度国土变更调查，由地方一次性核实举证并反馈信息，同步开展年度土地卫片执法工作。

依据年度卫片监测和国土变更调查，统计各地区年度违法占用耕地总量和比例，纳入省级党委和政府落实耕地保护和粮食安全责任制年度考核。

8.1.4 强化整改

（1）自然资源部要求

对耕地卫片监督中发现的问题图斑，部将会同有关部门督促、跟踪地方整改纠正。发现地方政府落实耕地保护主体责任不到位、问题整改不力的，有关情况及时转交自然资源督察机构进行督察；发现重大违法违规案件线索的，及时移交有关执法机关严肃查处。

分类处理耕地流出图斑。耕地实际确实发生地类变化的，要区分情况研究处理。对于新发生的将永久基本农田中耕地转为其他农用地的，应整改恢复为耕地；对于新发生的在国家批准的生态退耕计划和类型外擅自扩大退耕还林还草规模的，未经批准占用一般耕地实施国土绿化的，超标准在公路、铁路等用地两侧红线外占用一般耕地建设绿化带的，超标准在河渠两侧、水库周边占用一般耕地建设绿色通道的，擅自占用一般耕地[1]挖田造湖、挖湖造景的应整改恢复为耕地；对于符合政策规定将一般耕地转为其他农用地的，要结合年度内耕地流入情况分析研判，落实补充耕地，确保实现年度耕地进出平衡。耕地整改恢复后，要通过"耕地卫片监督与进出平衡监管系统"和"国土调查云"耕地进出平衡外业监管任务模块及时填报有关信息。

（2）广东省要求

严肃查处整改。省厅将会同有关部门督促、跟踪各地依法依规查处和整改纠正；发现重大违法违规案件线索的，移交有关执法机关严肃查处，未及时消

---

[1] 刘泽鑫. 耕地"进出平衡"的实施潜力及建议 [J]. 安徽农业科学,2023,51(11):210-212.

除违法违规状态的，结合卫片执法相关要求扣除补充耕地指标、补划永久基本农田。

8.1.5 审核内容

按照部系统关于整改情况填报要求，《广东省耕地卫片图斑整改情况省级内业审核手册（试行）》审核内容包括整改进度、整改完成时间、整改面积、情况说明、外业照片及相关附件共六项，市、县（市、区）自然资源主管部门对整改图斑的填报及审核的真实性、准确性负责。

（1）整改分类

围绕违法违规占用耕地和永久基本农田的"非农化"与非粮化行为，区分全部整改、部分整改、未整改三种整改类型，并审核对应整改进度、整改情况或者说明，具体如下表。

表8-1 分类整改审核内容明细表

进度	情形	整改措施	整改要求	审核内容	不通过情形
全部整改	涉及2021年以来占用永久基本农田发展林果业和挖塘养鱼、违法违规占耕从事非农建设的	全部图斑整改恢复为耕地	全图斑整改恢复为耕地。存在非农建设的，应拆除违法建（构）筑物，并在消除违法状态后恢复为耕地。	整改后上传相应照片，达到国土变更调查认定要求	对于兴建坑塘水面的情况，应覆土恢复原土地平整并按耕地整改，未覆土实地只是抽水复耕的填报全部整改图斑整改外业照片显示未复耕（或未种植）的填报全部整改
	对违法违规占用耕地的非农建设，对确实无法恢复的	全图斑完善合法用地手续	整改阶段应完善合法用地手续1	合法用地手续证明材料以及合法用地范围与图斑套合图。	套合图应指明清楚且相关信息一致（建议提供图例或标注），并以图斑下发前最新现状数据的土地利用现状图、土地利用总体规划图或高分辨率影像为底图。
部分整改	部分整改	整改恢复为耕地	参照"全部整改恢复为耕地"要求	参照"全部整改恢复为耕地"要求	参照"全部整改恢复为耕地"要求

续表

进度	情形	整改措施	整改要求	审核内容	不通过情形
	部分完善手续	完善合法用地手续	参照"全图斑完善合法用地手续"要求	参照"全图斑完善合法用地手续"要求	参照"全图斑完善合法用地手续"要求
	部分未整改	参照"未整改"要求	参照"未整改"要求	参照"未整改"要求	参照"未整改"要求
未整改	实地未改变或符合条件的耕地轮耕、休耕、间种、套种、撂荒	符合无需整改条件的图斑	现场情况说明	审核情况说明与举证材料是否充分	
	已取得合法建设用地批文		提供合法用地手续材料证明		
	符合条件的设施农业用地等情形	完善手续，纳入县级人民政府年度耕地"进出平衡"总体方案	督促完善用地备案手续并拍照举证，166号文件印发后新增加的设施农业用地同时作出纳入"进出平衡"的说明		
	未经批准改变一般耕地地类的非粮化行为		作出纳入"进出平衡"的说明		
	历史占耕问题的	说明实际情况和充分举证	提供2018—2020年连续三年影像情况		

（2）整改完成时间

全部或部分整改的，按系统选择整改时间（材料反映的真实整改时间，不是计划时间），保持时间逻辑性及与举证材料的一致性。

（3）整改面积

全部或部分整改的，填写整改面积，单位平方米，保持面积与图斑大小的逻辑性与举证材料的一致性。

（4）情况说明

全部或部分整改的，规范简洁说明整改类型、面积、时间等，与2206号文件的"违法违规占用耕地重点问题整治明细表"保持一致；未整改的，规范简洁说明无需整改的理由或未整改的原因、计划整改时间等。

（5）外业照片

外业照片应在图斑边界拍摄，要求在图斑周边至少三个方位带坐标、方位角拍照，每个方位至少拍1张能反映全景的照片（天空留白最好不大于1/3），每张照片能够反映该方位地块的利用状况。特殊情况实地无法定位的，可以离线拍照上传，但必须作出情况说明。

8.2 耕地田长制

田长制是为了落实十分珍惜、合理利用土地和切实保护耕地基本国策，由党政领导、集体经济组织或者村民委员会负责人、土地承包经营权人等担任田长，协调整合各方力量，依法依规落实耕地保护责任和义务，全覆盖全过程地实施网格化、精细化管理，进而促进耕地资源严格保护和合理有序利用的责任体系与制度安排。[①] 田长制是近年来地方在耕地保护实践中取得的重要创新性制度，其重点是压实地方党委、政府在耕地保护中的主体责任，畅通耕地保护的"最后一公里"，构建网格化的耕地保护监督体系。

8.2.1 发展历程

（1）基层探索阶段（2015—2016年）

"田长制"最早起源于浙江省杭州市余杭区，余杭区于2015年为解决城区周边违法占用耕地、耕地撂荒现象及日益严重的"非农化""非粮化"问题，而在该区永安村试点探索建立田长制。通过制定"田长制"耕地保护方案，对辖区农田实施网格化管理，设立镇、村、网格田长，将耕地保护任务落实到责任人、责任地块和责任网格，确保每一块永久基本农田都有"网格"归宿、"田长"管理，形成横向到边、纵向到底的耕地保护新格局，余杭区有效解决了政

---

① 齐世敬. 耕地保护田长制的实践探索与思考 [J]. 中国土地, 2022(05):8-11.

府部门巡查人手有限、村委会耕地保护责任不清晰的问题，取得显著成效。试点效果明显后，永安村作为"田长制"的先行村于2016年在永安村召开的全国永久基本农田划定工作现场交流会上作了经验交流，余杭区也总结试点经验于2016年发布《关于实行基本农田保护"田长制" 进一步落实耕地保护责任的通知》，正式在全区层面推行田长制，建立起"镇（街）总田长＋村级田长＋网格田长"的工作格局，明确了网格田长巡查、发现、制止、报告和耕地保护宣传的职责。

（2）推广试点阶段（2017—2020年）

山东省作为农业大省，为保护历时两年多划定的永久基本农田，于2017年在全国层面率先在全省范围内探索试行三级"田长制"，探索建立区域管理"田长制"，每个行政村配备一名总田长，每个或多个图斑圈定的农田配备一名田长，通过镇街任命与群众推选相结合的方式产生，实现块块农田有田长，保护责任全覆盖，充分调动村民自主管理保护耕地的积极性。此外，陕西省商洛市、浙江省宁波市、浙江省绍兴市、天津市、贵州省安顺市、江苏省射阳县等地也于该时期陆续探索了耕地和永久基本农田"田长制"，落实了永久基本农田保护责任。

（3）全面推行阶段（2021年至今）

2021年4月，自然资源部办公厅印发《关于完善早发现早制止严查处工作机制的意见》（自然资办发〔2021〕33号），明确各地要推动建立"田长制"，实行以村、组为基础，县、乡、村三级联动全覆盖的耕地保护网格化监管。此后，北京、海南、黑龙江、广西、安徽、浙江、吉林、湖南、陕西、青海等省市相继出台了田长制的相关办法，湖北、广东、四川、河北等省也在耕地保护相关文件中提出建立田长制，山西、内蒙古、上海、辽宁等省市则在部分地区开展了田长制试点或实践探索，田长制在全国层面得到推广。2022年9月，由自然资源部起草并公开征求意见的《耕地保护法（草案）》明确提出"国家建立耕地保护田长制，实行耕地保护网格化管理"[1]，田长制将进一步上升到法律层面。

为全面贯彻党中央、国务院关于严格耕地保护、保障粮食安全的重大决策部署，落实耕地保护和粮食安全党政同责要求，2022年广东省开展了耕地保护"田长制"先行县建设试点，选取21个县（市、区）作为"田长制"建设先行县，在体系构建、系统运用、网格划分等方面先行先试。2023年9月，

---

[1] 刘锐，房昀玮. 耕地发展权制度构建研究 [J]. 中国土地科学，2023,37(04):23-31.

广东省印发《关于全面推行田长制的实施意见》的通知（粤办发〔2023〕21号），要求到2023年底，各级田长制组织体系和责任体系全面建立，工作机制、配套政策措施更加完善，耕地保护党政同责得到有效落实，实现耕地和永久基本农田保护责任全覆盖。

8.2.2 组织体系

根据2022年中央一号文件实行耕地保护党政同责、逐级签订耕地保护目标责任书相关要求，广东省决定逐步建立省、市、县、乡、村级田长和网格田长"5+1"组织体系和责任体系，旨在加强耕地保护网格化和信息化管理，层层压实各级党委和政府的主体责任。省、市、县、乡级田长由本级党委、政府主要领导同志担任；村级田长由村党支部书记和村委会主任担任；村级下设若干网格田长，从村级"两委"干部、村民小组、社区治理网格员及其他适合的人员中择优选（录）用，落实"责任田"，实现"人田对应"。

省级设立总田长，由省委主要负责同志担任第一总田长、省政府主要负责同志担任总田长；设立副总田长，由负责自然资源、农业农村工作的省领导同志担任。省级田长制责任单位包括省委组织部、省委宣传部、省法院、省检察院、省发展改革委、省公安厅、省财政厅、省人力资源社会保障厅、省自然资源厅、省生态环境厅、省住房城乡建设厅、省交通运输厅、省水利厅、省农业农村厅、省审计厅、省统计局、省政务服务数据管理局、省林业局、省农垦总局。省级田长制具体组织实施工作由省自然资源厅会同省农业农村厅承担。

市、县（市、区）设置田长和副田长，结合实际明确职能部门负责本级田长制日常工作，以及下级田长制实施情况的监督、评估、考核工作。

乡镇（街道）设置田长、副田长，分别由党委、政府主要负责同志和有关负责同志担任，可根据实际需要增加其他负责同志担任副田长，以行政村为基本单元，实行分区（片）负责。乡镇（街道）应统筹落实承担田长制工作的人员、场所和设备，保障田长制运作。

行政村（社区）设置村级田长，由村（社区）党组织书记、村（居）委会主任担任。各村（社区）按自然村、村民小组或种植大户等划分耕地保护网格，设置网格田长，由村"两委"干部、村（居）民小组组长担任，实现块块农田有田长、保护责任全覆盖。各村（社区）可根据实际需要设置护田员，协助村级田长、网格田长工作，符合条件的护田员可优先纳入乡村公益性岗位。

有耕地保护任务的国有农（林）场、自然保护地、企事业单位设置田长、副田长，可分别由党政主要负责同志和有关负责同志担任，也可由属地政府结合实际统筹设置，确保耕地保护责任落实到人、监管不遗漏。

鼓励各地充分发挥基层党组织、群团组织和巡河员、护林员的作用，建立田长制、河湖长制与林长制协同监管机制，形成基层"党员带头、多长协同、齐抓落实"的基层耕地保护工作体系。

8.2.3 责任要求

省、市、县、乡级田长负责组织领导本行政区域耕地保护、利用工作，落实耕地保护责任目标，协调有关部门依法查处耕地"非农化"和"非粮化"等违法违规占用耕地行为，严守耕地和永久基本农田保护红线；落实耕地占补平衡和进出平衡，推进补充耕地、恢复耕地、高标准农田建设管护和撂荒地整治，提升耕地质量，强化动态监测监管；推动本行政区域耕地保护制度建设和实施，组织宣传耕地和永久基本农田保护政策及法律法规；协调解决耕地保护重点难点问题；对下一级田长和本级田长制相关单位及人员履职情况进行监督，对目标完成情况进行考核，强化激励问责。各级副田长协助田长全面开展田长制工作。

村级田长负责本村耕地和永久基本农田保护、利用的具体工作，组织开展耕地日常巡查和监督管理，及时发现、劝阻、制止和报告耕地"非农化"和"非粮化"等违法违规占用耕地、破坏农田水利基础设施及耕地撂荒等行为，严格控制耕地不合理流出，加强高标准农田建后管护，严禁非农建设违法占用高标准农田；加强对土地经营权流转合同的履约监督，督促耕地承包和经营主体按耕地用途做好耕地种植利用等工作；宣传耕地和永久基本农田保护政策及法律法规。

网格田长负责日常巡查，动态掌握所负责网格范围内耕地的保护、利用情况；对上级下发的问题线索开展即时核查；及时发现、劝阻、制止和报告耕地"非农化"和"非粮化"等违法违规占用耕地、破坏农田水利基础设施、耕地撂荒、高标准农田管护不到位或违法占用等行为；开展劝耕促耕行动，宣传耕地和永久基本农田保护政策及法律法规。

8.2.4 主要任务

（1）落实耕地保护目标任务

把耕地保有量和永久基本农田保护目标任务足额带位置逐级分解下达，把高标准农田建设任务足额分解下达，作为刚性指标实行严格考核，确保完成国家下达我省的耕地保护目标任务。编制耕地保护专项规划，制定补充耕地和耕地恢复计划，逐步增加优质耕地面积，优化耕地和永久基本农田布局。

（2）推动提升耕地质量

加强耕地质量调查监测与评价，严格受污染耕地管理。加大高标准农田建设力度，逐步把永久基本农田全部建成高标准农田。加快补齐农业基础设施短板，切实增强粮食生产保障和抵御自然灾害能力。加强高标准农田建后管护，及时发现并解决渠道淤塞、工程设施损毁、破坏耕地质量和非农建设违规占用耕地等问题。

（3）遏制耕地"非农化"和防止耕地"非粮化"

严厉查处违法违规占用耕地行为，严格落实耕地利用优先序，加强耕地种植用途动态监测与管控，耕地主要用于粮食和棉、油、糖、蔬菜等农产品及饲草饲料生产，永久基本农田重点用于粮食生产，高标准农田原则上全部用于粮食生产，及时发现纠正不符合管控要求的种植行为。建立工商企业等社会资本流转土地经营权分级资格审查和项目审核制度[①]，在土地承包合同中明确种植用途，严防擅自改变耕地种植结构、用途。

8.2.5 巡田手段

（1）技术赋能 AI+ 物联感知

在重点耕地保护区域安装高清摄像机等物联设备，精准设计耕地保护监控布点方案，严格进行监控设备可视域分析，实现重点区域 24 小时远程监控全覆盖；

---

① 陆熙.农村法律援助制度实施中的问题与对策[D].上海师范大学,2022.

8. 耕地保护监督考核

对接物联设备，利用图像分割、目标识别等智能分析算法，实现对耕地上的建设活动的动态识别、种植作物精细化分割分类。确保耕地上"非农化""非粮化"事件的及时预警和通知。

10万+ 训练样本　　**20+** 算法资源　　**视频+GIS** 空间对齐底层算法

（2）常态化田间巡查

利用田长制APP，网格田长开展日常巡查，动态掌握所管辖范围内耕地保护利用情况，及时发现、制止、报告违法占用耕地行为，开展劝耕促耕行动。村级田长每月至少对耕地开展1次全面巡查，网格田长和护田员每周至少对耕地开展1次全面巡查，第一时间发现、制止违法违规占用耕地建房、挖沙、取土、采石、建厂、建窑、堆放固体物以及排放、倾倒废弃物、污染物等破坏行为和耕地转为其他农用地行为、损坏永久基本农田保护标志牌行为。

（3）查处整改全过程线上管

运用无人机航飞、24小时视频监控、常态化田长巡田，对耕地"非农化""非粮化"实现动态监测、提前预警和及时通报，建立耕地监管预警—研判—巡查上报—制止—立案查处全过程管理，实现耕地保护从"田长制"到"田长治"的转变，确保耕地保有量和永久基本农田保护面积不减少、质量有提升，粮食生产能力不降低，坚决守住保护耕地这条红线不动摇。

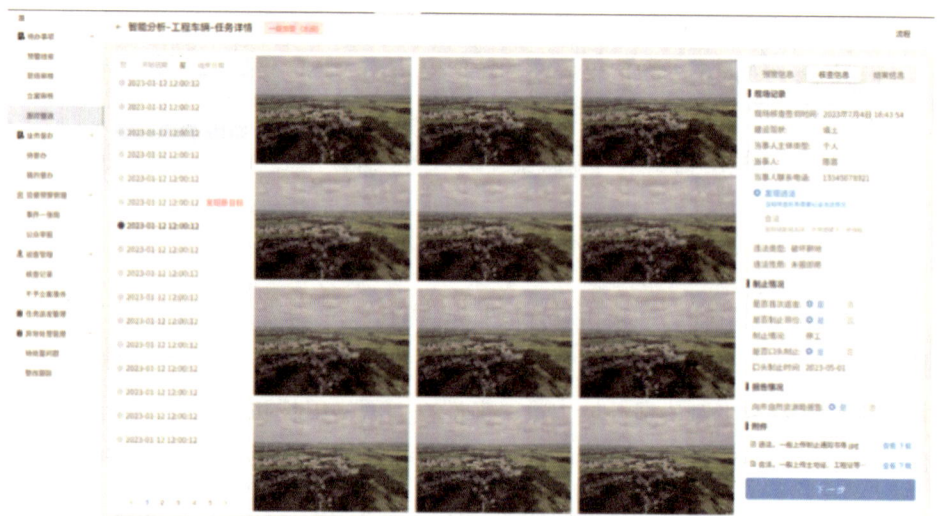

田长制建立的构建"早发现、早制止、严查处"的动态化、常态化监管机制。以"天眼"助力肉眼、技防助力人防、数据助力凭据，实现村村有田长，耕地有人保。

8.2.6 配套措施

（1）设置公示牌

设置"田长制"公示牌，明确田块信息、田长信息及田长责任，接受社会监督。公示牌须包含田块位置、保护任务、各级田长姓名、田长职责等信息。

（2）编制巡田"一张图"

基于年度国土变更调查耕地图斑数据，结合城镇村等用地范围数据，筛选出城镇村用地范围外的耕地图斑。叠加显示年度国土变更调查影像、村级调查区范围、网格数据、耕地和永久基本农田数据，设计制作图件主体内容，最终的巡田"一张图"方便基层田长明晰负责区域耕地分布情况，满足各级田长带图巡田的工作需求。

（3）加强田长制宣传

为引导广大群众深刻认识新形势下耕地保护的重要性，营造全社会关注耕地保护、参与耕地保护的良好氛围，采取省市联动、线上线下相结合、传统媒体和新媒体相结合的方式，在全省范围内组织耕地保护专项宣传活动，专项宣传为期一年。

8.3 耕地保护与粮食安全年度考核

8.3.1 耕地保护责任考核发展历程

1998年修订的《土地管理法》按照土地应当由国家管理的原则，将土地征收审批权由市、县级人民政府审批调整至国务院和省级人民政府批准，同时增设了预审和农用地转用审批，也主要由国务院和省级人民政府审批。省级人民政府在规划审批、计划安排、耕地开垦验收、农用地转用和土地征收审批等方面具有多项行政权力。2004年，国务院下发了《国务院关于深化改革严格土地管理的决定》（国发〔2004〕28号），提出耕地保护责任制度，明确"建立完善耕地保护和土地管理的责任制度。明确土地管理的权力和责任。调控新增建设用地总量的权力和责任在中央，盘活存量建设用地的权力和利益在地方，保护和合理利用土地的责任在地方各级人民政府，省、自治区、直辖市人民政府应负主要责任。"

2005年10月，国务院办公厅印发了《省级政府耕地保护责任目标考核办法》（国办发〔2005〕52号），进一步明确了省、自治区、直辖市人民政府对《全国土地利用总体规划纲要》确定的本行政区域内的耕地保有量和基本农田保护面积负责，省长、主席、市长为第一责任人。从2006年起，每五年为一个规划期，在每个规划期的期中和期末，由国务院对各省、自治区、直辖市各考核一次。具体的考核标准是：①省级行政区域内的耕地保有量不得低于国务院下达的耕地保有量考核指标；②省级行政区域内的基本农田保护面积不得低于国务院下达的基本农田保护面积考核指标；③省级行政区域内各类非农建设经依法批准占用耕地和基本农田后，补充的耕地和基本农田的面积与质量不得低于已占用的面积与质量。同时符合上述三项要求的，考核认定为合格；否则，考核认定为不合格。考核采取自查、抽查与核查相结合的方法。

2018年，为贯彻落实《中共中央国务院关于加强耕地保护和改进占补平衡的意见》提出的新要求，国务院办公厅修订了《省级政府耕地保护责任目标考核办法》，对省级人民政府耕地保护责任考核制度进行了完善，提出省级政府耕地保护责任目标考核在耕地占补平衡、高标准农田建设等相关考核评价的基础上综合开展，实行年度自查、期中检查、期末考核相结合的方法，改进了奖惩措施，进一步健全管控、建设[①]、激励耕地保护新机制。为推动落实耕地保护党政同责，压紧压实地方各级党委和政府主体责任，2023年，中央印发耕地保护和粮食安全考核办法，明确国家对各省区市党委、政府耕地保护和粮食安全责任制落实情况，实行一年一考核，对突破耕地保护红线等重大问题实行"一票否决"，党政同责的考核制度框架已经形成。地方党委和政府逐级签订耕地保护责任书，耕地和永久基本农田目标任务带位置数据逐级分解下达并上图入库，为考核奠定基础。随后，广东省印发了《关于认真开展2022年度广东省耕地保护和粮食安全责任制考核工作的通知》，明确了要紧紧围绕党中央、国务院及省委、省政府关于耕地保护和粮食安全的目标任务和工作部署，对各地级以上市落实耕地保护和粮食安全责任制情况进行年度考核。设置16项考核指标，主要包括：耕地保有量、永久基本农田保护、高标准农田建设、稳定粮食播种面积和产量、种业振兴、粮食收储调控能力、粮食流通基础设施建设等方面内容。

8.3.2 耕地责任目标考核

（1）评价流程及方式

市级总结。各市政府对本辖区耕地保护和粮食安全责任制落实情况进行全面总结，形成书面总结报告及佐证材料，经各市党委、政府主要负责同志审定后上传考核系统，并按要求报送省有关部门。各市政府对总结报告及佐证材料的真实性和准确性负责。

---

① 唐健，靳相木. 回顾与展望：一年来自然资源的主要政策与措施[J]. 中国土地, 2018(12):14-18.

部门评审。各主考部门按照规定，结合国家最新考核要求和日常监督检查情况，按职责分工对各市落实年度考核指标情况进行评审打分。

实地抽查。省有关部门根据各市总结报告和各主考部门评审意见，组成联合抽查组进行实地抽查。抽查组成员由各主考部门抽调熟悉政策和业务的同志组成，行前进行必要的培训，侧重查看实际工作效果，并形成实地抽查报告。实地抽查地市不超过4个，每个市随机延伸抽查2个县（市、区）。

综合评价考核结果。省发展改革委、自然资源厅、农业农村厅、粮食和储备局牵头，根据相关部门评审和实地抽查情况作出综合评价，征求省有关部门意见后确定考核结果，起草评价结果报告，按程序报省委、省政府审定。

（2）考核内容

广东省紧紧围绕党中央、国务院及省委、省政府关于耕地保护和粮食安全的目标任务和工作部署，对各地级以上市落实耕地保护和粮食安全责任制情况进行年度考核，共设置16项考核指标，主要包括耕地保有量、永久基本农田保护、高标准农田建设、稳定粮食播种面积和产量、种业振兴、粮食收储调控能力、粮食流通基础设施建设等方面内容。

表8-2 广东省耕地保护和粮食安全责任制考核表

考核指标	考核内容
耕地保有量	辖区内耕地保有量任务完成情况
	辖区内稳定耕地相对上一年增加情况
永久基本农田保护	辖区内永久基本农田保护任务完成情况
	辖区内永久基本农田占用补划情况
耕地占补平衡；耕地进出平衡	耕地占补平衡和耕地进出平衡落实情况
违法占用耕地情况	2022年土地卫片发现的违法占用耕地面积占新增建设用地占用耕地总面积的比例
耕地质量保护与提升、灌排设施建设与管理	耕地保护与质量提升技术推广；耕地质量监测网络建设；耕地质量
	稳定耕地灌溉面积
	推进大中型灌区续建配套与现代化改造
	足额落实大中型灌区管理单位公益性人员基本支出和工程维修养护经费
	农田水利设施管护到位
	完成灌区一张图及大中型灌区名录确认
	农业水价综合改革实施面积达到计划要求
	农业供水计量设施配套完善

续表

考核指标	考核内容
	农业用水总量指标分解到位
	落实田间工程管护主体和管护责任
	调整农业水价到不低于工程运行维护成本水平
	及时分解下达中央水利发展资金
	耕地土壤污染源头防治
高标准农田建设及高效节水灌溉	完成高标准农田和高效节水灌溉建设任务；按要求完成项目验收和上图入库；加大地方投入；建立管护制度
稳定粮食播种面积	完成粮食播种面积任务；完成大豆播种面积任务
稳定粮食产量	稳定粮食产量；稳定大豆产量
发展农业机械化，培育粮食生产经营主体，落实重大病虫防控	深入推进主要农作物生产全程机械化
	培育粮食生产经营主体和社会化服务组织
	粮食重大病虫防控
	基层植保体系建设
落实种业振兴任务，严格品种管理和市场监管	落实种业振兴行动
	建立粮食作物良种繁育或示范基地
	开展种子质量监督抽查
	开展种业执法，保护种业知识产权
确保地方储备粮食规模，推进粮食仓储物流设施建设，加强粮食质量风险防控	积极谋划推进粮食仓储物流设施建设，基本满足本地区粮食收储和物流需要；规范开展中央预算内项目监管，确保项目分解下达、日常调度、建设进度、建设内容、资金管理、监督检查等情况符合国家和省有关要求
	地市政府组织粮食、农业、海关等部门建立、完善进口粮食疫情联防联控等制度并有效运行。督促进口粮食中转场地和加工、存放企业落实植物疫情风险防控相关制度并运作良好
	地方储备粮（含食用植物油）粮权属于地方人民政府，规模库存达到省政府下达的规模；按要求建立规模以上粮食加工企业社会责任储备
	各市地方储备中，口粮比例不低于70%
	各级地方储备月末实际库存不低于规模的70%
	积极开展"等级粮库"创建工作，推进辖区安全储粮和仓储管理水平提升
	全面做好粮食购销领域监管信息化工作，推进粮库智能化升级改造，深入开展智慧粮库建设
	开展安全生产应急演练；落实安全生产专项整治三年行动有关要求，开展总结评估工作；开展安全生产和安全仓储大检查，上报工作总结及整改台账
	开展粮食质量安全风险监测并按时保质保量完成
	加强粮食质量安全检验监测体系和能力建设
	规范处置检查发现的质量安全指标超标粮食

续表

考核指标	考核内容
提升粮食收储调控能力，严肃查处涉粮案件，不出现农民卖粮难	落实地方成品粮油储备，其中，广州、深圳、佛山、东莞等4市及市场易波动地区达到当地15天及以上供应量，其他市、县达到当地10天及以上供应量；小包装成品粮油储备数量不低于各市主城区常住人口3天供应量，广州、深圳市小包装成品粮不低于主城区人口7天供应量
	及时对收购工作作出安排部署，积极组织开展市场化收购；粮食收购市场平稳有序，未出现农民"卖粮难"、拖欠售粮款问题
	有效落实粮食收储和轮换等资金，满足地方粮食储备等需要。未出现挤占挪用收购资金情况
	粮食流通行政执法
	强化粮食收购监管，扎实开展粮油库存检查、巡查，按规定开展中央事权粮食销售出库监管，认真承办12325热线投诉举报线索核查工作
完善粮食应急保障体系，不出现终端消费市场供应脱销断档和价格大幅波动	出台市级粮食应急预案及操作手册、地方储备应急动用方案等配套制度，三年内组织过市级演练
	按照省有关要求建立应急网络，实现应急供应网点乡镇、街道全覆盖。广州、深圳主城区满足每3万人有1个应急供应网点标准
	强化粮食流通统计；加强粮油市场监测和分析
	落实军粮供应政策
	落实军粮日常供应及应急保障任务
	落实军粮信息化建设及军供保密要求
落实粮食生产财政支持，落实粮食储备补贴	及时足额发放耕地地力保护补贴资金。未出现挤占、截留、挪用和套取补贴等违规行为
	粮食风险基金专户当年实际到位的粮食风险基金不小于省核定的粮食风险基金规模数，粮食风险基金使用规范
	制定储备粮保管费用、贷款利息和轮换费用补贴管理办法，按规定标准及时足额落实地方储备粮等地方政策性粮食收购和保管费用、贷款利息和轮换费用等补贴
推进全链条粮食节约减损，落实反食品浪费工作要求	生产环节推进粮食作物机收减损
	改造提升仓房气密性或保温隔热性能，推广绿色储粮技术应用
	落实《广东省粮食节约减损实施方案》，按时按质组织开展储存环节损失浪费调查
市级党委和政府领导班子及其成员履行耕地保护和粮食安全职责任务	市委、市政府深入学习贯彻习近平总书记关于保障国家粮食安全的重要指示批示精神，召开市委常委会、市政府常务会研究粮食安全工作，并对粮食安全工作进行专题调研
	市级与所辖县级签订耕地保护和粮食安全责任书情况；市委常委会和市政府常务会研究部署耕地保护相关工作情况
	完善规划管理实施机制，全力推动《广东省粮食安全和应急物资保障"十四五"规划》落地见效

续表

考核指标	考核内容
	推动粮食产业发展、促进产业集聚发展；各地级以上市打造 1 家以上重点支持的示范带动企业；加强品牌建设，积极培育地方 特色品牌
	加强基层国有粮食购销企业领导班子和关键部门人员轮岗交流；积极推动落实"人才兴粮""人才兴储"重点任务

注：对突破耕地红线等重大问题实行"一票否决"，体现严管严保的坚决态度，具体包括耕地保有量、永久基本农田保护、耕地占补平衡、耕地进出平衡、违法占用耕地情况实行"一票否决"。

8.4 耕地保护补偿机制

党的十八届三中全会提出健全国家自然资源资产管理体制和完善自然资源监管体制。2014 年、2015 年、2016 年中央 1 号文件相继提出"加快建立利益补偿机制""支持地方开展耕地保护补偿""健全粮食主产区利益补偿、耕地保护补偿、生态补偿制度""完善耕地保护补偿机制"。2017 年，《中共中央国务院关于加强耕地保护和改进占补平衡的意见》对健全耕地保护补偿机制提出："加强对耕地保护责任主体的补偿激励。积极推进中央和地方各级涉农资金整合，综合考虑耕地保护面积、耕地质量状况、粮食播种面积、粮食产量和粮食商品率，以及耕地保护任务量等因素，统筹安排资金，按照'谁保护、谁受益'的原则，加大耕地保护补偿力度。""鼓励地方统筹安排财政资金，对承担耕地保护任务的农村集体经济组织和农户给予奖补。奖补资金发放要与耕地保护责任落实情况挂钩，主要用于农田基础设施后期管护与修缮、地力培育、耕地保护管理等。"2019 年，自然资源部、农业农村部印发了《关于加强和改进永久基本农田保护工作的通知》，对完善耕地激励补偿机制提出具体的要求：按照谁保护、谁受益的原则，探索实行耕地保护激励性补偿和跨区域资源性补偿。鼓励有条件的地区建立耕地保护基金，与整合有关涉农补贴政策、完善粮食主产区利益补偿机制相衔接，与生态补偿机制相联动[1]，依据永久基本农田保护任务和"两区"划定与建设任务落实情况、实际粮食生产情况，对农村集体经济组织和农户给予奖补。2022 年 9 月，自然资源部公布的《耕地保护法 (草案)(征求意见稿)》第 52 条提及："国家建立耕地保护补偿制度，对耕地和永久基本农田保护任务重、耕地保护目标责任完成好、粮食产量和粮

---

[1] 芦莉 . 耕地保护基金条款的规范分析 [D]. 西南大学 ,2020.

食商品率高的地区和承担耕地保护任务的集体经济组织、国有农场等给予奖补。具体办法由国务院另行制定。县级以上地方人民政府可以根据实际，建立本地区耕地保护补偿制度。"

8.4.1 耕地保护补偿概念

耕地保护补偿机制是以保护耕地持续利用和促进经济持续发展为目的，根据耕地系统服务价值、生态保护成本、发展机会成本，综合运用行政和市场手段，调整耕地保护主体和占用耕地主体之间利益分配的一种经济激励政策并形成的制度。

从经济学意义上讲，即享受耕地保护所带来的经济、生态、社会等价值的其他社会成员对保护耕地的产权主体由于耕地保护制度的土地利用限制而遭受的经济利益损失进行补偿。

表8-3 耕地保护补充激励模式一览表

主要内容		内涵
耕地保护补偿激励模式	模式一：普惠性补偿	以辖区范围内耕地面积和永久基本农田面积为基数，按照亩均标准对村集体经济组织和农户进行经济补偿
	模式二：激励性奖励	依据耕地保护责任目标考核结果，对耕地保护成效突出的地区给予资金奖励
	模式三：新增建设用地计划指标奖励	依据耕地保护责任目标考结果，对耕地保护成效突出的地区予以一定规模的建设用地指标奖励
	模式四：农田生态补偿	将具有生态价值功能的永久基本农田纳入生态补偿范围，对负责保护利用的集体经济组织进行补偿
	模式五：粮食生产补偿	在耕地保护相关补偿基础上，重点突出种粮补贴，补贴资金一般直接发放给粮食种植者

8.4.2 浙江省：构建以绩效为导向的耕地保护补偿标准

浙江省于2009年开始探索建立耕地保护补偿机制，并于2012年启动省级试点。2014年，试点范围由9个县（市、区）扩大到17个县（市、区）。在试点基础上，2016年3月，在总结多年试点实践经验的基础上，原浙江省国土资源厅会同省农业厅、省财政厅联合下发了《关于全面建立耕地保护补偿机制的通知》（以下简称《通知》），明确从2016年起，全省各市、县政府要按照"谁保护，谁受益"的要求，对耕地保护进行经济补偿，在全省建立耕地保护补偿机制。总体目标是通过建立耕地保护补偿制度，落实耕地保护共同责任机制，使农村集体经济组织和农户能从保护耕地和基本农田中获得长期的、稳定的经济收益，切实加强耕地用途管制，层层落实最严格的耕地保护制度，使浙江省耕地和基本农田能得到有效保护，促进经济社会全面协调可持续发展。

一是以点带面，自上而下，逐步开展耕地保护补偿。试点主要选取具有国家基本农田保护示范区和省级基本农田保护示范区的县（市），选取一个乡镇或一个村进行试点。由于这些示范区均为基本农田示范乡镇，基本农田数据库已建立，基本农田到户清册详细清楚，具备了耕地保护补偿试点的配套基础，对开展补偿有扎实的基础条件。

二是构建以绩效为导向的耕地保护补偿标准。将农村集体经济组织和农户耕地保护补偿资金与耕地保护绩效挂钩，调动基层保护耕地的主动性、积极性。耕地保护责任目标考核系数与本区域土地违法案件挂钩。村级集体经济组织保护耕地的以奖代补资金向永久基本农田示范区倾斜，并与耕地保护责任落实、土地卫片执法检查结果、农业"两区"管护等相挂钩。耕地保护补偿资金将与耕地保护绩效挂钩，由各级自然资源、农业、财政等部门和乡镇政府（街道办事处）加强考核，以确保资金到位并发挥效益，并通过动态调整的方式，不断提高补偿标准。

三是统筹耕地保护补偿与农业补贴发放。以调整完善农业补贴政策为契机，自然资源、农业、财政三部门共同落实中央有关要求，建立耕地保护补偿机制。各地按照民生政策可持续的原则，合理确定对农户的耕地地理保护补贴标准，具体按照农业三项补贴政策综合改革试点方案有关要求执行。将农业补贴与耕地保护相挂钩，调动了农民保护耕地、提高地力的积极性，对于促进粮食生产和农民增收、推动农业农村发展发挥了积极作用。

四是明确耕地保护补偿程序，整合资金补助。《通知》明确了耕地保护补偿的范围、对象、补偿标准、补偿资金主要来源、补偿资金发放要求和使用办法。地市和县（市、区）人民政府在省级耕地保护补偿文件的基础上，进一步细化本区域的耕地保护补偿标准、补偿资金使用要求等。省财政补贴给农户的耕地地力保护补贴资金，主要从中央下达给浙江省的农业支持保护补贴资金中统筹安排；补助给农村村级集体经济组织的保护耕地以奖代补资金，从省分成新增建设用地土地有偿使用费、中央分成新增建设用地土地有偿使用费、省级耕地开垦费、省级农业土地开发资金以及其他财政资金中筹集。各市、县（市、区）要从土地出让收入、新增建设用地土地有偿使用费、土地指标调剂收入以及其他财政资金中统筹安排耕地保护补偿资金。

8.4.3 江苏省：探索建立了"责任+激励、行政+市场"的耕地保护新机制

江苏省近年来持续推进改革、制度创新，在耕地保护补偿激励机制建设上下功夫，从激发耕地保护内生动力出发，探索建立了"责任+激励、行政+市场"的耕地保护新机制，有效促进耕地数量、质量、生态"三位一体"保护新格局的建立。2014年，江苏省委省政府在下发的《关于全面推进节约集约用地的意见》（苏发〔2014〕6号）中明确提出，要切实落实耕地保护责任，建立耕地保护补偿激励机制，探索逐步建立耕地保护基金制度，促进耕地尤其是永久基本农田保护。同年7月，江苏省《省政府关于进一步加强耕地保护工作的意见》（苏政发〔2014〕78号）出台，再次强调切实履行耕地保护责任、严格管控耕地占用、探索建立耕地保护补偿激励机制，江苏省"责任+激励、行政+市场"耕地保护新机制的制度设计初现雏形。2015年，江苏省财政厅、国土资源厅联合制定并下发了《江苏省省级新增建设用地土地有偿使用费分配管理办法》（苏财规〔2015〕2号），明确规定新增费可用于耕地保护补偿相关激励支出，进一步为实施耕地保护"双加"机制提供了资金保障。2016年，《江苏省耕地保护补偿激励暂行办法》（以下简称《办法》）出台，全面实施耕地保护补偿激励，标志着江苏省近年探索建立的"责任+激励、行政+市场"耕地保护新机制构建完成并正式实施。具体做法如下：

（1）健全耕地保护补偿激励机制

在省级层面，探索建立并完善了"责任+激励、行政+市场"的耕地保护新机制。一是将耕地保护责任目标履行情况纳入领导干部综合考核评价体系，并通过层层签订耕地保护目标责任书，严格落实各级政府耕地保护责任。二是大力推进永久基本农田划定和高标准农田建设工作，严格落实耕地保护各项措施。三是建立并实施省级补充耕地指标交易制度，通过市场交易对部分地区土地整治成果实施直接经济激励。

在市县级层面，江苏各地相继出台了符合当地实际情况的耕地保护补偿激励措施。其中，南京市将耕地保护补偿激励资金直接发放给农户，承包耕地的农户每年能得到 4500 元 /hm² 的直接补贴，在保护耕地的同时，使广大农民能得到实实在在的经济补偿。无锡市设立耕地保护激励专项资金，实施土地整治以奖代补政策，有效推进了土地整治工作的开展。

（2）普惠性"补偿"兜底，绩效性"激励"发力

江苏在构建耕地保护补偿激励机制时，一方面建立了普惠性的耕地保护补偿机制，改进了省级新增建设用地土地有偿使用费分配办法，采用因素法对每年的省级新增建设用地土地有偿使用费进行分配，综合考虑各地耕地面积、永久基本农田保护面积、高标准农田建设任务等，将资金合理分配至各地区用于耕地保护。如：苏州于 2010 年 7 月在全国率先出台《关于建立生态补偿机制的意见（试行）》，其中规定对基本农田保护区域的农田每年每亩补偿 400 元。常州于 2017 年出台《常州市农业生态补偿实施意见》，突出以水稻田为补偿重点，对水稻田种植面积高于 20 亩的农户给予生态补偿，补助资金直接发放到户。

另一方面，建立了以绩效为导向的耕地保护激励机制，采用绩效评价方式，每年对耕地保护工作成效突出的各级人民政府及村级集体经济组织，给予通报表扬或资金奖励，强调激励先进。耕地保护补偿与激励相结合，不仅提高了资金使用效率，而且调动了各方参与耕地保护的积极性。

（3）强调绩效导向，促进责任落实

江苏在省级层面以绩效为导向，突出"先进引导"作用。江苏省于 2013 年出台了《江苏省生态补偿转移支付暂行办法》；在全省范围内建立"一把手"负责的耕地保护目标责任机制，将耕地保护的责任纳入领导干部综合考核评价体系；同时，省级财政每年投入 1 亿元，采用绩效评价的方式，在全省范围内选取排名靠前的市、县、乡人民政府以及部分村级集体经济组织，给予资金奖励或通报表扬。

在市县层面，江苏各地的做法也进一步促进了耕地保护责任的落实，其中南京市为体现市、区两级政府耕地保护的共同责任，耕地保护补贴资金由市、区两级财政按一定比例共同承担。同时，通过要求全市各集体经济组织与所属耕地承包户逐一签订《耕地保护责任书》的形式，将耕地保护义务做到最广泛、最深入的宣传，也将耕地保护责任传导到广大农村的每一个基层组

（4）鼓励各地因地制宜创新，激发耕地保护内生动力

江苏在省级层面建立"责任＋激励、行政＋市场"的"双加"耕地保护新机制，规范各地开展耕地保护补偿激励工作。同时在市县层面鼓励各级政府因地制宜开展工作，通过多种渠道充分激发各方面保护耕地的内生动力。其中，苏州一方面建立生态补偿机制，对耕地和永久基本农田、生态公益林等给予补贴，通过积极的财政支持，极大地调动了村集体和农户保护耕地的积极性，提高了耕地保护效率。另一方面，苏州市因地制宜开展耕地耕作层剥离及再利用工作，相继出台并实施《关于加快推动占用耕地耕作层剥离和再利用工作的意见》《苏州市占用耕地耕作层剥离和再利用工作实施办法》，指导下辖区县开展耕地耕作层剥离及再利用工作，并通过政策对开展耕作层剥离和再利用工作的乡镇给予资金支持。

8.4.4 安徽省：明确专项资金使用方向

安徽省自然资源厅、省财政厅联合印发《耕地保护补偿激励及专项资金管理暂行办法》，决定依据各市年度耕地保护目标任务完成情况，综合考虑各地遏制耕地"非农化"、管控耕地"非粮化"和推进耕地保护"田长制"等工作情况，对成效突出的乡（镇）给予专项资金补偿激励，以调动各地保护耕地的主动性和积极性，促进落实最严格的耕地保护制度。《办法》明确，安徽省自然资源厅于每年年初对各市上一年度耕地保护目标任务完成情况进行评定后，确定省级补偿激励对象名额分配计划。拟受补偿激励的乡（镇）由市级自然资源部门和财政部门组织评价推荐。市级自然资源部门和财政部门根据分配名额，逐级履行公示程序后，向省自然资源厅报送推荐省级补偿激励的乡（镇）名单。省自然资源厅在征求省财政厅等相关部门意见后，对拟确定的省级补偿激励对象进行公示并公布。

安徽省级耕地保护补偿激励专项资金主要用于以下支出：一是永久基本农田质量建设及保护；二是为保护耕地进行的土地平整、新建农田水利设施、机耕道路等提高灌溉保证率和耕种便利度的配套设施；三是补充耕地项目的地力培肥，沟、渠、路等配套附属设施的管护与修缮；四是耕地保护相关的其他支出。受省级补偿激励的乡（镇）政府应将不低于补偿激励专项资金的50%用于本辖区内耕地保护成效突出的村级集体经济组织，开展耕地保护相关工作。

2023年，耕地保护补偿激励资金共下达1.3亿元，对全省130个乡（镇、街道）每个给予100万元资金激励。激励资金专项用于永久基本农田质量建设及保护，以及为保护耕地进行的土地平整、新建农田水利设施、机耕道路等提高灌溉保证率和耕种便利度的配套设施，补充耕地项目的地力培肥，沟、渠、路等配套附属设施的管护与修缮等方面。据统计，2021年以来，省财政已累计安排下达耕地保护补偿激励资金2.79亿元，覆盖16个市、95个县（市、区），243个乡（镇、街道）获得补偿激励资金。

8.4.5 四川省成都市：以耕地保护基金为主要内容的耕地保护经济补偿和合同管理制度

为了打破城乡"二元"机制，2007年成都市被批准为国家统筹城乡改革综合配套试验区。经市政府研究决议，成都市的改革核心确定为通过"还权赋能"保护农民土地财产权利。在以往指令性耕地保护工作中，农户承担了直接耕地保护责任丧失了土地非农用途的发展权，但是其付出不能带来合理回报，使得农户在耕地保护工作中缺乏积极性。地方政府虽然也承担了耕地保护职责，但是有土地征收、出让带来的经济利益补足。

在此背景下，成都市政府提出建设"耕地保护基金"，由市、区（县）政府共同出资，通过对于土地增值收益的整合为承担耕地保护职责的农民提供社会保障增加收入，从而调动其保护耕地的积极性。

2008年成都市政府颁布《成都市耕地保护基金使用管理办法（试行）》，从统筹城乡社会经济发展的角度出发，综合考虑耕地保护工作和农民养老保险制度建设，形成了颇具特色的耕地保护基金为主要内容的耕地保护经济补偿和合同管理制度。

（1）补偿对象：耕地保护基金主要面向市内已经明晰了土地承包经营权并且签订合同约定耕地保护职责的农户和集体经济组织。同时补偿对象不以土地经营权流转而产生变化。

（2）资金来源：耕地保护基金的资金主要来源于市县两级并按50%共同筹集。包括两级政府每年的新增建设用地有偿使用费、每年财政提留的土地出让金、返还当地政府的耕地占用税。所有筹集款项由市级土地管理部门统一管理，根据年度计划统筹安排。

（3）补偿标准：根据成都市内耕地质量与生产能力，对耕地按基本农田与一般耕地实行差别补贴。其中基本农田400元/亩年，一般耕地300元/亩年。

（4）资金使用：其中10%用于对耕地产权流转的担保与购买农业保险的补贴；其中90%用于对于农民的直接经济补贴，直接划入农户养老保险账户。不足部分由农户额外支付，结余部分可提出现金，缴纳一定年份后可按规定领取养老金。

（5）运作方法：首先，市级政府根据上级政府下达的耕地保护预期目标，分配耕地保护任务给各区县政府，再由区县人民政府将任务下派给各农村集体经济组织。根据分解的耕地保护任务量，由区县级人民政府与实际耕地保护责任人（农户或者集体经济组织）签订耕地保护合同。合同中明确约定耕地的面积、界址、质量级别、补贴资金、期限、违约责任等，并由国土部门沟通银行、社保等部门为合同签订人建立资金账户。

8.4.6 经验借鉴

（1）制定差异化的补偿标准，构建奖励激励机制

耕地价值影响因素包括地理区位、质量等级、生产潜力等多项内容，统一的补偿标准无法满足客观实际补偿要求。据此，针对耕地保护经济补偿标准，需综合考虑耕地的区位、质量等级、使用情况、产出状况、人均耕地量、承担粮食安全责任大小以及区域经济实力等进行分类核算，分别制定补偿标准。[①]另外，还需考虑耕地资源的非市场价值以及耕地资源的机会成本，可通过构建"基础补偿+区域补偿+奖励支持"的补偿激励机制，通过差异化的补偿标准满足地方需求，提高激励效用。

（2）采取多元化的补偿方式，明晰资金用途正负面清单

当前实践中采用的主要就是货币补偿方式，存在很多现实问题。一方面是地方财政有限，如果按照土地发展权或机会损失进行计算，补偿的总额非常庞大，地方财政短时间内难以承受；另一方面是，财政就耕地保护补偿支出的总数巨大，但是平均到农户和每亩地上，补偿就比较低，很多地方每亩地每年的补偿为几十元至几百元不等，达不到制度激励效果，因此，需构建一套现金补偿、技术补偿、物质补偿和政策补偿等多种形式相结合的补偿方式，明确补

---

① 周为吉,李爱珊.广州市耕地保护摸查与制度策略创新研究[J].安徽农业科学,2015,43(16):311-314.

资金使用"正负面清单",破除单一的现金补偿方式,规范资金使用。

(3)实行补偿激励与保护责任挂钩,强化考核约束治理

可综合各因素考虑,结合自身特色,实行"补偿+激励+约束"机制,以双重激励引导作用,进而促进耕地保护责任的落实。可参照江苏省做法,一是将耕地保护责任目标履行情况纳入领导干部综合考核评价体系,并通过层层签订耕地保护目标责任书,严格落实各级政府耕地保护责任。二是建立并实施省级补充耕地指标交易制度,通过市场交易对部分地区土地整治成果实施直接经济激励。

9. 耕地保护信息化管理

9.1 耕保信息化管理形势

9.1.1 在国家政策引导下耕地保护新技术地方探索初见端倪

中央网络安全和信息化委员会印发《"十四五"国家信息化规划》，提出打造空天信息网枢纽，基于北斗系统、卫星通信网络和遥感卫星加快建设空天信息网络，加快北斗智能终端部署，强化沙漠、草原、湿地、河湖、森林、耕地等关键生态节点的遥感监测和应急保障服务能力。

国家发展改革委关于印发《"十四五"推进国家政务信息化规划》的通知，提出进一步完善自然资源"一张图"和国土空间基础信息平台，为国土空间规划实施监督和相关部门审批、工程建设提供信息服务，提升生态保护修复、自然资源开发利用、海洋资源开发 保护监管、耕地保护等领域的信息化水平。[①]

为响应国家信息化规划系列部署，贯彻落实党中央、国务院关于坚决遏制耕地"非农化"、严格管控"非粮化""坚决守住18亿亩耕地红线"重大决策部署，实现国家、省、市、县四级联动，合力推进耕地保护动态监测监管工作，传统的技术手段已很难构建起完善的耕地保护动态监测体系，耕地保护执法的滞后性无法得到实质性解决。因此，需要匹配更加前沿和先进的技术支持。

新时代，经济发展愈加迅猛，各类资源要素的流动与转换更加频繁，耕地保护监督管理亟须一套系统完整的监管机制。在耕地实时动态监测上，充分利用航天卫星遥感及无人机航空遥感等平台实现耕地大范围及局域范围的精细化调查与周期性动态监测，已渐渐成为一种行业内的共识。在耕地监测数据的技

---

① 申晴. 基于 COBIT 的政务信息系统审计研究 [D]. 广东财经大学,2022.

术表达上，充分基于三维可视化技术、三维动态技术及 VR 技术等先进技术手段的协同应用，将遥感影像、DEM、实景影像及 BIM 等多源耕地资源监测相关数据基于统一空间尺度整合集成，实现三维可视化效果，以还原耕地在地理空间利用实况，从而助力耕地资源管理维度的升级，更好地实施耕地资源的开发与利用的保护与监督，这些尝试在宁夏、广西等地的实践案例也取得初步成效。在耕地监测数据的信息化运用体系上，建设统一的耕地利用空间基础信息平台，在各类耕地资源性状调查监测的基础上，集成耕地数量、质量、健康以及空间分布等相关数据，以直观显示耕地资源客观状态，形成耕地资源"一张图"的综合管理[1]，这些构想已不再是仅停留在设计方案层面。在耕地资源数据共享体系方面，立足已有的云基础设施，整合完善自然资源部门、农业农村部门及生态环境部门等各部门分散的计算存储资源，将各部门及各级主管数据统一迁移至政府统一的政务云平台，实现耕地利用相关数据的互联互通及横向部门联动，最大化地发挥数据价值，提升管理效力，已是大势所趋。

9.1.2 省级耕地保护监管信息化建设已具备一定基础

为贯彻落实党中央、国务院关于坚决遏制耕地"非农化"、严格管控"非粮化"、"坚决守住 18 亿亩耕地红线"重大决策部署，2020 年，广东省自然资源厅向省财政申请设立专项资金，用于开展"十四五"时期耕地保护动态监测监管工作。2021 年 10 月，广东省自然资源厅结合自然资源部卫片监督要求，又制定印发了《广东省耕地保护动态监测监管工作方案（试行）》，将在每年第二、四季度分别利用上一季度高分辨率卫星遥感影像以及地理国情监测、土地卫片执法等影像数据，结合永久基本农田、垦造水田、补充耕地、设施农业用地、农用地转用审批等管理信息进行套合比对，提取第一、三季度耕地变化预警图斑，通过广东省自然资源在线巡查系统下发市、县级自然资源主管部门。同时，《方案》要求省、市、县自然资源主管部门在每年 8 月 10 日前通过执法综合监管平台和自然资源卫星遥感云服务平台，同步接收部下发的疑似问题图斑。就省级部署来看，结合卫生遥感云服务平台强化监管，依托巡查系统和综合感知平台实现数据分级共享，在信息化建设方面，已经打下了坚实的基础。

---

[1] 刘蒙罢,张安录.建党百年来中国耕地利用政策变迁的历史逻辑及优化路径[J].中国土地科学,2021,35(12):19-28.

为坚守耕地红线，保障粮食安全的"新常态"，广东省自然资源厅推进综合感知服务系统搭建耕地保护"田长制"及网格化管理信息系统，并与广东铁塔合作，利用铁塔独特的高空杆塔资源及相关配套，拟在21地市开展"耕地智保"信息化应用项目，实现耕地保护全方位可视化、智能化监管，2022年内完成21地市先行区县的试点上线。

9.2 广东省耕地保护信息化管理现状

广东省通过对耕地保护业务和台账进行统一管理，实现耕地保护业务管理智能化、业务线上全流程转交、审批，缩减业务响应时间和办理时长，提供业务档案一体化管理机制，将业务信息和档案关联，方便档案调取；实现耕地保护过程监管。包括补充耕地项目、设施农用地管理、永久基本农田划定和调整成果复核、耕地储备指标交易管理、耕地进出平衡管理、耕地卫片、恢复耕地计划调查、耕作层剥离再利用方案等业务类型，全面掌控和宏观管理，进一步提升耕地保护水平，全面加强耕地质量建设与管理工作。同时输出项目汇交成果，促进对有关耕地保护项目的审查、分析。实现对耕地保护业务全过程的监管功能。

9.2.1 补充耕地项目管理

实现补充耕地项目的信息填报、图形入库、附件管理，项目审批、材料归档等功能，对垦造水田项目从任务下达、立项、规划设计和预算批复、实施（进场开工材料）、验收意见阶段[1]、验收确认等各阶段实行全过程监管。业务流程如图所示：

---

[1] 李利番, 白航. 广东省土地整治监测监管系统设计研究 [J]. 地理空间信息, 2021,19(08):19-22+4.

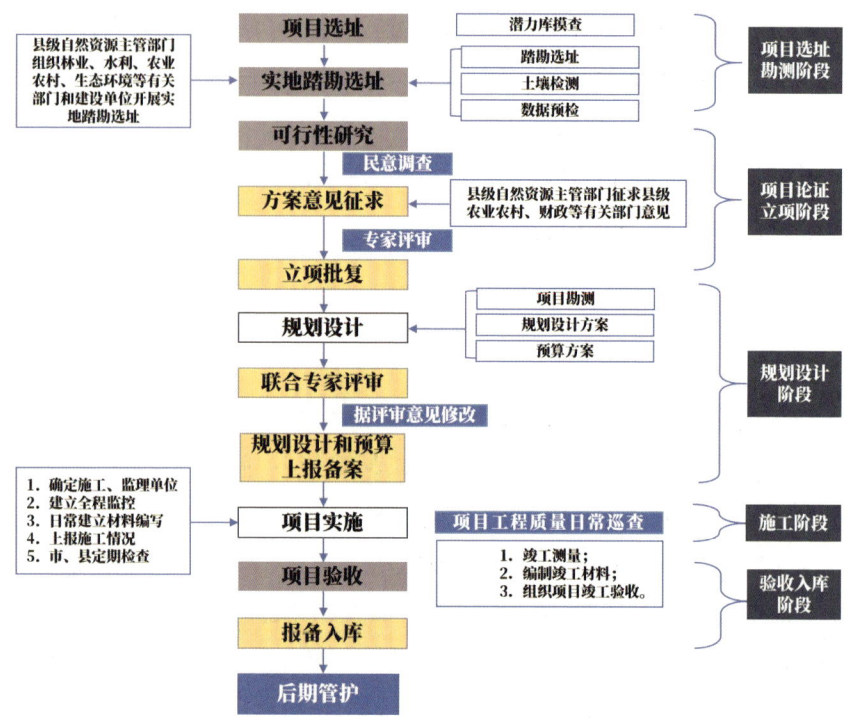

图 9-1 补充耕地项目业务流程图

9.2.2 设施农用地管理项目

对设施农用地变更调查呈现出的面积、地块、市级环节的备案、备案审批、上图入库的管理，业务流程包括：镇级在系统备案—县级进行上图入库—市级审核的信息填报、图形入库、附件管理、项目审批、材料归档等功能。

9.2.3 永久基本农田划定和调整成果复核

涉及重大建设项目占用永久基本农田情况，需按规定进行审核，以及对占用永久基本农田后需进行补划和调整成果复核等工作。

9.2.4 耕地储备指标交易管理

实现对耕地储备指标交易台账的管理，包括：业务类型、标的状态、成交单价、面积、成交总价、申请开始时间、申请结束时间、竞价开始时间、成交时间、竞得人等信息。

9.2.5 耕地占补平衡台账管理

实现各类补充耕地指标来源（旱改水、增减挂钩、异地购买）与总量管理；耕地储备指标的使用、剩余、调剂和借用情况的管理功能。

9.2.6 耕地进出平衡管理

结合耕地卫片、执法卫片、年度变更调查，跟踪耕地地类变化，以县级为单位实现年度耕地进出平衡分析、预警及事项跟踪。

9.2.7 耕地卫片管理

对接省级系统获取省级下发市区现场核查的耕地问题图斑情况，核查进度情况进行台账化展示管理，同时对完成上报的类型和数量进行统计。

9.2.8 耕作层剥离再利用台账

通过确定剥离对象，实现 对剥离实施业务管理，包括：
①剥离基本信息：工程名称、项目占用耕地面积、其中占用水田面积、耕作层剥离再利用类型"剥离后直接利用、剥离后存储再利用"。
②剥离区情况：需剥离面积、其中剥离水田面积、耕地质量等别、剥离平均厚度、剥离土方量。
③再利用区情况：再利用区位置、与剥离区距离、再利用区面积、再利用区需土方量。
④存储区情况：存储区位置、与剥离区距离、存储区面积、存储区土地利用现状地类、存储区权属。
具体见耕作层剥离再利用流程图：

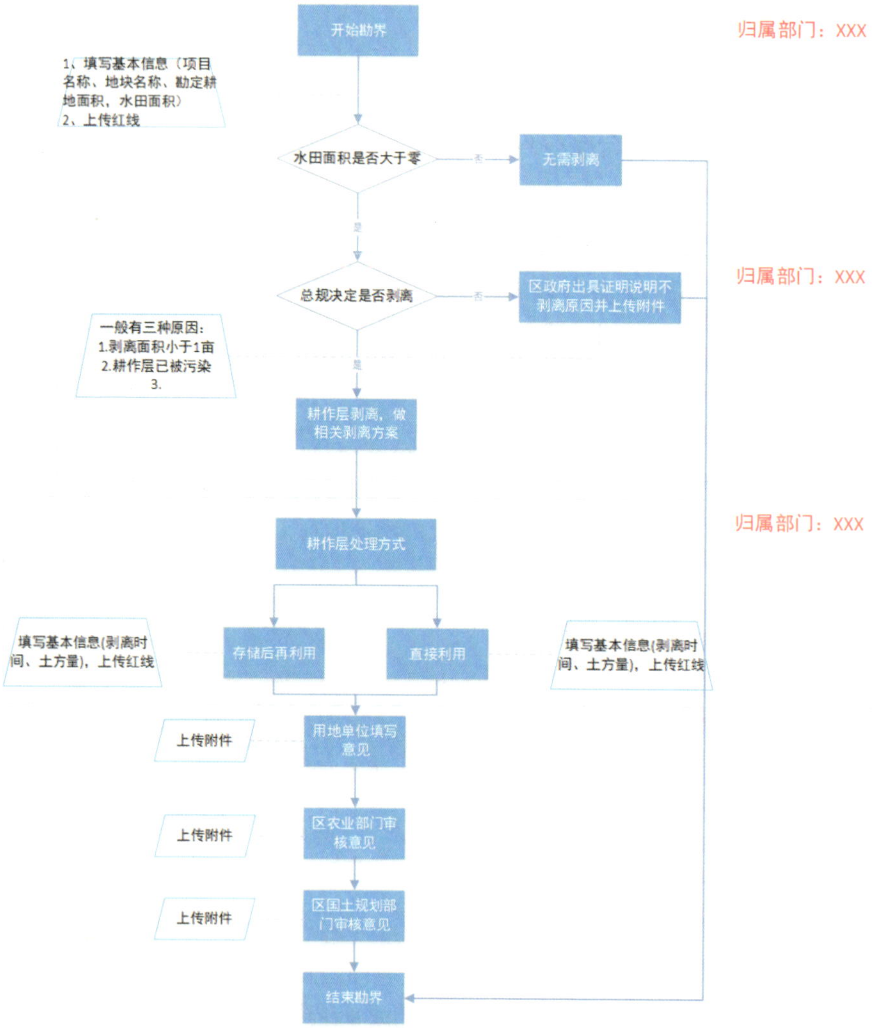

图 9-2 耕作层剥离再利用流程图

9.3 耕地数字一体化管理设计研究

未来耕地数字一体化管理应通过开展耕地保护大数据平台建设，构建耕地保护核心数据库，实现对永久基本农田保护、高标准农田分组管理、土地整治等业务的全流程网上运行和全过程监管，进一步提升耕地保护水平，全面加强耕地质量建设与管理工作。

9.3.1 耕地保护链条业务数据汇集

实现耕地保护多源、异构、多年度、多尺度的各类耕地相关数据的统一汇集、管理和共享、查看，包括数据标准规范管理、基础数据汇集管理、耕地保护数据汇集管理等三部分内容。

（1）数据标准规范管理

制订耕地保护数据管理规范和标准，包括数据交换规范、存储规范、接口规范等。

（2）基础数据汇集管理

汇集基础地理空间数据包括：遥感影像、土地利用总体规划、国土空间规划数据、永久基本农田、控制性详细规划、三区三线、河道湖面管理等数据。

（3）耕地保护数据汇集管理

汇集垦造水田、耕地质量等别评定、设施农用地备案范围数据、永久基本农田划定、稳定耕地图层、耕作层剥离再利用、耕地集中连片数据、耕地质量等别评定、耕地占补平衡利用指标库（建设项目占用指标）、耕地卫片、年度耕地监测等数据。

9.3.2 调查监测

实现耕地数量、耕地质量和后备资源动态监测。

（1）耕地数量监测

实现耕地保护指标规模一本账，家底情况一目了然，直观统计区域内耕地保护核心指标情况，如现状耕地面积、耕地保有量、耕地流入流出情况等指标。示意界面如图所示：

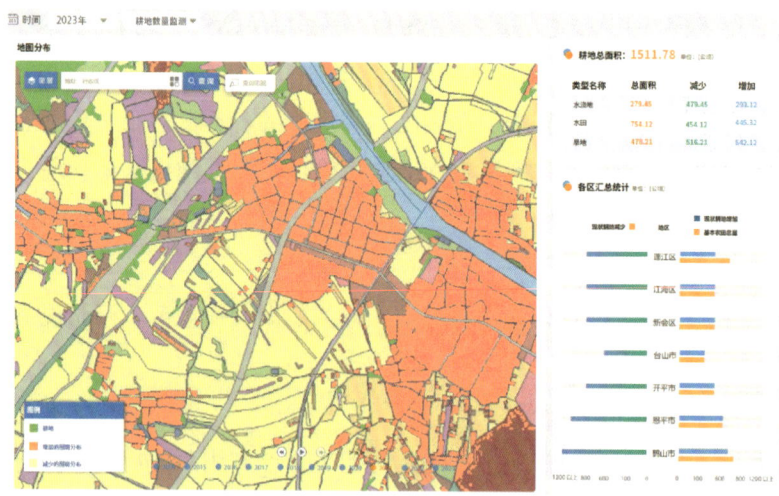

（2）耕地质量监测

实现地形条件坡度、压降嵯、土壤条件、生态环境条件等各项指标监测，一屏展示耕地质量总体情况。示意界面如图所示：

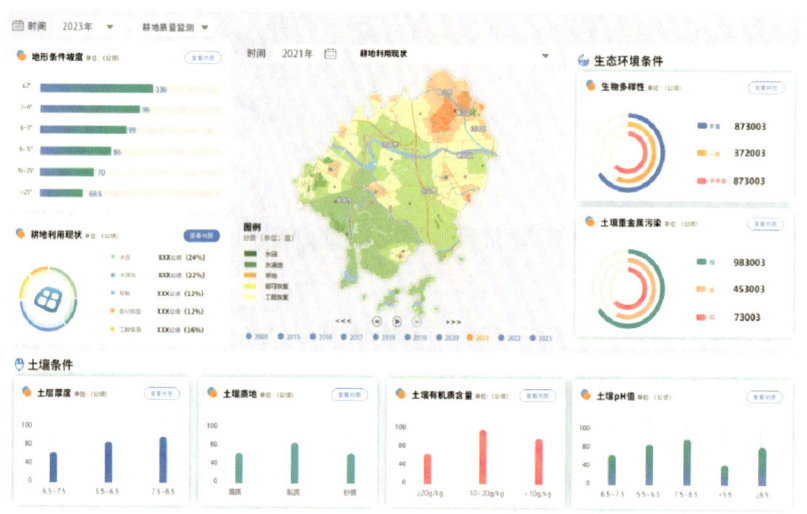

（3）后备资源监测

针对耕地后备资源调查评价的成果形成的总潜力情况进行动态监测，对补充耕地潜力库的数据进行动态更新，有效监测用于占补平衡的潜力情况，助力重大项目的落地实施，对耕地恢复潜力库的数据进行动态更新，有效监测用于进出平衡的潜力情况。示意界面如图所示：

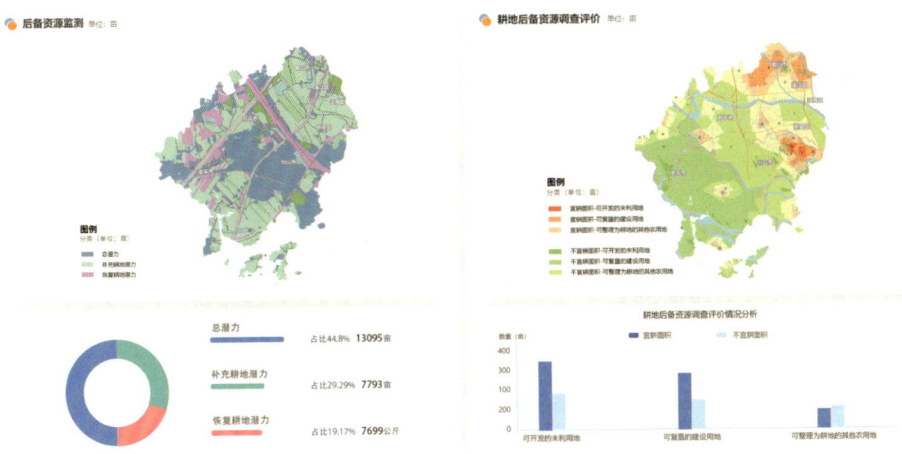

9.3.3 规划管控

实现耕地保护数据资源日常统计分析，支持耕地保护规划实施动态监测监管。核心功能包括地图通用功能和专题应用功能。

（1）地图通用功能

实现图层数据的日常应用与动态更新维护。包括快速查询、浏览、辅助分析、图斑红线提取、绘图管理、卷帘和分屏对比等功能。示意界面如图所示：

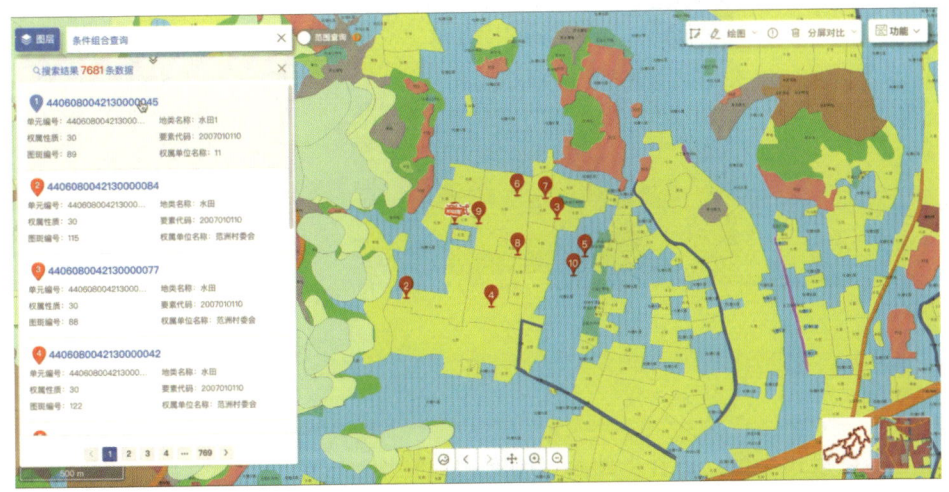

数据查询展示

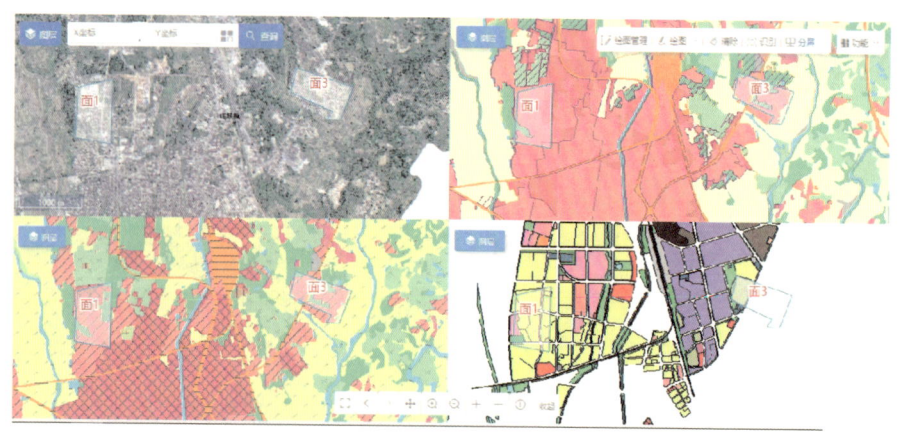

分屏比对展示

（2）专题应用功能

实现耕地图斑全生命周期叠加分析与图、属档一体化的管理。可选定任意耕地图斑快速分析专题结果，并查看详情信息与档案资料。示意界面如图所示：

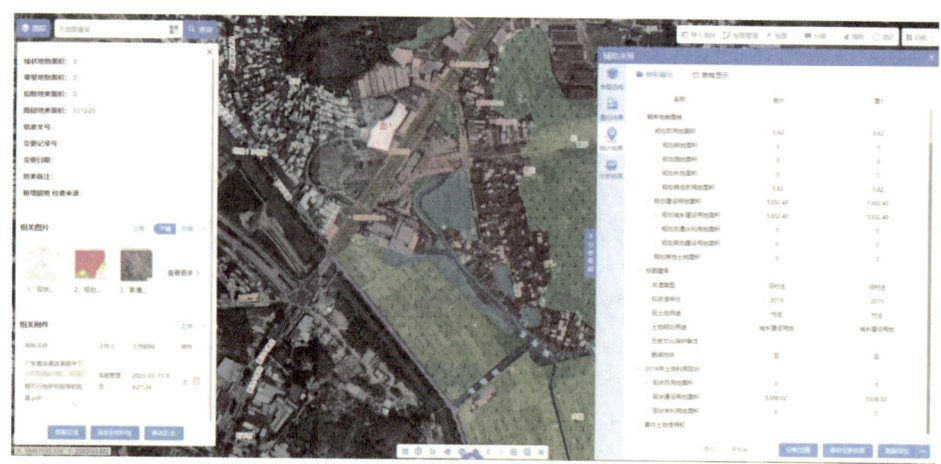

9.3.4 用途管制

包括进出平衡、占补平衡和设施农用地管理。

（1）进出平衡

统计指标包括耕地流入项目总览、本年度全域进出平衡统计、本年度各行政区域净流入流出统计。

1）耕地流入项目总览

①以文字的形式统计耕地流入项目的总项目数、总投资额、立项建设规模和耕地流入总面积的数值；

②通过点击项目总数跳转到新页面查看所有耕地流入项目明细。

2）本年度全市进出平衡统计

①通过点击本年度全市进出平衡统计跳转到新页面，查看耕地进出平衡统计界面，筛选年份区间为去年—本年；

②以文字的形式统计本年耕地进出差额、本年耕地净流出、本年耕地净流入、本年永久基本农田流入。

3）本年度各区县净流入流出统计

以柱状图的形式展示各区县耕地净流入、净流出的统计，净流入、净流出、永久基本农田流入面积用不同色块的柱形显示数值。

示意界面如图所示：

（2）占补平衡

通过对接耕地占补平衡系统，以图文形式展示地域耕地数量、水田规模、粮食产能当前指标的合计情况；

1）各行政区域指标合计

分耕地数量、水田规模、粮食产能维度分别统计各个行政区域的指标数值，并使用柱状图的可视化手段进行展示，直观对比各个行政区域耕地数量、水田规模、粮食产能情况。

2）各行政区域占用及补充情况

通过筛选占补类型进行统计使用台账界面中各行政区域占用面积/产能和补充面积/产能。点击效果：点击各行政区域柱状图，新页面打开耕地占补平衡-使用台账界面，筛选对应项目所在地。

示意界面如图所示：

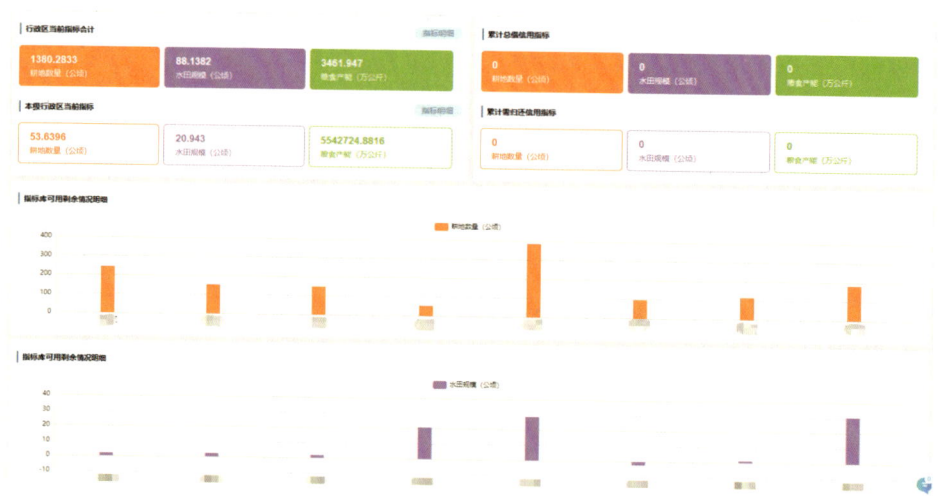

（3）设施农用地管理

对设施农用地变更调查呈现出的面积、地块、市级备案、备案审批、上图入库的管理，业务流程包括：镇级在系统备案—县级进行上图入库—市级审核的信息填报、图形入库、附件管理、项目审批、材料归档等功能，同步信息台账到系统。

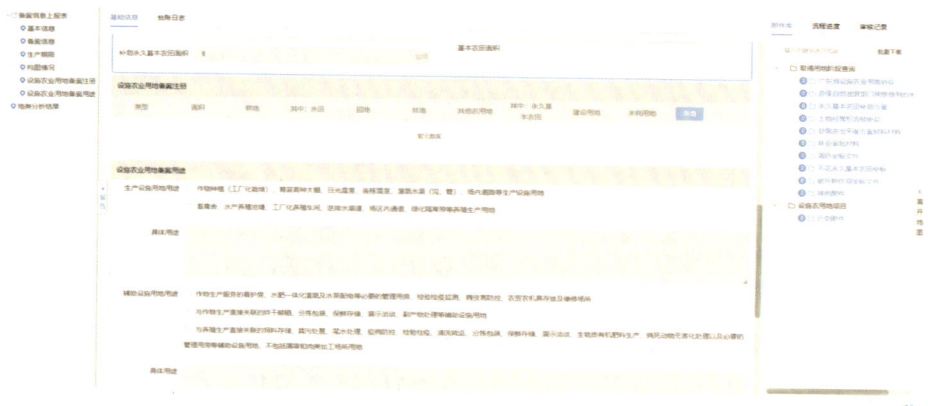

9.3.5 整治实施

实现补充耕地项目、耕地恢复项目、耕作层剥离再利用、集聚区整治动态管理。

（1）补充耕地项目

实现补充耕地项目的信息填报、图形入库、附件管理，项目审批、材料归档等功能，对补充耕地项目从任务下达、立项、规划设计和预算批复、实施（进场开工材料）、验收意见阶段、验收确认等各阶段实行全过程监管。示意界面如图所示：

（2）耕地恢复项目

实现耕地恢复项目在线填报、图形入库、附件管理，包括立项批复、项目实施、项目验收等各个阶段的档案资料与流程全过程监管。示意界面如图所示：

（3）耕作层剥离再利用

通过确定剥离对象，实现对剥离实施业务管理，包括：

①剥离基本信息：工程名称、项目占用耕地面积、其中占用水田面积、耕作层剥离再利用类型"剥离后直接利用、剥离后存储再利用"。

②剥离区情况：需剥离面积、其中剥离水田面积、耕地质量等别、剥离平均厚度、剥离土方量。

③再利用区情况：再利用区位置、与剥离区距离、再利用区面积、再利用区需土方量。

④存储区情况：存储区位置、与剥离区距离、存储区面积、存储区土地利用现状地类、存储区权属。

示意界面如图所示：

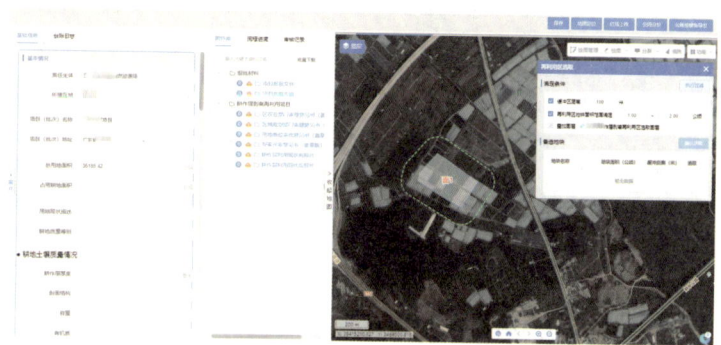

（4）集聚区整治

实现集聚区整治项目的在线填报、子项整治项目关联、图形入库关联等功能。包括立项申请、实施过程、项目验收、后期管护各个阶段的档案资料管理与全过程管控。示意界面如图所示：

9.3.6 监督考核

实现各行政区域考核情况在线填报,形成汇总形成最终考核评分,考核内容包括耕地保护目标考核、耕地卫片问题图斑整改、耕地保护"田长制"三部分内容。

(1) 耕地保护目标考核

实现耕地保护责任指标(含永久基本农田划定)的考核、统计和材料归档功能。可自定义配置考核指标及指标描述,对考核指标进行增删改。示意界面如图所示:

(2) 耕地卫片问题图斑整改

对接省级系统获取省级下发现场核查的耕地问题图斑情况,核查进度情况进行台账化展示管理,同时对完成上报的类型和数量进行统计。示意界面如图所示:

（3）耕地保护"田长制"

实现各个层级田长负责任务情况指标的台账管理，包括巡查任务总数、已上报任务数据、审核任务总数、已审核任务数、问题图斑整改面积等指标考核。示意界面如图所示：

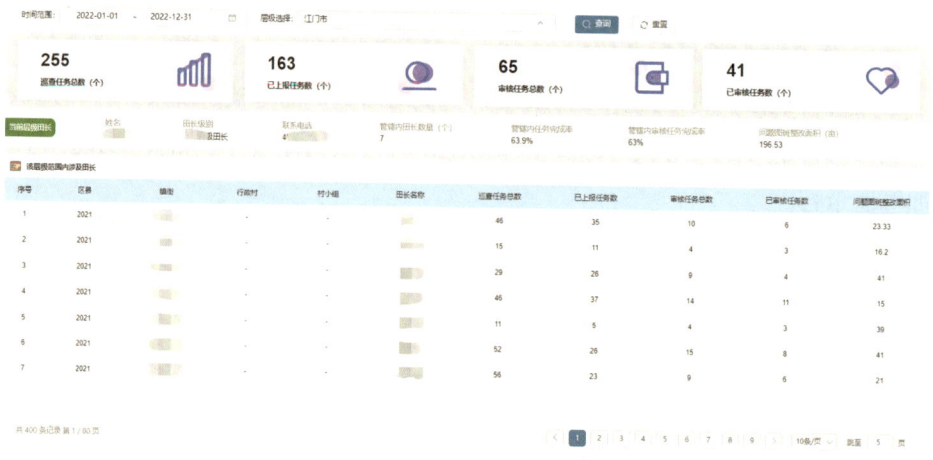

9.3.7 政策研究知识库

实现耕地保护规划管理、耕地保护管护、耕地保护补偿等政策文件的统一汇集，支持在线新建上传、批量上传文件包、查询预览、下载等功能。示意界面如图所示：

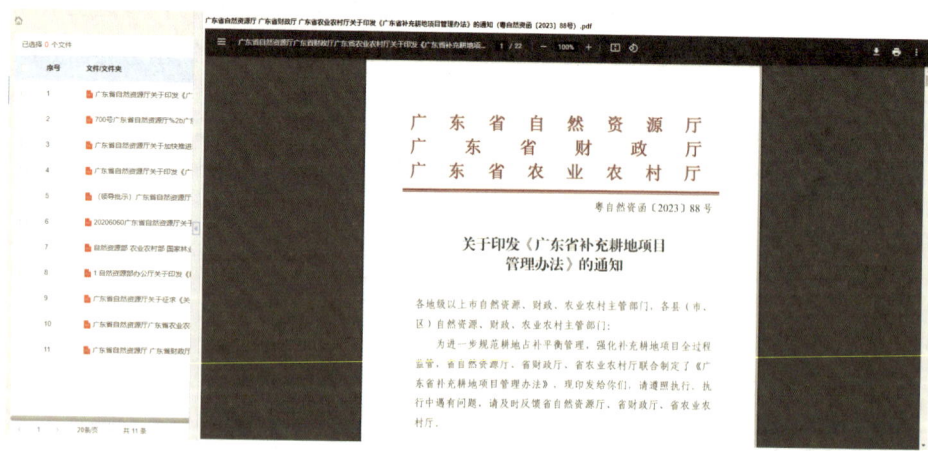

9.3.8 系统对接

针对上级系统的数据进行批量获取、增量数据定时获取，同步至耕地保护数据库进行统一管理。

（1）广东省土地管理与决策支持系统

包含抓取规则及存储规则设定、针对广东省土地管理与决策支持系统可查询拆旧复垦各阶段填报的数据进行批量获取、增量数据定时获取。

（2）耕地占补平衡系统

包含抓取规则及存储规则设定、针对耕地占补平衡系统"指标库—剩余指标数据、指标使用—使用台账数据、指标使用—项目使用台账汇总数据"进行批量获取、增量数据定时获取。

（3）部设施农用地监管系统

包含抓取规则及存储规则设定、针对部设施农用地监管系统"上图入库总览数据、取得用地情况—项目列表"进行批量获取、增量数据定时获取。

（4）广东省土地整治监测监管系统

包含抓取规则及存储规则设定、针对广东省土地整治监测监管系统"垦造水田项目各阶段的数据"进行批量获取、增量数据定时获取。

（5）与国土空间基础信息平台对接

对接使用国土空间基础信息平台的基础地理信息图层数据，并能进行数据查看与分析。

（6）广东省复垦指标网上交易平台

包括抓取规则及存储规则设定、针对拆旧复垦指标数据进行批量获取、增量数据定时获取。

（7）广东省综合感知平台

包括抓取规则及存储规则设定、针对耕地流向清单数据进行批量获取、增量数据定时获取。

（8）与粤政易对接

通过 oauth2 鉴权方式与粤政易进行系统对接，对接完成后可在粤政易实现消息提醒，资源上传下载等功能。

9.3.9 移动端应用

移动端应用通过对接粤政易实现,以粤政易工作台应用的形式进行扩展开发,建设内容包括领导看数、项目管理、外业巡查三项功能。满足领导随时查阅耕地保护和生态修复各类型项目的分析结果和项目情况,满足外业巡查人员动态巡查和后期管护项目。

(1)领导看数

展示界面可以根据耕地保护各类型项目从任务下发、立项、实施、验收、后期管护等各阶段的数据及项目办理情况进行监管,领导可以随时查阅各类项目属性和项目实施情况等,同时也能按领导的需求,自定义查询和统计耕地保护指标,并得到相应的数据,真正掌握到第一手数据。

(2)项目管理

1)项目列表

同步电脑端耕地保护所有项目类型的项目列表、总数数量,项目同步后,按项目所处阶段进行归类,按区域选择后可以查看当前行政区下不同阶段的项目。

2)项目信息

各类型项目的情况展示,展示各类项目属性、项目实施情况和进展情况等,实现对各类项目从任务下发、立项、实施、验收、后期管护等各阶段实行全过程管理,并利用外业核查软件拍摄照片等资料,确保情况明、数量准、信息实、监管严,实现谋划、实施、监管全链条信息化以及全过程管理。

3)项目审批

实现项目审批移动办公,可以进行环节审核等环节办理,方便办事人员高效办理;同时,可按照不同条件设置,查询核对已审批的档案信息,对审批环节意见、审批单位和审核人员、项目基本信息、项目审批信息、项目档案信息进行查询查看,档案查询结果可作为现场巡查的依据。

(3)外业巡查

1)巡查任务信息查询

展示电脑端下达的各类型项目巡查任务,包括项目类型、项目基本信息、项目待巡查信息、监管信息,满足巡查人员查询的需要。

2)现场信息采集

现场巡查需要留存照片及视频信息进行备案,此模块满足用户现场拍照和拍摄视频的需要，并可以管理和查询。

3）消息自动提醒

耕地保护各类型项目在实施过程中，电脑端形成的项目待办事项提醒信息通过对接粤政易的部门和用户群自动将提醒信息发送给对应的业务办理人员，提醒用户及时快捷办理。

4）监测记录

在项目管理列表中点击需要外业监测巡查任务，领取后进入项目信息页面，点击监测记录，可以对监测项目进行新增、编辑、删除、上报等操作，在巡查信息页面按要求录入现场信息，拍摄巡查照片上传、下载，并记录监测结果。

5）管护记录

在项目列表中点击项目，进入项目信息页面，选择对应的管护记录，可以增加记录现场信息、现场照片拍摄上传、下载，并记录管护结果。

示意界面如图所示：

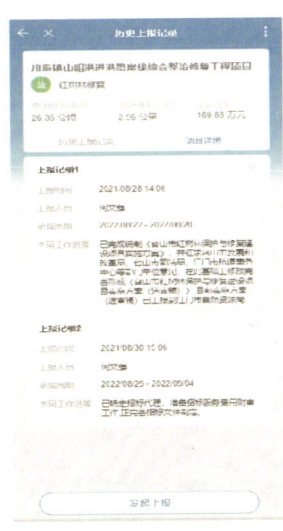

9.3.10 系统管理

通过严格控制不同人员对数据访问的权限，实现用户角色与数据访问权限的可视化管理，保障数据使用安全可控。

（1）日志查询

根据系统纪录的日志根据用户、单位、时间等内容作为查询条件，对系统日志进行查询,包括操作的时间、操作人、变更情况等,实现操作日志审计功能。

（2）用户管理

对系统用户进行统一管理,包括用户、角色、权限等信息。

10. 国内外经验借鉴

10.1 国外耕地保护经验

10.1.1 美国：强制手段与激励机制结合，构建多层次的耕地保护体系

二十世纪上半叶，为促进经济增长美国开展了掠夺式的发展，造成美国半数以上的国土遭风暴席卷，三亿吨表土因此流失，农地毁损惨重，粮食产量急剧减少。[1] 为解决上述问题，开始推行一系列土地保护法律和政策，美国现已成为世界上耕地保护补偿制度实施范围最广泛的国家。美国耕地保护政策体系由农业功能区划、税收减免、开发权转移与购买等构成，该综合政策体系直接或间接地创造了对农地保护行为的激励。

（1）通过农业功能区划实施土地用途管制

农业功能区划是农地保护使用较早、最常见的土地使用管制方式，其目的在于通过规划、分区、许可、调整等活动形成鼓励和保护农业发展的特定区域，并在此区域内实施差异化的土地利用政策。区划控制的具体实施有三种方式：一是地方政府在规划条例中划定农业区和城市建设区，农业区内的农地必须保持农业用途，一切建设活动将受到政府的严格限制，并在编制总体规划时，注意避免基础设施建设占用农地；二是一些州政府通过法律划定城市的发展边界，禁止城市建设超出法定的边界，间接保护了城市发展边界外的农地；三是一些州政府通过农业区域法，将大量连片的优质农地依法划定为农业区域，区域内的所有农地只能用于农业用途。政府通过立法或依靠行政权力，通过划定城市发展边界、城市建设区和农业区的方式，强制农业区的耕地不准用于非农业用

---

[1] 李俊博. 耕地保护补偿法律制度研究 [D]. 河北大学, 2021.

途,从而达到保护耕地的目的。

(2)以土地发展权限制耕地非农化用途的转变

1946年美国开始推行实施"农田保护计划(Farmland Protection Programs)",并引入了土地发展权的概念,州政府为了农地保护,向当地政府或农田所有者支付一定资金购买土地发展权使其归州政府所有,但是农户依然可以使用该农田开展农业活动,只是不能再改变其农业用途,彻底阻止城市的边缘地带非农化发展,保障农地的发展权,使之永久用于农业生产。通过建立政府与非政府组织以及农户之间的契约关系来确定耕地保护补偿权责,协调各方主体利益关系。双方主体签订书面契约,若是农户能够严格遵守契约不擅自改变土地用途,那么就以耕地的评估价值为征税标准。反之,若农户违反约定,将以市场价值补交约定期限内的土地税和不动产税。土地发展权有效限制了城乡结合发展时农田非农化的速度,对于已经转移农地发展权的地区,对农田作出永久不得改变其农业用途的限制。

(3)运用经济补偿激发农户耕地保护积极性

美国推进的"耕地保护计划(Work Land Conservation Programs)"是对于愿意在土地上采用有利于可持续环保的土地管理和结构保护方法的农民,由政府为其提供相关信息、技术援助、成本分摊或奖励补贴。对承担耕地保护任务的农户不仅给予农业补贴,而且还向农户发放价格补贴对农户的部分农业成本进行补贴。通过签订耕地管理维护协议,确定责任主体有权享受的经济补偿,同时约定责任主体管理、维护该区域耕地的义务,在达到耕地评价系统的标准和要求时,政府会对责任主体给予奖励,否则会由耕地保护责任主体承担相应责任。该计划通过契约约束农民进行耕地保护并通过经济补偿和激励手段保护激发农民发展农业的积极性,从而达到保护农地的目的。

10.1.2 英国:规划协调城乡发展和实现耕地保护

英国作为西欧人口密度较高,耕地面积所占比重最小的岛国,工业化时期城市的快速发展使得其土地区位发生变化,土地过度开发,环境污染和耕地流失现象较为严重。因此,英国制定了一系列与耕地保护有关的法律法规与条令,通过施行立法来保护耕地。[1]

---

[1] 单嘉铭,吴宇哲.国内外耕地保护对比及启示[J].浙江国土资源,2018(07):21-24.

（1）以土地立法为根本手段加强耕地保护

英国涉及农地保护法律法规很多，主要包括1938年《绿带法》、1947年《城乡规划法》、1947年《农业法》、1949年《国家农村场地与道路法》、1949年《国家公园与享用乡村法》、1981年《野生生物、田园地域法》等。

其中，1938年制定《绿带法》，通过国家购买城市边缘地区农业用地来保护农村和城市环境免受城市过度扩张的侵害，由于缺乏统一规划和法律依据收效甚微，在1955年全面推广实施开始逐步实现，通过"绿化带"政策设置城市发展边界控制城市的蔓延，保障乡村土地继续用于农业、林业等，强化对农业耕地和粮食生产的保护。1947年《城乡规划法》规定土地开发权归国家所有，土地所有者变更土地用途或开发土地必须向政府提出申请并交纳开发税，否则只能按原有土地用途使用土地，要求各郡制定土地20年规划。同时，1947年颁布了第一部《农业法》并后续不断修订，强调对国内农业生产的保护以及创建自给自足的农业经济，法令规定对农业实施价格保证制度即差价补贴制度，保护农产品市场，确保英国农业土地的有效利用，并对生产效能低下、影响劳动生产率提高的小农场进行合并，对愿意合并的小农场提供补贴，除农业直接投资外，对农业基础设施建设提供补贴，《农业法》强调扩大农业规模，提高农业生产率，在经济上保护农业。英国环境部于1981年制定《野生生物、田园地域法》，提倡"科学研究指定地区"（多为劣质地）转为草地和林地，由政府支付补助金。

（2）注重农地与生态共同保护提升

1966年，英国农业部对农地质量进行评价，建立农业土地分类系统，根据土地的作物适宜范围、产量水平、持续性以及成本等因素，将农业土地分为5个级别。国家规划政策指南"乡村地区可持续发展"部分规定，对于优质农地，在决定开发申请时，应综合考虑该地块其他可持续发展指标情况。当占用农用地确实不可避免时，除非较好等级农用地与上述其他可持续发展目标有所冲突，否则地方规划机构不得占用这些高质量农用地，而应选择质量稍次农业用地。

为了保护农地环境促进农村地区可持续发展，1987年开始，英国政府制定了一系列以土地为基础农业环境规划，通过各种补贴方式促使农民在农地上采取对环境友善经营方式。这些规划对英国农业发展、保护农地资源与保护乡村景观起到了重要作用。此类规划中主要包括有：环境敏感区规划、守护田庄规划、有机农业生产规划、农地造林规划、能源作物规划、坡地农场补贴规划、林地补助规划等,目的是改善环境,增加生物多样性。2004年以来的新规划体系强调农业的可持续发展,更加重视耕地保护,耕地保护政策体现在各级相关的规划中。以上各类规划鼓励在实施农业操作时注意对环境影响、恢复生态多样性、实现有机耕作与轮作、对增进景观与生态多样性进行奖励,重点强调在保护农地同时进行生态保护。

10.1.3 日本:依法编制规划严格农地用途管制

日本地形以山地、丘陵为主,可利用的耕地资源有限,作为发达国家,其耕地资源在经济迅速发展的同时依旧受到了良好的保护,主要是通过立法并依法制定相关规划实现耕地保护。

(1)耕地保护相关规划在规划体系中位置明确

日本国土空间规划体系以国土综合开发规划、国土利用规划、土地利用基本规划三大规划为核心。土地利用基本规划是以国土形成规划和国土利用规划为基础,对城市地区、农业地区、森林地区、自然公园以及自然保护区五大类型区制定的基础性专项规划,作为国土空间用途管制的主要依据,其中与耕地保护相关的规划为农业地区的农业振兴规划,是日本空间规划体系中的基础性专项规划。

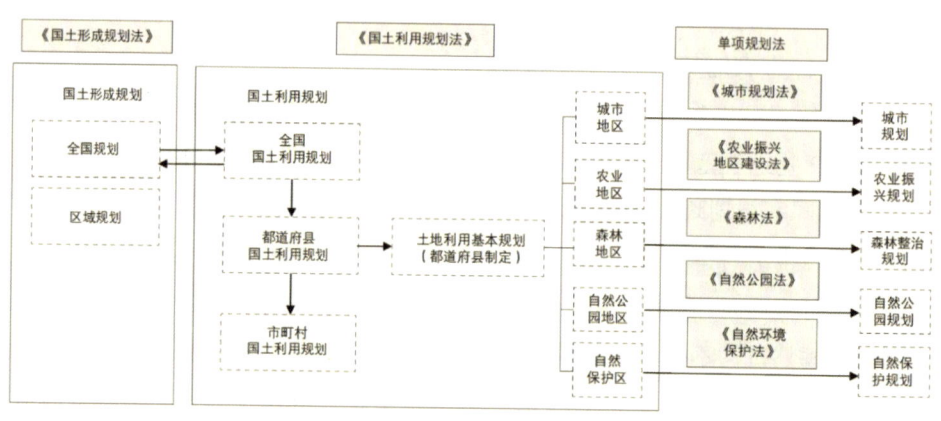

图10-1 日本空间规划体系图

(2)运用规划实现农业地区耕地保护

日本综合考虑自然、经济及社会因素,划定农业振兴地区范围,并结合农业委员会、农业合作社等组织，制定《农业振兴地域整备规划》，保障优良农田用于农业生产、限制开发建设占用农田，实现农田的集约配置与综合利用。由都道府县（一级行政区划）从农业地域的广域视角进行整体规划，市町村（二级行政区划）对在其行政范围内的农业振兴地域进行详细规划。

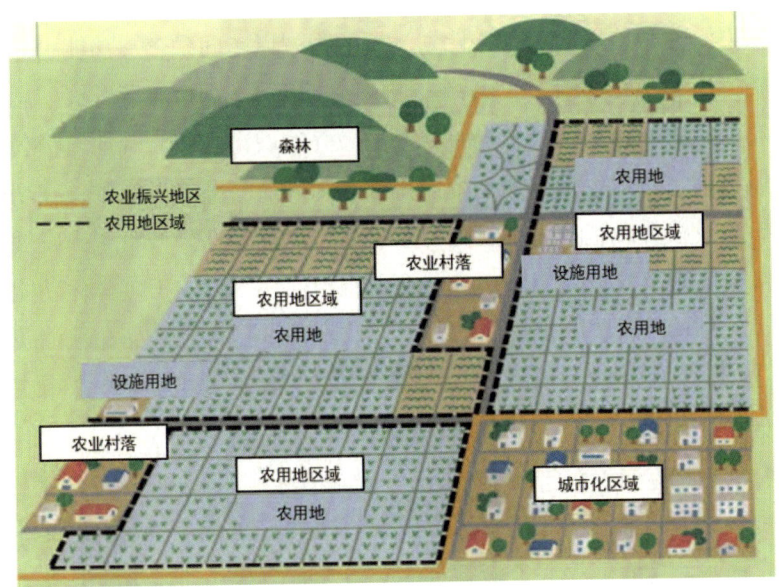

图10-2 农业振兴地域示意图

农业振兴地域广域整备规划由都道府县编制，与相关规划相协调，需在都道府县知事的基本方针指导下，综合考虑经济、社会、自然条件，地理位置与农业现状经营情况关系等因素，从农业生产基础的保全、整备及开发的角度出发，全面有计划地采取相关措施，在一定限度内对农业用途进行划分，以确保农地的农业利用，最终实现地区农业的振兴，规划内容包括：①广域整备的基本构想；②农业生产基础整备开发规划；③农用地等的保全规划；④促进农业扩大规模经营与提升农用地利用效率等的综合利用规划；⑤农业近代化设施的整备规划；⑥农业从业者培育的设施整备规划（以传帮带为培育理念）；⑦促进农业从业者稳定就业的规划；⑧生活环境设施的整备规划。

市町村农业振兴地域整备规划的制定应获得都道府县知事的认可，规划内容具体包括以下方面：①农用地利用规划，包括土地利用构想、农业土地利用构想及农用地利用规划等内容；②农业生产基础的整备开发规划；③农用地等的保全规划；④促进农业扩大规模经营与提升农用地利用效率等的综合利用规划；⑤农业现代化设施的整备规划；⑥农业从业者培育的设施整备规划。

（3）规划引导城市农田保护

日本政府 2015 年出台了《都市农业促进基本法》，以实现都市农业持续发展。基于《基本法》要求以及相关计划指引，东京制定了《东京农业振兴计划》（以下简称"计划"），《计划》目的为"以空间融合、功能引导和农业促进措施为导向，完善国家农田保护制度"，以引导都市农业发展的思路，达到保护农田目的。在空间融合上，将分散破碎的城市农田与其他城镇公共绿地共同构成城镇空间的生态空间系统或将改造为农业公园加以保护；在功能引导上，引导建设相关设施作为地震临时避难所、试点将部分城市农田发展为"农事体验园"、确定部分城市农田为农业景观空间，发挥农田多样化功能；在农业促进上，种植高价值农产品、开展多元化经营、扩大农产品在地消费规模、设立农业技术与经营管理课程，从生产、消费、人才多方面提升都市农业产业发展水平。

（4）完善的耕地保护立法体系提供规划依据

目前日本颁布的有关土地管理方面的法律共有 130 部之多。其中耕地方面包括《农地法》《农业振兴地域整备法》《农业经营基础强化促进法》《土地改良法》等，这些法律随经济社会发展几经修正，逐渐形成了完善的耕地保护法律体系。

10.2 国内耕地保护经验

10.2.1 湖南省：明确耕地保护规划定位，严格用途管制

（1）明确了耕地保护规划的定位——专项规划

湖南省为落实粮食主产区责任，坚决遏制耕地"非农化"、防止"非粮化"，从源头进行耕地管控，与国土空间总体规划同步编制市县级耕地保护国土空间专项规划。明确出耕地保护国土空间专项规划是国土空间规划体系的重要组成部分，是实施和深化同级国土空间总体规划的重要手段。规划期限为 15 年，目标年为 2035 年，近期至 2025 年，与湖南省国土空间总体规划节点保持一致。

（2）先行开展基础研究工作为规划编制提供依据

基础研究工作是规划编制的重要依据，其中结合地方实际开展重要问题研究作为规划编制基石，确保规划的有效性和可实施性。《湖南省市县级耕地保护国土空间专项规划编制导则（试行）》在基础研究中要求开展对耕地保护现状情况评估、耕地保护形式分析及重点问题研究，重点问题研究包括城镇开发边界集中建设区等建设占用耕地的必要性论证研究、补充耕地潜力研究、永久基本农田调整评估研究、规划实施的生态环境影响评价等方面，作为后续耕地数量质量保护目标制定落实、开展生态保护及耕地保护开发利用等的编制依据。

（3）规划落实耕地保护"数量、质量、生态"三位一体

《湖南省市县级耕地保护国土空间专项规划编制导则（试行）》中对规划内容作出指导要求包括严格耕地资源保护与利用、合理开发利用耕地后备资源、强化永久基本农田特殊保护、重点项目安排、生态环境影响评价、提出保障措施六方面内容，全面注重耕地数量保护、质量建设与生态维护。

在严格耕地资源保护与利用方面，落实耕地保护目标任务、优化耕地布局、提升耕地质量、加强耕地生态保护、强化耕地用途管制。在合理开发利用耕地后备资源、强化永久基本农田特殊保护方面，划定后备资源和永久基本农田区域并提出管制要求及规则。[①]在生态环境影响评价方面，重视规划实施后可能对本行政区生态环境造成的影响，要求评价重点项目实施后对生态环境改善的积极影响、开发利用的可能影响等。

（4）建立耕地保护"一张图"统筹耕地保护

根据《湖南省市县级耕地保护国土空间专项规划编制导则（试行）》要求，规划编制成果应包括规划文本、规划图件、规划说明、数据库、附件等，底图底数要求与国土空间总体规划一致。

其中规划数据库成果为耕地保护"一张图"，能够统筹规划期耕地占用、耕地补充及耕地后备资源管理以解决其空间布局及占补平衡时序等问题。内容包括：①明确要素落位，构建全省耕地保护总体格局。将耕地、永久基本农田（含储备区）、耕地后备资源、高标准农田、粮食生产功能区和重要农产品生产保护区等要素落实到地块。②识别矛盾冲突，提出问题解决方案。在明确要素落位过程中，将耕地和永久基本农田分别与城镇开发边界初步成果、圈外基

---

① 邱滋璐，徐之寒，潘瑞烽，等.浙江省耕地后备资源调查评价及开发利用建议[J].浙江国土资源，2022(11):35-37.

础设施和规划重点项目、村庄规划初步成果衔接，将耕地后备资源与林地"一张图"衔接。③加强规划衔接，实现保护任务带位置落实。在国家尚未下达保护任务前，耕地保护"一张图"编制暂按照省级预下达耕地保有量和永久基本农田保护面积落实，要求依据规划期建设占用耕地、生态退耕等需求和补充耕地潜力等情况，将耕地保有量落实到具体地块，同时依据有关规则对基本农田布局进行优化调整。

（5）耕地监管田长制+"空天地网"

湖南省于2022年8月出台《关于全面推行田长制严格耕地保护的意见》，建立"5+1""田长制"组织体系，"5"指省、市、县、乡、村级田长，"1"指网格田长，实现"责任田"全覆盖。并依托卫星遥感、铁塔视频、动态巡查的"空天地网"一体的自然资源综合监测体系利用卫星遥感技术监测全省耕地，可以通过影像对比及时跟进、督促、整改，运用高空高清摄像头，实现对农田全天候监控，发现违法行为能够及时上报，实现天上卫星飞，地上视频看，现场专人查，做到早发现、早制止、早处理。湖南省现行耕地保护监管实施"田长制"+"空天地网"一体的自然资源综合监测体系，有效遏制耕地"非农化""非粮化"，落实湖南省耕地保护目标任务。

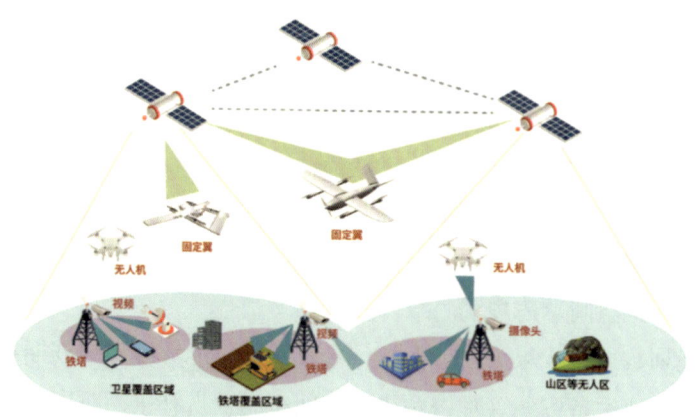

图10-3 湖南省"空天地网"自然资源智慧监测系统

10.2.2 浙江省：构建"人防"+"技防"，推动农业高质量发展

（1）构建省、市、县三级规划，规划重大政策推进落实

浙江省自然资源厅联合省农业农村厅印发《关于开展全省耕地保护利用规

划（2023-2027年）编制工作的通知》提出，以国土空间规划为引领，以坚守耕地红线、保障粮食安全为目标，系统谋划、科学规划未来五年省、市、县三级耕地保护的目标任务、重大行动（项目）、重大政策（制度）、重大改革、保障体系，全面构建耕地数量、质量、生态"三位一体"保护治理格局，落实"藏粮于地、藏粮于技"战略。

（2）杭州市耕地保护利用规划构建耕地永农保护新格局

为优化保护格局，稳控面积质量，杭州市编制耕地保护"十四五"规划，加大耕地占补平衡、省内和跨省统筹，发挥市级储备库"蓄水池"作用。规划实施具体内容包括突出优地优保，落实高质量保护；严控建设占用，强化源头管控；推进土地整治，落实占补平衡；积极落实整改，推动高效利用；创新耕地保护管理，提升智治能力五个方面。优地优保创新提出耕地分区分类保护，要求根据地块规模、坡度、耕地质量、未来利用意向等因素划分永久基本农田高质量保护区、永久基本农田一般区、永久基本农田储备区、一般耕地区、生态退耕区和土地整治重点区，并制定各区管控规则，以推动耕地保护任务的精准高效落实。

（3）构建"人防"+"技防"耕地保护监管模式

在具体耕地保护监管措施上，浙江省同样构建起了"田长制"+技术监管体系。设立省、市、县、乡、村五级田长，由党政一把手担任，在行政村配备1~2名耕地保护巡查员，同时推行"耕地智保"应用场景，全面建成四大体系：一是耕地账本"智慧体系"。将全省现状耕地、永久基本农田等相关耕地数据集成一张工作底图，建立耕地空间数据库，形成耕地资源空间"一本账"，用户可以随时查询数据，提供即时决策依据。二是田长"人防体系"。将6.6万多名田长和村级巡查员纳入场景，明确各级田长监管范围，并设置巡查打卡点，做到巡查有迹可循，实现"人田对应"。三是铁塔"技防体系"。利用铁塔高位视频、电子围栏、智能算法等技术资源，智能识别违法违规占用耕地行为，实时向田长、巡查员手机端推送预警信息，实现动态监管耕地变化，做到"塔田对应"，现已将约80%耕地纳入监管范围。四是闭环"处置体系"。建立"发现—核实—处置—销号"全流程闭环管理的田长巡查机制，问题处置更加及时、精准。

（4）创新提出农业"标准地"改革保护利用耕地

在优化农业产业布局、提升耕地综合价值上，浙江提出通过农业"标准地"

改革，针对农业碎片化、低效化、单一化等弊端，解决"地从哪来、谁来种地、如何种地"3个问题，推动农业发展向高质高效转变。农业"标准地"以推动农业高质量发展为目标，在符合国土空间规划、完成必要的区域评估基础上，按照一定标准建设，并设置主体标准、产业标准、投入产出标准、农产品质量安全标准等控制性指标，实现农用地资源优化配置、劳动生产率和土地产出率提高，控制性指标表以义乌农业"标准地"控制性指标为例。

表10-1 义乌市农业"标准地"控制性指标（2019年试行）

类别	一类标准地	二类标准地	三类标准地
亩均投入产出	略		
设施装备	设施种植面积占比达80%以上	粮食生产耕种收综合机械化水平达到80%以上或设施种植面积占比达80%以上	粮食生产耕种收综合机械化水平达到90%以上
安全环保	通过无公害基地认定；全程实行标准化生产；质量追溯体系完整。农作物秸秆综合利用率达95%以上；土配方施肥覆盖率达95%以上；农业废弃包装物统一回收和集中处理率达100%		
面积年限	粮食300亩以上；蔬菜100亩以上；水果、苗木等经济作物200亩以上。当年农作物流转期限5年以上；多年生作物流转期限最少至第二轮土地承包期结束（2028年）		
带动效益	每百亩带动农户10户以上；与村集体经济发展建立联结机制，每百亩带动村集体收入1万元以上		

10.2.3 云南省——注重耕地质量保护提升，明确耕地质量提升技术路径

（1）明确质量保护提升规划各级责任分工

云南省为解决全省耕地质量不高的难题，耕地保护相关规划聚焦于耕地质量提升。2021年，为保护耕地和提高耕地质量，保障粮食安全和重要农产品有效供给，促进农业可持续发展，云南省农业农村厅制定了《云南省耕地质量保护与提升办法的通知》，明确由县级以上农业农村主管部门负责耕地质量保护、建设和监督管理工作。

2022年，云南省农业农村厅印发《云南省"十四五"耕地质量提升规划》（以下简称《规划》），在其保障措施中，完善工作机制要求建立健全省级统筹安排、州（市）组织协调、县（市、区）贯彻落实、乡（镇）具体实施的工作机制。

落实属地责任，强化部门协作，加快形成省市县乡沟通顺畅、衔接紧密、上下联动、齐抓共管工作局面。进一步厘清政府、企业、农村集体经济组织、新型农业经营主体、农户等责任，构建多层级、多部门、多主体共同抓好耕地质量提升的工作推进机制。并严格监督考评，省级将各地耕地质量提升工作推进情况纳入粮食安全行政首长责任制等考核事项和高标准农田建设评价激励范围。

（2）创新提出耕地质量提升技术路径

《规划》中，为解决好基础设施薄弱、土壤瘠薄退化、耕地碎片化、基础地力下降等主要制约因素，以建管并重、提质增效、改良培肥、生态保育为主攻方向，因地制宜[①]、集成推广"建、管，效，绿，改，培，保，养"八个方面的耕地质量提升技术路径，切实抓好分区分类综合保护治理。明确耕地质量提升目标，制定规划指标评价云南省耕地质量提升程度，从加强耕地保护和质量建设、促进农业资源高效利用、提升土壤改良培肥水平、开展耕地质量调查检测评价四项主要任务进行耕地质量管理，通过加强组织领导、完善工作机制、严格监督考评等方式保障耕地质量提升工作的实施。

10.2.4 成都市——加强公众参与，落实耕地保护"三位一体"

（1）关注耕地生态管护利用与农业产业优化

根据《成都市县级耕地和永久基本农田保护规划编制办法（试行）》，规划文本主要包括相关规划及现状分析、目标定位、"三区三线"划定方案、耕地"三位一体"保护策略、耕地综合利用方式、用途管制、实施保障等，其工作底图以2020年度的国土变更调查同口径数据为基础。

在耕地"三位一体"保护策略中主要内容有：落实耕地和永久基本农田划定目标、多措并举增加耕地数量、因地制宜提高耕地质量、分区施策改善农田生态。在生态改善上，提出的分区施策改善农田生态要求系统修复农田生态环境，推进绿色农田建设，并提出了农田生态改善思路：一方面是提高农田生态系统服务价值，要求明确改善农田生态的具体措施。另一方面提出丰富农田生物多样性，明确营造农田半自然生境、建设生态廊道的区域和方式，促进农田生态系统内部物质循环和能量流动。在耕地综合利用方式上，要求创新耕地保

[①] 杨金珠.新型农村集体经济的发展探索——以彝良县发界街道易地扶贫搬迁安置区为例[J].云南农业,2023(05):21-24.

护利用思路，提升耕地价值：一是提出分类明确耕地用途。明确耕地利用优先序，规定并引导永久基本农田、高标准农田和一般耕地的不同耕地的用途；二是探索耕地保护利用新路径等创新举措，通过推进农业产业园区建设、扩大现有粮油产业园区规模、打造耕地大地景观、挖掘农耕文化价值等方式，强化农业综合价值，推动都市现代农业高质量发展。

（2）探索推行"田长制"，实行网格化管理

在《成都市加强耕地保护保障粮食安全的十条措施（试行）》中提出推行"田长制"明确耕地保护责任落实耕地保护。成都配套设立市和区（市）县两级总田长和市、区（市）县、镇（街道）、村（社区）四级田长，分级压实总田长、田长相应耕地保护工作责任，构建责任到人、监管到位的耕地保护监管网络，形成"横向到边、纵向到底、全覆盖、无缝隙"的耕地保护机制。

（3）保障农民收入，建立耕地保护和粮食生产激励机制

2022年8月，《成都市加强耕地保护保障粮食安全的十条措施（试行）》提出建立完善的耕地保护和粮食安全激励制度，包括：①建立激励机制。建立耕地保护责任目标落实情况与年度计划用地指标分配挂钩的激励机制，探索建立对粮食主产区的补偿激励机制，把完成粮食生产任务作为评选和推荐乡村振兴先进、农业现代化示范区的重要指标，并与相关支持政策和项目资金衔接。②完善现代农业园区创建激励机制，对粮食产业园区申报创建成都市现代农业园区设立单独考核体系，提高激励资金标准；③保障农民种粮收益。落实好粮食最低收购价、耕地地力保护补贴、稻谷目标价格补贴等政策。④完善耕地保护补偿制度。根据各区（市）县耕地保有量，建立健全耕地保护基金筹集、发放和转移补偿机制。

（4）开门编制规划保障规划有效实施

2022年3月，成都市规划和自然资源局印发《加快推进县级耕地和永久基本农田保护规划编制工作》，根据《成都市县级耕地和永久基本农田保护规划编制办法（实行）》，规划期限原则上与上位国土空间规划主要节点保持一致，规划编制需尊重村民意愿，鼓励公众参与，规划编制各环节保障村民的知情权、参与权、表达权和监督权，保障规划的有效实施。

10.2.5 其他耕地保护特色做法

（1）福建：农田减排固碳

农田碳汇主要是通过加强高标准农田建设、采用保护性耕作措施、改变水稻灌溉方式、增加秸秆还田、增加有机肥施用、采用轮作制度和合理利用土地等方式，提升农田土壤的有机质含量，减少温室气体排放，增强农田土壤固碳能力。

2022年6月农业农村部、国家发改委联合印发《农业农村减排固碳实施方案》，福建省南靖县龙山镇通过试点项目（涉及农田9000亩）具体实践，运用调整水稻灌溉方式减少甲烷排放以及增加秸秆还田、增加有机肥施用等方式提升土地储碳量，经过监测与测算，试点项目每年可实现增汇0.23万吨，并于2022年7月，由福建环融环保股份有限公司向南靖县龙山镇购买农田碳汇0.7万吨（该项目2020年至2022年间的碳汇当量）。在该试点项目中通过建设高标准农田、改善灌溉条件、提升土壤有机质的等方式推动农田减排固碳，为农田碳汇开发奠定了基础，有效实现耕地"三位一体"保护，并由碳汇交易增加农业收入。

（2）天津：农田种植监测

为贯彻落实国务院办公厅2020年11月印发的《关于防止耕地"非粮化"稳定粮食生产的意见》（国办发〔2020〕44号）的要求，天津市农业农村委员会、规划和自然资源局于2020年12月制定了《天津市防止耕地"非粮化"稳定粮食生产工作方案》（津农委〔2020〕40号）。根据其中加强粮食生产功能区监管的要求，天津市开展了主要粮食作物种植情况以及粮食生产功能区动态监测工作，目前将"AI+遥感"主粮作物智能遥感解译技术应用于天津市小麦种植属性监测项目中，协助天津农委全面摸清小麦种植规模及分布，结合粮食生产功能区范围分析小麦种植面积，为识别本年度小麦应种未种地块及其分布等需求提供了管理依据和决策支持，同时为天津市严防耕地"非粮化"、粮食安全保障提供基础信息。

10.3 经验启示

10.3.1 编制耕地保护规划，应首先确定其工作定位

国内开展耕地保护规划编制的各省市已均明确其耕地保护规划工作定位。按照各省市耕地保护相关规划内容，对耕地保护规划要求包括细化传导落实同级国土空间总体规划在耕地保护上的要求、协调各相关规划耕地保护任务，通过耕地保护规划在耕地保护上的引导和管控起到支撑作用等。为充分发挥及实现规划作用要求，应首先确定耕地保护规划的工作定位以明确规划站位。结合各省市做法思考，如：湖南省将耕地保护规划确定为耕地保护国土空间专项规划、浙江省以国土空间规划为引领编制耕地保护利用规划、杭州市及云南省耕地保护相关规划为"十四五"专项规划等，理清广东省耕地保护规划工作定位，统筹耕地保护。

10.3.2 耕地保护规划应注重结果管控与过程管制的衔接

耕地保护目标为实现国家粮食安全，其规划应加强目标任务要求与实施内容的连贯性。湖南省的耕地保护规划在制定耕地保护目标任务的量化指标情况下，同步将耕地、永久基本农田地块落实到地块，形成永久基本农田图件进行严格保护，预测耕地流出需求后，明确耕地后备资源开发时序，科学安排耕地流出流入，优化耕地空间布局，并规划安排重大工程督促耕地保护利用落实，提出耕地及后备资源管制要求，布置耕地质量、生态、文化价值提升内容，强化耕地保护约束性指标分解细化落实，通过规划实施管理实现规划管控目标。因而，广东省耕地保护规划同需注重结果管控与过程管制的衔接，在明确规划指标任务的同时，将指标任务落实到地块、确定规划任务开展时序、明确过程管理要求，强化规划实施过程动态监管及安排落实，避免管控目标与规划实施结果脱节，实现规划目标有效、高效完成。

10.3.3 耕地保护应兼顾保护和利用，形成"保护中利用、利用中保护"的良性循环

耕地保护需要解决耕地保护管理利用矛盾问题、统领协调耕地保护工作。

在耕地利用上，为提高耕地价值推进农业高质量发展，增加农业收入，将耕地被动保护转为主动统筹，对耕地保护性利用进行规划，协调耕地用养关系。如：湖南省、杭州市形成耕地保护利用规划图并对耕地用途进行管制、划分不同耕地保护类型分别制定管制规则。浙江省、成都市、福建省等耕地利用措施以提升耕地价值为目标，具体为：浙江省的农业"标准地"改革，通过事先制定招引项目标准推动农业高质高效发展；成都市的分类明确耕地用途、农业产业园区建设等耕地利用路径；福建省的农田减排固碳项目，在提高农田质量同时通过碳汇增加农业收入等。

10.3.4 耕地保护应采取系统性思维，将各管理环节进行有机串联与衔接

现已开展耕地质量管理、耕地双平衡管理、耕地用途管理、耕地保护监督管理、耕地后备资源管理等工作，耕地保护应充分与现有耕地管理体系各环节衔接。以湖南省耕地保护规划为例，规划结合耕地双平衡管理、耕地用途管理严格耕地用途管制，衔接现有永久基本农田保护补偿机制及动态监管机制健全永久基本农田保护机制，与耕地质量管理相接规划提升耕地质量，将现施行的"田长制"及空天地网调查监测体系纳入规划以健全耕地保护管控体系等，充分与耕地管理体系中各环节衔接，串联相关工作。

10.3.5 耕地保护管理应将目标管控与激励相结合，保障耕地保护目标实现

耕地保护工作成效较好的国家如美国、英国、日本均建立了相应的收入保障与保护激励机制，以提高农户耕地种植积极性和自觉性，保障耕地种植收益，保护农户经济效益，同时我国成都等地也积极开展收入保障与激励机制的建设。耕地保护规划作为开展耕地保护修复活动、实施耕地用途管制等的法定依据，结合现有耕地保护经验做法，应将强制管控与激励手段相结合，实现管控耕地保护底线。因此，为扭转耕地保护观念，激励耕地保护利用主动实施，保证规划的可实施性和持久性，广东省耕地保护规划应考虑在现有通过目标管控进行耕地保护的同时完善收入保障与激励机制，通过建立农户收入保障机制与耕地保护利用激励机制对政府、农户、农业产业园多角度补贴奖励，实现经济补偿与农民的增产增收挂钩，弱化经济增长对耕地流失的驱动力，充分激发政府、农户等耕地利用保护主体积极性，促进"要我保"到"我要保"的观念转变。

11. 总结思考

11.1 耕地保护的战略地位越来越高

耕地是国家粮食安全的根本保证，是农业发展和农业现代化的根基和命脉，是农村改革发展稳定的基石，也是生态建设的重要空间要素。[1] 耕地保护直接关系广大农民的切身利益，关系生态文明建设，关系经济社会持续健康发展和国家和谐稳定，也可以说关系第二个百年奋斗目标和中华民族伟大复兴中国梦的实现。2023年，习近平总书记做出加强耕地保护作出战略部署，提出"粮食安全是'国之大者'，耕地是粮食生产的命根子"。新时代新征程上，耕地保护任务没有减轻，而是更加艰巨。我国耕地资源的特有地位、人多地少的特殊国情、经济社会发展进入新的发展阶段决定决定了耕地保护工作的基础性、全局性和战略性。耕地作为我国最宝贵资源的战略定位，是我们坚持实行最严格的耕地保护制度的逻辑起点。习近平总书记在2015年对耕地保护工作作出的重要批示中再次强调我国人多地少的基本国情，决定了我们必须把关系十几亿人吃饭大事的耕地保护好，绝不能有闪失。要实行最严格的耕地保护制度，依法依规做好耕地占补平衡，规范有序推进农村土地流转，像保护大熊猫一样保护耕地。近平总书记在2020年中央农村工作会上强调要严防死守十八亿亩耕地红线，采取长牙齿的硬措施，落实最严格的耕地保护制度。在处理经济发展、生态建设与耕地保护关系时，中央明确在划定永久基本农田控制线、生态保护红线、城镇开发边界出现冲突时，优先保耕地和永久基本农田，也进一步印证了党中央国务院对严守耕地保护红线的坚定决心。

---

[1] 文可可,张仕超,薛秀峰.三位一体视角下三峡库区耕地资源内外转换轨迹和特征——以江津区为例[J].水土保持研究,2023,30(02):175-185.

粮食安全、耕地保护，关系人民群众切身利益，关乎国家长治久安，守好18亿亩耕地保护红线是必须完成的政治任务。自然资源部将认真贯彻落实习近平总书记重要指示批示精神和党中央、国务院决策部署，和全社会一道坚持最严格的耕地保护制度。重点抓好三件大事。一是稳住总量。按照《全国国土空间规划纲要（2021—2035年）》部署，将18.65亿亩耕地和15.46亿亩永久基本农田的保护目标任务持续到2035年保持不变，足额带位置分解下达。二是优化布局。国家层面，采取经济奖惩等措施，促使南方部分省份有序恢复一部分流失的优质耕地，遏制"北粮南运"格局加剧。地方层面，通过综合整治等措施，因地制宜把山上的耕地逐步调整到山下，山下的果树林木尽量调整上山上坡，用"山上"换"山下"，使农业生产空间布局更加符合自然地理格局和农业生产规律，让各类农业生产各得其所。各地在恢复耕地过程中要留出一定过渡期，尊重农民意愿，加强政策引导，不能强制实施。三是压实责任。配合国家发展改革委等部门认真做好《省级党委和政府落实耕地保护和粮食安全责任制考核办法》印发后的考核工作，并推动层层落实耕地保护责任，真正做到党政同责、严格考核、一票否决、终身追责。

11.2 耕地保护内涵愈加丰富

解决好十几亿人口的吃饭问题是治国理政的头等大事。粮食生产根本在耕地，命脉在水利，出路在科技，动力在政策，这些关键点要一个一个抓落实、抓到位，努力在高基点上实现粮食生产新突破。"耕地"放在首位，不仅突出了耕地在保障粮食安全中的重要地位，更需要保护好耕地，落实好"藏粮于地、藏粮于技"战略，依靠最严格的耕地保护制度，保障耕地数量，也加快推进高标准农田建设，提升耕地质量，着力优化耕地生态，走出一条集约、高效、安全、持续的现代化农业发展道路，全方位夯实粮食安全根基。耕地保护也从数量保护、质量保护发展为数量、质量、生态三位一体保护。

提升耕地数量，保障粮食安全。民以食为天，食以土为本。万物土中生，有土斯有粮。保护耕地，是涉及国家粮食安全的重大问题，18亿亩耕地红线的底线绝不能突破。保护好耕地，要牢牢守住耕地保护红线，守住中华民族永续发展根基，稳住耕地数量，遏制耕地"非农化""非粮化"，采取"长牙齿"的硬措施，坚决遏制土地违法使用。同时，要抓好盐碱地综合改造利用，要善于向"盐碱地"要面积，进一步提升耕地数量，让"盐碱地"成为"新粮仓"，让国家粮食安全更有保障。

提升耕地质量，实现粮食丰产。我国以占世界9%的耕地、6%的淡水资源，养育了世界近1/5的人口。面对有限的土地，要实现粮食产量稳中有升，坚持稳面积、增单产两手发力，在提升单位面积综合产能上下功夫。加大对农业科技的投入，加大科技人员的培养和科研力度，积极推广新的种植技术和农业机械设备，普及农业科技知识，加强对农民的培训和教育，提高农民的科技水平和生产效率。引导科技人才把论文写在大地上，助力农民提升科技水平，降低种植成本和风险，实现粮食丰产丰收。

提升耕地生态，提高粮食品质。从"好粮"到"好饭"，一碗米饭中，不仅有粮食，更盛满了生态。"人民对美好生活的向往，就是我们的奋斗目标。"随着生活水平的提升，人民群众对粮食提出了新的期盼，不仅在品质上要求提升，在种类上也有新的要求。要让百姓"吃得饱"，更"吃得好"，就需要用"好种子"种出"好粮食"，也需要提升耕地的生态，健康、美好、无污染的土壤"状态"，才能为粮食输送更多有益养分，让粮食品质不断提升，促进粮食品质升级，推动绿色农业发展。

11.3 耕地保护管理体系日益完善

在做好耕地保护智治监管的同时，更需要深入研究耕地保护全要素，厘清耕地保护全链条，通过落实耕地占补平衡制度，加持多维管理手段，做到耕地"占用、补充、平衡、管护、提质、防变、求效"业务精细化管理，实现耕地数量不减少、耕地质量不降低、耕地生态有提高，全面落实耕地数量、质量、生态"三位一体"保护，进而为人民利益提供切实保障。本篇我们将主要围绕耕地占用、补充耕地、占补平衡三方面来了解如何用信息化手段落实占补平衡制度。

11.3.1 管"占"

重点需统筹衔接农用地转用、设施农用地、临时用地等各类占用耕地业务，从占前合法、占后复耕两个层面对占用耕地进行精细化管理，实现耕地的合法占用、及时恢复。

占前审批分类管理。建立横向协同、纵向贯通的审批体系，利用合规审查、并联审批等手段保证业务办理的规范、标准、高效，根据是否复耕，进行分类管理，针对不复耕的，按照"占一补一、占优补优、占水田补水田"要求落实补充工作；针对复耕的，纳入占后复耕管理。

占后复耕全程监管。以补充耕地的项目管理理念为指导，针对复耕的项目，从项目立项、实施、验收、管护四大阶段着手，利用"天空地"变化监控、移动巡查等监管手段，实现项目的全程监管，确保"用多少、批多少、占多少、恢复多少"。[1]

耕地占用一本账。接入建设项目审批等相关占用耕地数据，形成耕地占用占指标、耕地占用不占指标等分级分类的耕地占用一本账，为占补平衡、占后复耕工作提供有力依据。

11.3.2 管"补"

以补充耕地项目全流程闭环管理为核心，从要素分布、流程管控、指标流动三个视角全方面厘清补充应用场景，实现补充耕地全程智管、高效补充。

补充耕地要素全方位掌控。整合基础调查、空间规划、用途管制、耕地资源等数据，形成耕地资源要素数据仓储，实时动态掌握耕地后备资源分布和永久基本农田储备区分布，盘活补充耕地从"非耕地、整治、耕地、管护到补充"的全生命周期关联。

补充耕地项目全流程管理。覆盖补充一般耕地和永久基本农田整备区建设项目，以项目立项、实施、验收、管护四大阶段为链条，通过材料自动审查、"天空地"变化监控、移动巡查等监管手段，做到立项有理、实施留痕、验收有据、管护到位。

补充耕地指标全方面掌握。对接用地报批、项目备案等系统，通过指标自动入库、建设指标与补充指标相挂钩等方式，全面厘清补充耕地指标从哪来、到哪去，全面落实"占一补一、占优补优、占水田补水田"要求。

---

[1] 孙娇. 浅谈进出平衡背景下信息技术在耕地保护上的应用 [J]. 南方农业,2023,17(05):181-184.

11.3.3 占补平衡

通过指标挂钩、指标动态调整，全面理清指标的来源和去向，确保指标动态更新、痕迹可溯，形成指标一本账，构建全域指标及时调、实时动的机制，以保障18亿亩耕地数量不减少、质量不降低。

指标挂钩管理。接入耕地占用和耕地补充项目相关数据，结合自动和手动的方式实现项目多对多、一对多挂钩，不仅从账目上落实占补平衡，更从项目上落实，确保用于占补平衡的项目可查核、可追溯。

指标动态调整。指标除了补充和占用外，也可对其进行核减、调剂、冻结等操作，通过线上对指标的各种操作从申请到操作的全程进行管理，实现指标实时动态更新，做到指标流转全程留痕、源头可溯。

指标一本账。接入耕地占用和耕地补充相关数据，实时动态掌握耕地补充和占用指标，形成耕地占补平衡和进出平衡两本账，同时综合指标管理相关数据，形成指标剩余库，从而盘活全域指标，实现指标的全域统筹。

以上内容从制度层面诠释如何对耕地保护进行详细分析设计，那么从耕地保护手段角度又该如何切入呢？下篇小编会带大家深入了解，敬请期待。

11.3.4 管"护"

通过设立田长制体系，对耕地进行网格化监管，辅以考核问责、督察激励，不断强化上下级联动、统筹，形成耕地保护合力。利用信息化手段助力田长制，构建田长管理一本册、实现巡查管护全覆盖，使耕地保护工作更加规范、精准。

田长管理一本册。建立田长清单，明确各级田长数量、职责以及管护巡查主体、监管主体，层层落实护田工作。通过田长考核、动态更新田长清单、耕地信息自动挂接，做到考核规范化，奖励问责透明化，耕地时时有人护、天天有人管。

管护巡查全覆盖。给每块耕地装上"千里眼""顺风耳"，充分结合移动端和PC端，实现巡查路线自动记录，非法占用耕地、耕地抛荒等情况及时拍照举证，耕地恢复一键上报，耕地管护详情及时查，切实提高管护巡查工作效率，实现耕地利用全程留痕，确保耕地块块在利用、亩亩未撂荒。

11.3.5 提"质"

通过集成耕地质量等别、质量调查检测点一张底图对耕地质量进行监测和纵览，全面掌握、动态监管耕地质量现状信息，并通过数字化、智能化手段全周期监管耕作层剥离再利用工作，保障优质表土资源充分利用，全面提升耕地质量。

耕地质量动态更新一张图。接入耕地质量一张图，通过对不同质量等别的耕地运用不同颜色进行区分，同时关联水田、旱地等耕地类型信息，形成动态更新的耕地质量一张图，全面掌握耕地质量全貌。

耕地质量调查监测统一集成。通过集成耕地质量定位监测点、调查点的空间及信息数据，建立耕地质量长期定位监测网络、评价体系，实现耕地质量监测报告和耕地质量等级报告的自动生成。

耕作层剥离再利用统一调度。统一管理耕作层剥离、再利用以及堆存点，建立三者之间的关联关系，掌握剥离项目、堆存点、再利用项目的分布情况，理清剥离再利用总账、出账和入账，保证耕作层的统筹用、就近用、充分用，实现占用及时剥离、利用及时匹配和库存及时清零。

11.3.6 防"变"

为守护18亿亩耕地红线，急需展开"两非"协同监管，制止耕地"非农化"，防止耕地"非粮化"。通过打造摸清"非农化""非粮化"的分布、把控违法处置全过程、做好后期追踪管护三大应用场景，提高耕地保护的监督监管能力。

全面摸排调查。以二调、三调数据、粮食安全功能区、高标准基本农田建设等数据为基础，结合耕地保护业务数据，借助群众监督和遥感影像等手段，摸清耕地"非农化""非粮化"分布，全面掌握"非农化""非粮化"详细情况。

分类分析处置。处理好"增量"和"存量"的关系，对存量问题，不能"简单化""一刀切"，依据耕地受损程度，采取不同处置方式，妥善处置存量；同时以"零容忍"的态度及时发现、及时制止、及时处理，坚决遏制增量。

实时后期跟踪。通过定时巡查、遥感影像等跟踪手段，及时发现处置完成后极易发生的耕地质量等别不够，撂荒情况等二次违法行为，避免因后期管护不力新增"非农化""非粮化"用地，导致资源浪费。

11.3.7 求"效"

在耕地保护的过程,除了注重保护、注重实施还要在过程中采取"长牙齿"的考核手段,确保保护成效落实到位,农民权益得到充分保障。

耕保绩效实时监管。提供覆盖省市县各级管理部门的绩效监管模块,帮助上级管理部门实时掌握下级耕保绩效考核情况,通过数据分析、指标比对等方式,确保考核信息的准确性,通过实时监测、到期督办、区域排名等方式确保耕保绩效考核的即时性。

农民权益透明落实。农民土地权益保护是农民根本利益之所在,为此,一方面提供精准到村的耕地质量、耕种作物等信息,确保各类补贴发放合理准确,另一方对征地补贴、征地标准、征地信息等进行公开公示,确保农用地使用和补偿公开透明。

结合各地管理诉求,《最精细的耕地管理手段匹配最严格的耕地保护制度》上、下两篇业务内容可按需提供两种方式建设思路,一是可提供全套服务,二是针对已有部分基础的单位,可单独建设加强管理薄弱的系统,通过集成新建和已有相关系统,实现耕地全要素精细化管理,全面贯彻落实国家耕地保护职责。

11.4 耕地保护手段更加多元

当前耕地保护除了"人防"之外,不断构建"人防+技防"体系。如四川省正在建立卫星遥感"天上看"视频监控"实时看""田长"负责"及时管"耕地网格员"地上巡"公众参与"随手拍""空、天、地"一体化全覆盖耕地动态监测新机制。